**21** 世纪普通高等院校系列规划教材

ERSHIYI SHIJI
PUTONG GAODENG
YUANXIAO
XILIE GUIHUA JIAOCAI

主 编 文兴斌 张育强 刘 东
副主编 兰庆莲 李绚丽 苏永刚

# 网络财务理论与实务

**Wangluo Caiwu Lilun Yu Shiwu**

 西南财经大学出版社
Southwestern University of Finance & Economics Press

# 21世纪普通高等院校系列规划教材
# 编　委　会

# 总　序

　　为推进中国高等教育事业可持续发展，经国务院批准，教育部、财政部启动实施了"高等学校本科教学质量与教学改革工程"（下面简称"质量工程"）。这是深入贯彻科学发展观，落实"把高等教育的工作重点放在提高质量上"的战略部署，在新时期实施的一项意义重大的本科教学改革举措。"质量工程"以提高高等学校本科教学质量为目标，以推进改革和实现优质资源共享为手段，按照"分类指导、鼓励特色、重在改革"的原则，加强课程建设，着力提升我国高等教育的质量和整体实力。为满足本科层次经济类、管理类教学改革与发展的需求，培养高素质有特色应用型创新型人才，迫切需要普通本科院校经管类教学部门开展深度合作，加强信息交流。值得庆幸的是，西南财经大学出版社给我们搭建了一个平台，协调组织召开了普通本科院校经管学院院长联席会议，就教学、科研、管理、师资队伍建设、人才培养等方面的问题进行了广泛而深入的研讨。

　　为了切实推进"质量工程"，第一次联席会议将"课程、教材建设与资源共享"作为讨论、落实的重点。与会人员对普通本科的教材内容建设问题进行了深入探讨，认为目前各高校使用的教材存在实用性和实践性不强、针对性不够等问题，需要编写一套高质量的普通本科教材，以促进课程体系和教学体系的合理构建，推动教学内容和教学方法的创新，形成具有鲜明特色的教学体系，以利于普通本科教育的可持续发展。通过充分的研讨和沟通，与会人员一致同意，共同打造切合教育改革潮流、深刻理解和把握普通本科教育内涵特征、贴近教学需求的高质量的 21 世纪普通高等院校系列规划教材。

　　鉴于此，本编委会与西南财经大学出版社合作，组织了乐山师范学院旅游与经济管理学院、西南科技大学经济管理学院、西华师范大学管理学院、西华师范大学历史文化学院、宜宾学院经济与管理学院、成都大学管理学院、成都大学经济政法学院、成都大学旅游文化产业学院、攀枝花学院经管学院、吉林农业科技学院经济管理学院、内江师范学院经济与管理学院、成都理工大学商学院、成都信息工程学院商学院、成都信息工程学院管理学院、西华大学管理学院、四川农业大学经济管理学院、四川理工学院经济管理学院、佛山科技大学经济管理学院、西昌学院经济与管理学院等院校的教师共同编写本系列规划教材。

　　本系列规划教材编写的指导思想：在适度的基础知识与理论体系覆盖下，针对普通本科院校学生的特点，夯实基础，强化实训。编写时，一是注重教材的科学性和前沿性，二是注重教材的基础性，三是注重教材的实践性，力争使本系列教材做到"教师易教，学生乐学，技能实用"。

本系列规划教材以立体化、系列化和精品化为特色，包括教材、辅导读物、讲课课件、案例及实训等；同时，力争做到"基础课横向广覆盖，专业课纵向成系统"；力争把每本教材都打造成精品，让多数教材能成为省级精品课教材、部分教材成为国家级精品课教材。

为了编好本系列教材，在西南财经大学出版社的支持下，编委会经过了多次磋商和讨论。首先，成立了由西南财经大学副校长、博士生导师丁任重教授任名誉主任，西华大学管理学院院长章道云教授任主任，西南科技大学经济管理学院院长王朝全教授、宜宾学院经济与管理学院院长李成文教授、成都理工大学商学院院长龚灏教授、四川理工学院经济管理学院院长彭礼坤教授、佛山科技大学经济管理学院院长傅江景教授任副主任，其他院校院长任委员的编委会。在编委会的组织、协调下，第一批规划了公共基础、工商管理、财务与会计、旅游管理、电子商务、国际商务、专业实训、金融、综合类九大系列70余种教材。下一步根据各院校的教学需要，还将组织规划第二批教材，以补充、完善本系列教材。其次，为保证教材的编写质量，在编委会的协调下，由各院校具有丰富教学经验并有教授或副教授职称的教师担任主编，由各书主编拟订大纲，经编委会审核后再编写。同时，每一种教材均吸收多所院校的教师参加编写，以集众家之长。

经过多方努力，本系列规划教材终于与读者见面了。在此，我们对各学院领导的大力支持、各位作者的辛勤劳动以及西南财经大学出版社的鼎力相助表示衷心的感谢！

21 世纪普通高等院校系列规划教材编委会

2008 年 12 月

# 前　言

时光匆匆，网络财务自 1999 年首次提出至今，已经有十多年了。这期间，网络财务理论研究不断丰富和完善，实现技术也越来越成熟，应用也日益广泛和深入。将其作为一门独立课程，成都信息工程学院算是率先开展，并取得了很好的效果，由李超、周定文、黄骁俭编著的《网络财务》被不少高校作为教材或研究网络财务读者的非常好的参考书。然而，由于网络财务应用软件的不断升级换代和一些新的技术与方法的出现，特别是要进行操作实务的训练，在国内尚未有适合的教材，所以我们结合自身教学之需，在借鉴学习同行的基础上，编写了这本教材。

本书具体内容安排如下：

第 1 章网络财务概述。本章从以电子商务为基础的网络经济出发，分析了网络经济对财务会计的影响，详细介绍了网络财务产生的背景，进而对网络财务的概念、特征和意义等基本理论进行了全面阐述。

第 2 章网络财务技术基础。本章详细介绍了实现网络财务的关键技术，其中包括网络技术、Web 数据库技术和网络安全技术等，为网络财务的顺利开展提供技术支撑平台。

第 3 章网络财务系统。本章对网络财务系统及其组成、网络财务系统的基本功能进行了一般介绍，对网络财务系统的开发方法、开发过程进行了较为详细的说明，特别是基于统一软件过程的迭代思想的应用，是网络财务系统开发的新方法。

第 4 章网络财务报告。本章对网络财务报告进行了理论上的探讨，分析了网络财务报告模式，对 XBRL 技术、规范及其应用也作了有针对性的介绍。

第 5 章网络财务应用方案。本章对目前主要的网络财务应用方式进行了描述，介绍了如何进行网络财务软件的选型，并针对金蝶 K/3 系统的实施方案进行了详细阐述。

第 6 章账套管理、主控台与系统工具。本章主要介绍了金蝶 K/3 账套管理和主控台与系统工具的操作，这为用户建立以金蝶 K/3 为基础的网络财务系统提供一个操作平台。

第 7 章财务业务处理。本章详细介绍了金蝶 K/3 财务业务的全面处理，包括总账、固定资产、工资管理系统，形成网络财务的基本应用。

第 8 章供应链管理。本章详细介绍了金蝶 K/3 供应链的具体应用，包括采购、销售、仓存和存货，财务业务一体化，实现网络财务的协同管理。

第 9 章报表管理与财务分析。本章详细介绍了金蝶 K/3 报表处理、报表分析，特别是在满足提供相关财务信息的基础上，对财务决策支持功能进行了描述。

第 10 章集团财务应用。本章介绍了集团财务应用的基本模式，金蝶 K/3 合并报表的功能、工作流程和应用部署方案，充分体现网络财务应用的重点。

在本书的编写过程中，编者尽可能地关注最新理论和技术发展动态，追踪网络财务的应用前沿，在对金蝶最新版本 K/3 WISE V12.3 的基本功能、应用特点、操作流程等介绍的同时更加注重实践技能的培养，通过较为丰富的操作实例详细介绍金蝶 K/3 的具体应用，以使读者能学以致用。

本书既可以作为各高等院校网络财务课程的教材，也可作为广大财务人员学习金蝶 K/3 的参考用书。

本书由成都信息工程学院商学院的文兴斌、张育强和四川师范大学计划财务处的刘东担任主编，成都信息工程学院商学院的兰庆莲、李绚丽、苏永刚担任副主编，各章具体分工如下：第 1 章李绚丽，第 2 章兰庆莲，第 3 章和第 6 章文兴斌，第 4 章和第 7 章张育强，第 5 章文兴斌、刘东，第 8 章刘东和成都职业技术学院的熊敏，第 9 章和第 10 章苏永刚，全书由文兴斌总撰并审稿。

在本书的编写过程中，参阅了大量的文献资料、网站和软件的操作手册以及相关教材，在此谨向原作者、编者及资料提供者致以衷心的感谢。

由于时间仓促，加之编者的水平有限，特别是对网络财务庞大理论和技术框架驾驭的准确性方面，书中难免会有错误，恳请读者不吝指正。

编者

2012 年 7 月

# 目　录

# 1 网络财务概述

## 1.1 网络经济对财务的影响

20 世纪 90 年代以来，随着计算机通信技术和互联网技术的日趋发展和成熟，以互联网为核心的信息技术革命正在对人类社会的进步和发展起着越来越重要的影响。从我国的情况来看，中国互联网络信息中心（CNNIC）2012 年 1 月 16 日在京发布的《第 29 次中国互联网络发展状况统计报告》显示，截至 2011 年 12 月底，中国网民数量突破 5 亿，达到 5.13 亿，超过美国、日本、英国、法国、德国等国家的总和。互联网普及率较 2010 年底提升 4 个百分点，达到 38.3%。2008—2010 年，网络购物用户规模连续 3 年保持 50% 左右的高速增长。2009 年以来，以网络购物、网上支付、旅行预订为代表的商务类应用持续快速增长，并引领其他互联网应用发展，成为中国互联网发展的突出特点。2011 年这一态势依然延续，我国网络购物应用依然处于较快发展通道，网购用户总规模达到 1.94 亿人，网购使用率提升至 37.8%。另据艾瑞咨询（iResearch）《2011 年第四季度及全年电子商务核心数据发布》中的数据显示，2011 年中国电子商务市场交易规模达 7.0 万亿元，同比增长 46.4%。其中 B2B 电子商务营收规模达 131.0 亿元，同比增长 35.1%；网络购物交易规模超过 7700 亿元，同比增长 67.8%；在线旅行预订市场交易规模近 1700 亿元，同比增长 61.3%。可见，以互联网在经济活动中的应用为特征的网络经济已经渗透到社会生活的方方面面，成为推动社会经济发展的重要力量。

### 1.1.1 网络经济

#### 1.1.1.1 网络经济的含义

20 世纪 90 年代初期的网络经济浪潮把人类社会带入一个信息空前丰富的阶段，信息流动的高效率低成本极大地影响了人们的生产和生活，使经济活动中出现了新的特点，人们称这种经济状况为网络经济。正确认识网络经济是讨论其对企业财务影响的基础。一般认为约翰·弗劳尔（John Flower）最先提出 "Internet Economic" 一词。而早在 20 世纪 80 年代，有些日本学者就鉴于商业、运输业、金融业等行业中网络的有效应用而称其为网络经济。就网络经济的概念而言，国内外不同学者从各自的认识和思考出发，提出了对其的不同理解。

我国国家信息中心研究员、博士生导师乌家培认为，网络经济就是通过网络进行的经济活动，是经济网络化的必然结果，与信息经济之间是特殊与一般、局部与整体的关系。对网络经济可以从三个层面去认识：首先从经济形态这一最高层面看，网络经济就是有别于游牧经济、农业经济、工业经济的信息经济或知识经济，由于所说的网络是数字网络，所以它又是数字经济。在这种经济形态中，信息网络尤其是智能化信息网络将成为极其重要的生产工具，是一种全新的生产力。其次从产业发展的中观层面看，网络经济就是与电子商务紧密相连的网络产业，既包括网络贸易、网络银行、网络企业以及其他商务性网络活动，又包括网络基础设施、网络设备和产品以及各种网络服务的建设、生产和提供等经济活动，也即互联网经济。它可细分为互联网的基础层、应用层、服务层、商务层。电子商务是互联网经济的一个重要内容。再从企业营销、居民消费或投资的微观层面看，网络经济则是一个网络大市场或大型的虚拟市场，人们通过它进行高效低成本的交易。网络经济的上述三个层面是相互联系的。网络市场扩大了，网络产业发展了，表现为全新经济形态的网络经济的形成也就水到渠成了。这也是本书所采用的观点。

美国德克萨斯大学发布的《测量 Internet 经济》（1999 年 10 月）是全球第一份网络经济发展的实证分析报告。报告从网络经济的构成层次角度把网络经济由下到上依次分成网络基础结构、网络应用基础结构、网络中介和网上商务四个层次。第一层网络基础结构包括了网络主干提供商，网络服务提供商，网络硬件/软件公司，电脑和服务器制造商，安全卫士，光纤制造商，线性加速硬件制造商；第二层应用基础结构描述了网络顾问，网络商业应用，多媒体应用，网络发展软件，内容搜索软件，在线训练，网上数据库产业的发展；第三层描述了网络中介市场的发育，包括垂直做市商，在线旅游代理商，在线股票交易、内容门户（Aggregator），内容提供商，网络广告经纪人、在线广告商的市场发育情况；第四层是在线交易，也是网络经济链条中的最高形态，包括电子零售商、制造商的在线销售，在线娱乐、专业服务等。以戴尔、亚马逊、美国在线等为典型代表。

还有学者认为："从国内外专家的研究看，网络经济又称为信息经济、知识经济、数字化经济，或统称为新经济，但无论哪种称谓，其核心含义都是指由于计算机互联网络在经济领域中的普遍应用，使得经济信息成本得以急剧下降，从而导致信息替代资本在经济中的主导地位，并最终成为核心经济资源的全球化经济形态。其内涵包括：由传统的信息产业演化而来的网络；新兴的网络经济，主要包括硬件、软件和信息服务；传统产业的电子商务化。其外延随计算机网络的发展在不断拓展。网络经济从信息服务到电子商务的递进，构成了网络经济发展的大致轮廓。"

### 1.1.1.2　网络经济的特点

作为一种新经济的网络经济，与以往的传统经济相比，有着受信息网络影响而形成的诸多特点：

#### 1.1.1.2.1　网络经济是全天候运作的全球化经济

由于信息网络每天 24 小时都在运转中，基于网络的经济活动很少受时间因素的制约，可以全天候地连续进行。跨国的计算机网络和信息高速公路的建立，使得产品和服务的生产、流通和消费过程的中间环节被大大地削减和消除，全球经济相互依赖程度空前提高，整个世界变成了地球村，使地理距离变得无关紧要，基于网络的经济活动把空间因素的制约降低到最低，使整个经济的全球化进程大大加快。

#### 1.1.1.2.2　网络经济是直接经济

工业经济时代企业销售产品要经过批发商、零售商等诸多中间环节；而网络经济下的电子交易，则是运用虚拟办公室、虚拟市场、网络直销、电子货币结算形式，使企业直接与需求方对话，客户甚至可以直接订货，从而增强了生产者与消费者之间的联系，经济组织结构趋向薄平化，缩减了中间环节，降低了交易费用。处于网络端点的生产者与消费者因可直接联系而使中间层次的作用弱化，失去了存在的必要性。当然，这并不排除因网络市场交易的复杂性而需要有各种专业经纪人与信息服务中介企业。

### 1.1.1.2.3　网络经济是虚拟经济

这里所说的虚拟经济不是由证券、期货、期权等虚拟资本的交易活动所形成的虚拟经济，而是指在信息网络构筑的虚拟空间中进行的经济活动。经济的虚拟性源于网络的虚拟性。转移到网上去经营的经济都是虚拟经济，它是与网外物理空间中的现实经济相并存、相促进的。培育和促进虚拟经济的成长，已成为现代经济发展的新动向。

### 1.1.1.2.4　网络经济是竞争与合作并存的经济

信息网络使企业之间的竞争与合作的范围扩大了，也使竞争与合作之间的转化速度加快了。世界已进入大竞争时代，在竞争中有合作，合作也是为了竞争，在竞争合作或合作竞争中，企业的活力增强了，企业的应变能力提高了，否则就会被迅速淘汰出局。企业可持续的竞争优势，主要不再依靠天赋的自然资源或可供利用的资金，而更多地仰仗于信息与知识。

### 1.1.1.2.5　网络经济是快节奏的创新型经济

现代信息网络可用光速传输信息。网络经济以接近于实时的速度收集、处理和应用大量的信息，经济节奏大大加快。产品老化在加快，创新周期在缩短，竞争越来越成为一种时间的竞争。创新是网络经济增长的发动机，是网络经济的灵魂和精髓。在以飞速发展且快速融合的网络技术和通信技术为支撑的网络经济中，技术和知识的存量改变加快，新颖性很快趋于消失，报废率大大提高，社会需求更加多样化。单一产品不可能长期占领市场，单一服务也不可能长久地适合大量客户的需要，技术和产品的生命周期日益缩短，落后的技术将很快被淘汰，技术模仿更加快捷，企业之间的竞争更加激烈。这就要求企业在技术创新的同时还需有制度创新、组织创新、管理创新、观念创新的配合。

## 1.1.1.3　网络经济的影响规律

从网络经济的基础设施或主要工具——信息网络的作用看，信息网络发展过程中有三大规律对网络经济起着支配作用。

### 1.1.1.3.1　信息技术功能价格比的摩尔定律（Moore's Law）

摩尔定律是由英特尔（Intel）创始人之一戈登·摩尔（Gordon Moore）于 1965 年提出来的。其内容为：当价格不变时，集成电路上可容纳的晶体管数目，约每隔 18 个月便会增加一倍，性能也将提升一倍。换言之，每一美元所能买到的电脑性能，将每隔 18 个月翻两倍以上。按此定律，计算机硅芯片的功能每 18 个月翻一番，而价格以减半数下降。该定律所阐述的趋势一直延续至今仍不同寻常地准确。这一定律揭示了信息技术进步的速度，说明随着科技的发展，商品性能会变得越来越好，而价格却变得越来越便宜。这正是科技的飞速发展给人们带来的实惠。

### 1.1.1.3.2　信息网络扩张效应的梅特卡夫法则（Metcalfe's Law）

梅特卡夫（Metcalfe）法则是指网络价值以用户数量的平方的速度增长。即 $v = n^2$（$v$ 表示网络的总价值，$n$ 表示用户数）。如果一个网络对网络中每个人价值是 1 元，那么规模为 10 倍的网络的总价值等于 100 元，规模为 100 倍的网络的总价值就等于 10000 元。按此法则，网络的价值等于网络节点数的平方。这说明网络效益随着网络用户的增加而呈指数增长。互联网的用户大概每半年翻一番，互联网的通信量大概每百天翻一番，这种爆炸性增长必然会带来网络效益的飞快高涨。互联网企业概念股市值连续上扬的原因就与人们的这类预期有关。

### 1.1.1.3.3 信息活动中优劣势强烈反差的马太效应定律

马太效应（Matthew Effect）是指强者愈强、弱者愈弱的现象，广泛应用于社会心理学、教育、金融以及科学等众多领域。在信息活动中由于人们的心理反应和行为惯性，在一定条件下，优势或者劣势一旦出现，就会不断加剧而自行强化，出现滚动的累积效果。因此，某个时期内往往会出现强者越强、弱者越弱的局面，而且由于名牌效应，还可能发生强者统赢、胜者统吃的现象。

## 1.1.2 网络经济对财务的影响

### 1.1.2.1 网络经济对财务会计的影响

#### 1.1.2.1.1 对会计假设的影响

信息技术的发展使企业所面临的经济环境、会计环境发生了很大的变化，网络经济给传统企业的组织环境、生产环境和管理环境带来了变化，也必然带来会计理论与实务的变革。作为会计理论与实务基石的会计假设，在信息时代的经济环境下首当其冲的受到冲击与挑战。

（1）会计主体假设。会计主体是会计信息所反映的特定单位。会计主体假设是指会计所反映和控制的是一个特定企业的经营活动，而不包括企业的投资人或其他企业的经营活动。会计主体假设的重要意义在于界定了权益的范围，规定了会计核算的空间，强调了独立会计主体的"实体"概念，突出了会计信息提供对象的特定性和单一性。然而，网络经济的主体网络公司则是一个"虚拟企业"，其组成方借助互联网，使企业的空间范围能够根据迅速变化的市场灵活的重构和分合，从而使会计主体具有可变性，其外延难以界定；同时，伴随着跨国公司规模的不断壮大，区域间以及全球化的频繁合作，企业之间的联系变得更为简洁和紧密，企业之间表现出一种较为复杂的"网络"关系。可见，传统的会计主体假设已不能为网络经济时代的企业会计核算提供基本的支持。

（2）持续经营假设。持续经营是指在可以预见的将来，企业会按当前的规模和状态继续经营下去。网络经济环境下，科技的发展不仅为企业带来了蓬勃生机，也使企业的经营范围面临更大的风险。一方面，由于技术的更新周期缩短，市场需求的变化显得更为频繁和多样，使得研究与开发适合市场需要的产品本身就蕴含着很大的风险；另一方面，从企业自身的组织形式来看，虚拟企业的兴起，对持续经营假设发出了最直接的挑战。虚拟企业的经营活动有"临时性"、"短暂性"的特点，它根据市场需要适时介入、退出和转换，一旦完成了某项交易即告解散；它利用网络信息技术突破了公司联合的地域间隔，缩短了会计的时间界限，使得历史成本计价、费用与收入的期间配比变得不能切合实际，不能正确的反映财务状况和经营成果，造成会计信息的高度失真。持续经营的静态观，受到了来自许多动荡不定因素的冲击。从财务会计的角度来看，虚拟企业内部成员间以及虚拟企业与经济社会之间的经济业务不是由虚拟企业来确认计量和报告的，而是由组成虚拟企业的各实体企业进行。而这些企业是按持续经营假设进行会计数据处理的。虚拟企业作为管理会计的会计主体，为了科学、合理、有效地对虚拟企业进行会计管理与控制，变持续经营假设为破产清算假设也是不妥当的，可以考虑以虚拟企业的计划存续时间作为其持续经营期限，也即采取有限的持续经营假设，并依此组织相关的会计活动。

（3）会计分期假设。会计分期假设是指将一个企业持续经营的生产经营活动划分为一个个连续的、周期相同的期间，据以结算盈亏，按期编制财务会计报告，从而及时地向各利害关系人提供有关企业财务状况、经营成果和现金流量的信息。从信息成本的角度出发，会计实现电算化的情况下，简化了人为的操作，与过去的手工会计环境相比，会计信息披露的频次可以因成本低廉的会计循环而加快，计算机技术的应用为缩短会计期间、提高信息的及时性提供了可能；同时，"虚拟企业"的存在是短暂的，"电子商务"交易也可能是瞬间完成的，这一切必然要求会计也及时反映相关的交易事项；另外，由于企业经营中的风险和不确定性，管理当局将会更加警惕与预防，而管理者对企业风险的监控，很大程度上依据财务报表所提供的信息作为其风险分析和判断的基础，目前的会计分期，容易产生因时间上的信息不对称而产生管理监控失效。从以上几个因素考虑，网络经济环境下，传统的会计分期不利于反映企业的财务状况和经营成果，不利于管理当局及时高效的对经济管理活动进行控制监督，也满足不了企业外部信息使用者高频率使用信息的要求。

（4）货币计量假设。众所周知，货币计量假设是指采用货币为主要计量单位，记录和反映企业的生产经营活动。尽管会计数据不仅限于货币单位，但传统会计报告主要包括以货币计量的财务信息。货币计量假设有两层含义，第一，货币是众多计量单位中最好的计量单位。第二，货币价值稳定不变。在网络经济环境下对这一假设的影响主要表现为：对虚拟企业来说，人们更关注决策相关信息，包括人力资本和知识资本这些对虚拟企业的发展至关重要的因素，以及员工素质、产品质量、企业的市场竞争力等信息，但这些却无法用货币计量，不能在资产负债表上予以反映。网络将世界更为紧密的连接在一起，因而用货币计量表示的会计信息已不能满足需要。网络经济的发展，电子货币的出现，使资金在企业、银行、国家间高速运转，快捷的信息传递使商品的价格、汇率、利率的变化变得剧烈，资本市场交易活跃，加剧了货币需求的不稳定性，动摇了作为历史成本为前提的"币值稳定"假设。

### 1.1.2.1.2  对会计信息质量特征的影响

会计信息质量特征就是会计信息应当达到或满足的基本质量要求，它是会计系统为达到会计目标而对会计信息的约束。美国财务会计准则委员会（FASB）在 1980 年发布的财务会计概念公告第 2 号中提出了会计信息质量特征，它是一个包括多层次的体系：①普遍性约束条件：效益大于成本；②针对用户的质量：可理解性、决策有用性；③针对决策的质量：相关性、可靠性、可比性；④确认取舍的标准：重要性。我国《企业会计准则2006》对会计信息质量要求包括可靠性、相关性、可理解性、可比性、实质重于形式、重要性、谨慎性和及时性。从内容上看，会计信息质量特征的各层次之间是相互联系的，最基础与关键的质量特征为可理解性、可靠性、相关性、可比性和充分性。网络经济下会计环境产生重大变化，从而对会计信息质量特征产生了很大影响。如会计信息的可靠性是以历史成本原则为基础、面向过去的质量要求，对当今网络经济环境下投资者所需要的非财务信息、不确定性信息等前瞻性信息无能为力；在网络高度发达的今天，电子联机实时报告、分部报告、交互式报告、差别报告层出不穷，企业财务环境的发展变化使得及时性没有必要作为反映会计信息质量特征的指标之一；可理解性要求企业提供的会计信息应当清晰明了，便于财务会计报告使用者理解和使用。但在网络经济时代，企业不仅需要获取财务信息，还要获取非财务信息；不仅要获取历史信息，还要更多地获取预测信息；不仅要获取定量信息，还要更多地获取定性信息；不仅要获取确定的信息，还要获取更多模糊的信息；不仅要获取企业整体信息，还要获取部分信息。所以，仅要求企业的会计核算和编制财务报告具有可理解性是不够的。

1.1.2.1.3　对会计核算方法的影响

会计核算方法主要有借贷记账法、收付记账法、增减记账法等。企业一般采用借贷记账法来进行财务核算。

网络经济时代，借贷记账法有很大的局限性，表现在只反映价值信息，而不反映非价值信息；只反映与资产负债表相关的经济活动，而不反映其他重要信息，如证券价格信息；只反映会计主体内部的有关信息，而不反映其供应链上的其他重要信息，如供应商的原料信息、客户的需求信息等。借贷记账法所不反映的这些信息，恰恰是企业管理者和投资者所关心的重要信息。

1.1.2.1.4　对会计要素的影响

会计要素是会计核算对象的基本分类，是设定会计报表结构和内容的依据，也是进行确认和计量的依据。现行财务会计将会计要素大致可分为两大类，一类为反映财务状况的会计要素，如资产、负债、所有者权益；另一类为反映经营成果的会计要素，如收入、费用、利润。在网络时代，现代信息技术的高速发展使信息的收集、加工、整理的速度越来越快，为了更加准确地反映企业资金运动情况，会计要素的划分将会更加细密和有层次。网络经济下，会计报告是实时、动态、全方位的，是建立在信息需求多样化基础上的，事先明确数据分类和处理程序已非必要，对会计要素事先固定的分类也没有必要。而对会计要素重新作具体细分，以便全面、具体地反映企业的经济活动更有实际意义。另外，在网络经济时代，原来的资产、负债、所有者权益等概念的内涵和外延也相应地发生了变化，如人力资源、知识产权、客户关系数据库，以域名为表现形式的网络品牌等将成为无形资产的崭新内容，这在传统财务中是根本找不到的。

1.1.2.2　网络经济对财务管理的影响

1.1.2.2.1　对财务管理对象的影响

企业的生产经营活动，一方面表现为实物商品的运动，另一方面表现为资金运动。企业资金运动包括筹资、投资、耗资、资金的收回与分配等周而复始的环节。传统财务管理的对象就是这种不断循环周转的资金运动。传统经济条件下这种对资金运动的财务管理活动和企业的业务管理活动是相互独立的。

在网络经济条件下，企业通过网络与其供应商和客户进行交易，业务记录和财务信息实时地反映在网络上，企业的资金流、物流、信息流高度统一。财务管理的对象已不单单是企业的资金运动，财务、业务协同管理既成为必要，也有了可能。财务管理对象的重点转向了对网络经济活动产生的大量信息的管理。

财务、业务的协同管理包括对企业内部协同管理、企业与其供应链的协同管理等。企业内部的各个部门、各地分支机构以及其客户、供应商等每一个节点在发生产、供、销等业务活动过程中每时每刻都在产生各种各样的业务信息，如果这些业务信息伴有财务信息，需要财务系统进行处理，企业就将这些业务信息实时地并行传入财务系统进行处理。财务系统再将处理加工过的财务信息反馈给业务系统，保证财务、业务的协同处理并最终集成企业需要的各种管理信息，提供给企业的各级管理者。

1.1.2.2.2　对财务管理内容的影响

传统财务管理的内容主要是企业的财务活动及其所体现的经济利益关系。财务活动即企业资金运动。它主要包括筹资活动、投资活动、资金营运活动和分配活动等。财务关系指企业在组织财务活动过程中与有关各方所发生的经济利益关系。它主要包括企业与政府、企业与投资者、企业与债权人、企业与债务人、企业内部各单位以及企业与职工的关系等。

在网络经济条件下，企业将成为全球网络供应链中的一个节点。企业的众多业务活动，如网上交易、网上结算、电子广告、电子合同等，都将在网上进行处理，传统的财务决策、财务预算、财务控制、财务分析等都会发生根本性的变革，这些都成为企业财务管理的崭新内容。以往传统的融资、筹资、资金管理等将成为财务管理的一个方面而不再是主要内容。网络技术的发展还使得财务、业务协同成为可能，财务管理的触角全面伸入企业的产品和市场中。

### 1.1.2.2.3 对财务管理目标的影响

财务管理目标指企业在特定的理财环境中，通过组织财务活动，处理财务关系所要达到的目的。从根本上来讲，企业的财务目标取决于企业目标，取决于特定的社会经济模式。在以往的社会经济模式下，一般把利润最大化作为企业财务管理的目标。人类从事生产经营活动的目的就是为了创造更多的价值，而价值的多少可以用利润这个价值指标来衡量。企业作为自主经营的主体，所创造的利润是企业在一定期间内全部收入和全部费用的差额，它直接反映了企业创造的价值，并从一定程度上反映了企业的经济效益和对社会的贡献，因此把利润最大化作为企业的财务目标。

在网络经济条件下，利润最大化不再作为企业财务管理目标。如部分网络公司，创建初期甚至连续几年并无利润可言或获利甚微，但是，投资者却对其抱有信心，因为人们看好的不是它的现时利润，而是未来巨大的、传统产业所无法比拟的盈利空间。互联网不但要以更快捷、更低成本的技术手段创造价值，更为重要的是要不断地发掘出创造价值的机会。因此，企业价值最大化将成为企业财务管理的目标。这种企业价值，不是企业账面资产的总价值，而是企业包括目前还无法进行会计核算的人力资本和知识资本在内的全部资产的市场价值，是企业潜在的、预期的价值。事实上，随着高新科技的不断发展，一些公司的市场价值与其财务账面价值已经大相径庭。

### 1.1.2.2.4 对财务管理组织结构的影响

根据亚当·斯密劳动分工理论建立起来的企业组织结构一直是企业运营的主体构架。这种层层分工、金字塔式的管理模式在传统的经济环境下，可以有效地达到分工与协作，进行标准化的大量生产，从而实现规模经济效益。企业内部则按照财务管理的不同职能分别设置不同的岗位，如出纳岗、总账岗、材料岗、成本岗、计划岗、报表岗等等，各岗位财务管理人员根据各自分工完成自己的岗位职能。总公司对其分支机构的财务管理往往是松散的，集团企业集中式的财务管理也是难以实现的。

网络经济时代，由于网络技术可以安全地支持在线管理和集中管理，时间差距、地理差距不再成为障碍，网络财务系统可以跨区域实时动态地收集和处理数据。因此，企业集团、分支机构可以利用网络财务系统对所有分支机构实行集中记账、集中资金调配、远程审计、远程保障等财务活动。下属机构将成为企业的一个财务报账单位，基层单位的财务人员和财务开支将大大减少，集团企业总部可以对数据进行及时的处理和分析，实现决策的科学化、业务的智能化，集团内部的信息资源得到充分共享。

随着网络财务的运用，企业内部的财务部门将与其他部门相互融合，出现模糊分工状态，以往由财务部门处理的大多数核算业务将按其业务发生地点归集到制造、营销、供应等部门来完成，财务部门内部的人员分工、岗位设置也将随之发生巨大变化。对于集团企业，由于账务集中处理，下属分支机构可以不再设财务处理职能，取消总账岗、报表岗，代之以原始数据收集、审核和网络管理员岗等。对于财务业务协同工作做得比较好的单位，可以取消二级核算，改为一级核算，内部岗位设置也可以大大削减，达到财务分工的扁平化。

#### 1.1.2.2.5 对财务管理业务流程的影响

在传统财务管理模式下，财务人员运用纸、笔、算盘、计算器等工具、对大量的原始凭证进行处理，产生记账凭证，再逐笔登入账簿，以人民币为记账本位币编制会计报表，管理会计根据已经发生的信息，代入固定的公式、模型，计算得出有关参数，用来指导、改进今后的企业管理。财务管理按照从财务预测、财务决策、财务预算、财务控制、财务分析等环节顺序进行。

在网络经济时代，财务管理环境是一个集供应商、经销商、用户、银行等机构为一体的网络体系，已不存在货款的直接交易，而代之以电子货币进行网上结算，企业内部也实行网络化集成管理。网络系统代替了纸、笔、算盘、计算器，电子单据在线录入、电子货币自动划转、财务业务协同、所有信息即时产生，资金流、物流、信息流"三流合一"。财务管理无需再事先固定地划分成一个个各自独立的环节，所有信息汇成了一条连续的信息流，需要任何财务信息就可直接从网上获得。纸质凭证、账簿、报表的划分不再必要，传统的财务工作业务流程面临全面重组。

#### 1.1.2.2.6 对财务管理人员的影响

传统财务管理的职能以账务处理为中心，会计工作以记账、编表和核算为其主要内容。传统财务管理对财务管理人员的要求不是很高，只要精通财务知识，基本上就可以成为一名称职的财务管理人员。财务管理人员是以被动的身份参与企业的经营管理，财务管理人员的工作重心侧重于事后监督。

网络经济环境下，财务管理由传统的"核算型"向"管理型"转变，财务管理的重点转向事中的控制和事前的预测，财务管理人员的工作重点也随之转向更具有技术性的分析和预测，为企业管理层提供决策参考信息。财务管理人员是以主动的身份参与企业的经营管理的。这就对财务管理人员提出了新的要求。财务管理人员必须是既懂财务核算、财务管理知识，又懂网络通信技术的复合型人才。财务管理人员的工作方式也将发生极大的变化，财务工作的时间、空间、效率等观念都将发生巨大的变化。在时间上，财务管理人员不仅要关注过去的企业经营成果和现在的财务状况，而且还要对未来的发展趋势进行预测，并要越来越多地关注企业财务信息的时效性。在空间上，财务管理人员不仅要关注企业内部的财务、业务信息，而且要关注其关联企业、供应链、客户等外部信息。在效率上，网络财务在提高财务管理效率的同时，也对其提出了更加高效的要求。

## 1.2　网络财务的产生

### 1.2.1　网络财务产生的背景

网络财务是在互联网和电子商务的基础上出现的。它以网络（特别是互联网）为技术基础，以电子商务为其存在和发展的经济条件。因此，它的产生是以网络通信技术和电子商务的发展为背景的。

#### 1.2.1.1 网络财务产生的技术背景

网络财务的产生有其深厚的信息技术背景。

一方面，通信技术的发展使网络得以出现。网络的广泛应用和迅猛发展，使网络环境得到了极大改善。这就是，信息的取得和传递更加方便快捷。另一方面，网络通信技术的飞速发展以及与企业管理活动的融汇，成为提高企业效率的重要手段和技术。同时，网络技术又为企业间或企业内部打破空间限制创造了可行条件，为适时地交流信息、加强企业管理提供了重要的物质技术基础。对于企业来说，为要想适应网络环境这一极大的改善，充分利用网络所带来的好处，提升企业竞争力，首当其冲的就是实现会计信息系统网络化。这样，原有的财会工作方式就必须适应新的网络环境，升级为网络财务。

#### 1.2.1.2 网络财务产生的经济背景

##### 1.2.1.2.1 电子商务的出现

网络财务是电子商务发展的客观要求。因为，电子商务的本质是企业利用电子方式在客户、供应商和合作伙伴之间实现在线交易、相互协作和价值交换。实践证明，要建设和发展有竞争力的电子商务，必须建立基于网络、有发展性的财务业务一体化信息平台，重新整合包括财务资源在内的企业内外部资源，这必将改变现代企业的组织结构和经营管理模式，重新构建财务管理和会计核算信息系统，客观需要建立和发展网络财务。

##### 1.2.1.2.2 分散经营的企业加强管理的需要

企业的各分支机构往往处于不同地域和行业，这给企业的集中管理带来诸多不便。这样的企业对加强管理有着更加强烈的需求，不仅要求各分支机构的财务数据能适时地被调用和查阅，而且还能被妥善存储保管，以强化内部管理。网络技术的发展使企业的这种需要能够顺利实现，企业可以通过远程数据处理、数据分布存储技术实现上述需求，也就促成了网络财务的出现与应用。

##### 1.2.1.2.3 移动办公的兴起

对于企业财务管理来说，许多财务活动需要同网络结合。例如，财务主管希望随时随地都能查阅公司账簿；外地出差人员需要及时填写报销凭证等，这种财务管理的需要和网络的结合，就催生了网络财务。网络财务工作方式下，财会人员可利用网络财务软件直接从网上提取数据进行核算处理的财务分析；利用超文本、超媒体传输技术将分散于企业内外部的数据有机集成起来，便可形成整个公司的报表及各明细账目。

### 1.2.2 网络财务的概念

网络财务是 1999 年 8 月由我国财务软件开发商用友集团公司首先提出的，其他公司纷纷响应，各种网络财务软件竞相上市。

对于网络财务的概念，理论界和实务界有着不同的看法：

#### 1.2.2.1 软件厂商的观点

以用友、金蝶等为代表的软件厂商们认为：网络财务实际上是电子商务的重要组成部分，它是基于网络技术，将帮助企业实现财务与业务协同、远程报表/报账/查账/审计等远程处理、事中动态会计核算与在线财务管理，实现集团型企业对分支机构的集中式财务管理。它支持电子单据与电子货币，改变了财务信息的获取与利用方式，财务数据也将从传统的纸质页面数据、电算化系统的磁盘数据发展到网页数据。

#### 1.2.2.2　理论界的观点

理论界从研究的角度出发，大多认为：网络财务是基于网络计算机技术，在互联网环境下实施财务核算、分析、控制、决策和监督等现代财务管理新模式。它改变了传统的会计核算和财务管理的方式和质量，极大地提高了企业的管理水平。

#### 1.2.2.3　其他观点

还有人认为，网络财务＝网络＋财务，就是将财务功能基于网络或者说使用网络来实现财务管理。

随着研究的深入，网络财务的概念还将发生变化。现在业界普遍认为，网络财务就是基于网络技术，从节约整个企业的财务资源出发，以期能够充分实现整个企业内部全面的及时的管理，并以整合实现企业电子商务为目标，提供网络环境下财务管理模式、财会工作方式及其各项功能，从而能够进一步实现管理的数字化，对最终实现管理信息化将会产生重要影响的财务管理系统。

从以上定义可知，网络财务并非单纯的财务系统，而是以财务管理为核心，业务管理与财务管理相互协同的综合系统。总之，网络财务是以互联网为主的 IT 技术和先进的管理理念相结合，应用于企业财务管理的结果。

### 1.2.3　网络财务的特征

网络财务突破了传统的作业模式，形成了与网络经济相适应的新型财务管理模式。其显著的特征表现为信息共享、高效率的集中式管理等若干方面。

#### 1.2.3.1　信息共享

由于网络财务是基于现代计算机技术和通信技术而形成的网络系统，其中各个子系统既相对独立，又能协同处理业务，这样共享信息资源，最终实现网络分布式处理企业的各项经济业务。不论在何时何地，只要轻松地点击鼠标，就可获得或利用所需的财务信息。同时，还可借助互联网实现与系统外部的信息交流。

#### 1.2.3.2　高效率的集中式管理

集团公司为整合集团公司内部各个子公司的财务资源，加强对下属机构的财务监控，利用先进的信息技术和网络技术，通过网络财务软件，使得集中式管理成为可能。通过基于互联网技术的集中式管理，既可克服对下属子公司控制不力的局面，又可降低营运成本，提高管理效率。

#### 1.2.3.3　财务与业务处理的高度协同

财务与业务的协同一直是企业管理工作中的一个重要环节。在互联网出现之前，许多拥有行业迥异的众多下属机构而又呈现复杂结构的集团型企业，如何实现跨行业的集团性企业财务和业务的协同，一直是困扰着企业界、财务主管部门和会计界的难题。网络财务通过远程处理功能和动态信息核算功能，则能从根本上促进财务与业务的协同，从而彻底地消除会计的"信息孤岛"。

财务与业务的协同包括与企业内部部门的协同、与供应链的协同和与社会部门的协同。

##### 1.2.3.3.1　内部协同

企业内部信息可以通过企业网络传递实现内部的协同，包括对企业全程业务的协同，从网上采购到网上销售、网上服务、网上考勤等。财务部门的预算控制、资金准备、网上支付、网上结算等工作与业务部门的工作协同进行。采购和销售部门的业务员可以使用手持信息设备输入各种商品或劳务数据，并实时或批量送给财务系统；公司职员借助联网的信息终端进行考勤、申请借款、填报各项收支；财务人员可以坐在计算机前等待各种经济数据传过来，自动生成各种账表，进行事中控制和事后分析。

#### 1.2.3.3.2　与供应链的协同

与供应链的协同，如网上询价、网上催账、网上订票和网上制定生产计划等。即通过业务伙伴之间的外联网或互联网实现供应商、客户和企业之间的协同和电子商务。电子商务活动如网上订货、网上采购、网上销售的物流信息和资金流信息瞬间传递到财务系统；网上服务、网上咨询使供应链的协同更加默契。

#### 1.2.3.3.3　与社会各部门的协同

与社会各部门的协同如网上银行、网上保险、网上报税和网上报关等。即通过国际互联网实现企业、银行、证券公司、海关等的协同。企业与银行联网，可以随时查询企业最新银行资金信息，并实现网上支付和网上结算；企业与海关联网，实现网上报税、报关；企业与证券公司联网可以实现在线证券投资等。

### 1.2.3.4　强大的处理能力

强大的处理能力包括在线处理与远程处理两方面。

#### 1.2.3.4.1　在线处理

在网络财务方式下，财会人员可在一个开放的财务网络上处理各项经济业务，几乎所有的财务处理工作都将发生根本的变化，将从根本上改变过去财会人员独立和封闭的工作单元。它可进行网上财务审批、在线更新财务制度、在线服务支持、在线会计教育、在线资金调度、在线维护软件、在线咨询、在线版本更新等。

#### 1.2.3.4.2　远程处理

在网络时代，财务管理能力能够延伸到全球的任何一个结点，企业间、企业同客户间的物理距离都将变成鼠标距离。集团总部与下属的子公司之间可以实现远程处理业务、远程报账、远程报表、远程查账、远程审计、远程仓库数据查询、远程销售记录查询等业务。

### 1.2.3.5　办公方式更灵活

网络财务下财务信息提供方式大大改变，从传统的纸质页面数据、电算化系统的磁盘数据，到现在的网络页面数据。网络页面数据与传统财务信息提供方式的最大区别是信息的时效性显著增强，时间上不受休息日和夜间的局限，空间上在全球范围内不受时差的限制，人休息的时候网络却在不停地工作，客户只要打开电脑就可查询厂商的情况，并与之进行交易。工作效率明显提高和交易机率明显增大，已经有越来越多的上市公司在公司网站上放置企业财务报告供股东查询。由于信息提供方式的改变，网络财务下的财会工作方式也随之改变，真正实现财务工作的移动和在线办公。库存和销售部门的业务员可以使用手持信息设备输入各种商品、劳务数据，再联网传送给财务系统；公司职员可以借助联网的信息终端申请借款、填报各项收支；财务和企业主管可以利用移动终端联网查询各种财务数据；财务人员在授权情况下也可以实现家庭办公。

### 1.2.3.6　会计工具和财务介质发生大的改变

会计电算化的第一阶段使会计工具和介质由算盘到键盘，从账本到磁盘文件。网络财务将使会计介质继续发生变化，更多的介质将会电子化，各种发票、结算单据都将以电子化的方式出现，电子现金、电子支票等结算票据因其实时、方便将代替传统的纸质票据。单据的电子化将进一步促进财务运作的速度和效率。财务介质的改变还体现在货币上，商务活动中货币可以说是流动的血液，网络财务环境下，货币的"质地"也将发生变化，不再是原来的纸币或者硬币，而是以电子的形式出现。

由于网络财务环境是一个集生产商、供应商、经销商、用户还有银行及国家结算机构为一体的网络体系，这已不存在货款的直接交易，现金一经存入银行就变成了货币信息，因而就可以以信息方式与商家交流，获取想要买取的东西，这时的货币其实就是以"电子"的形式出现了。电子货币是电子商务的重要结算工具，也是实现网络财务的基本条件。货币的电子化以及在此基础上的网上支付、网上结算，不仅极大地提高结算效率，更重要的是加快了资金周转速度，降低企业资金成本。电子货币使纸面现金逐渐消失，传统的出纳岗位将被相关业务人员取代。

### 1.2.4　网络财务与传统电算化会计的区别

网络财务与会计电算化既有联系又有区别。它们同为企业会计信息系统的具体形式，但是网络财务是会计电算化发展的方向和趋势。一般将网络财务阶段之前的电算化会计称为传统电算化会计。网络财务的应用可以基于局域网和广域网环境。它对传统电算化会计的应用范围进行了最大限度的扩展，使数据库服务器和客户机能够分布在更广阔的空间。这样，网络财务不仅具备传统电算化会计的基本功能，而且还能支持远程数据处理，诸如远程报表、远程报账、远程查询、远程审计等，并支持电子商务应用模式，最终形成了与传统电算化会计截然不同的技术特性。

#### 1.2.4.1　传统电算化会计的不足

具体来说，传统电算化会计存在以下几个方面的不足：

##### 1.2.4.1.1　以财务部门为核心并主要是以模仿替代手工核算为主

传统电算化会计大多数是从记账凭证的输入开始的，通过计算机完成记账、算账、报账等处理过程。同时，这些工作大都局限于财务部门内部，完成会计事后核算的功能，但是，它却无法进行事前的预测、事中的控制和事后的分析。还有，它一般只能提供货币信息，却很难提供非货币信息，这样，财务信息往往不够全面。所以说，传统电算化会计仅改变了日常的手工做账方式，只是对手工会计核算的简单模仿，尤其是在处理企业外部业务方面，比如与其他企业的业务往来的凭证处理、银行对账单的核对等，财会人员仍然停留在手工操作上。而网络财务软件则超越了手工会计模式，除具备传统电算化会计的功能外，还提供了事前预测和计划、事中过程管理与控制、事后决策分析等功能。

##### 1.2.4.1.2　各子系统彼此的独立性

传统电算化会计软件中的许多模块在开发时就缺乏进行统一规划，采取单项开发，再通过"转账凭证"式将数据传递给账务处理子系统，未能形成一个有机的整体，销售、工资、固定资产、成本等各核算子系统间彼此分隔，数据不能共享，缺乏会计数据传输的及时性、一致性和系统性，各核算子系统形成了一个个彼此独立的"孤岛"。而网络财务各子系统间则可以相互调用和传递数据，具有很高的一致性，真正做到了"成为一个有机整体"。

##### 1.2.4.1.3　满足需要的有限性

传统电算化会计各核算子系统所提供的数据和信息只能满足财务部门的需要，而不能同时满足与之相联系的人事、仓储、采购、销售等业务部门的需要，更不用说满足企业外部相关者的需要了。因而采用传统电算化会计很难使企业财务部门与业务部门协同，财务人员常常为核对财务数据与业务数据而忙得焦头烂额。而网络财务则支持财务与业务协同的工作方式。

#### 1.2.4.1.4 管理范围的局限性

传统电算化会计只限于地理上小范围的财务管理，甚至连公司内部的异地财务管理都不能支持。即便是具有网络功能，也由于硬件支持和应用软件性能的局限，客户机和数据库服务器的距离不能任意扩展，因此，它也不能解决远程网络数据传输的问题，进而使得企业异地相处的各分支机构采集财务信息的时效性和准确性受到影响，给管理者决策带来困难，导致商机的贻误。

### 1.2.4.2 两种会计信息系统的比较

下面可通过表 1.1 对它们进行综合比较。

表 1.1　　　　　　　　　　两种财务软件的比较

| 比较项目 | 传统电算化会计 | 网络财务 |
| --- | --- | --- |
| 软件模块 | 财务、报表、工资、固定资产等财务模块 | 除传统电算化会计模块外，还增加了成本、资金、供销存管理、报表传递汇总、分析决策等企业管理模块 |
| 应用范围 | 企业财务部门 | 支持企业集团应用 |
| 使用者 | 企业财会人员 | 除财务人员外，还包括管理者及决策者 |
| 功能 | 事后核算及分析 | 事前预测计划、事中控制、事后核算及分析 |
| 数据处理方式 | 各部门单独处理 | 一体化处理，并支持数据的远程和在线处理 |
| 信息共享度 | 信息孤立，很难共享 | 信息完全共享 |
| 供销存业务的处理 | 很少涉及或模型单一 | 全面的业务流程管理，涵盖多行业模型 |
| 对成本的处理 | 无法实现成本管理 | 可进行成本预测、计划、核算及分析、控制 |
| 往来管理 | 简单往来核算 | 实现复杂的往来核算，有效控制企业财务风险 |
| 分析控制范围 | 局限于财务范围 | 整个企业的业务活动范围 |
| 对企业的意义 | 替代手工核算，减轻劳动强度 | 全面提高企业竞争力 |

### 1.2.5 网络财务的意义

网络财务是会计信息系统发展的新的里程碑。其意义主要有：

#### 1.2.5.1 促进企业优化配置资源

由于网络财务软件的实现，导致了财务与业务的协同，从而改变了过去财务与业务各行其是，非常松散的结合，使得企业的财务资源和业务运作可以直接挂钩，实现资源配置的最优化，能最大程度地节约人类资源。

#### 1.2.5.2 有利于企业及时管理、及时决策

网络财务可以使管理者能够无论身在何处都可以随时随地把握公司的财务脉搏以及业

务运作情况，这样，管理者就能对企业的经营活动进行方便、快捷、准确的在线管理。同时，网络财务可以大力强化主管单位对下属机构的财务监控，基于动态会计信息，企业主管和财务主管将能够迅速地做出反应，及时地部署经营活动和作出财务安排，进而使得财会工作方式改变，可以真正实现财务工作的移动和在线办公。公司的许多工作都可以基于网络来实现，例如：公司职员可以借助联网的信息终端申请借款、填报各项收支；财务和企业主管可以利用移动终端联网查询各种财务数据；财务人员在授权情况下也可以实现家庭办公。

### 1.2.5.3  为企业数字化管理奠定基础

网络财务是伴随电子商务的发展需要而出现的。它的出现已改变过去财务软件与服务市场格局，全面促进着中国企业的电子商务进程。不仅如此，更重要的是，网络财务的出现，已极大地丰富和发展了数字化管理思想，是企业实现数字化管理的关键技术，将为企业进一步实现数字化管理奠定坚实基础。

# 2 网络财务技术基础

## 2.1 网络技术

### 2.1.1 网络技术基础

#### 2.1.1.1 网络的概念

计算机网络是计算机技术和通信技术发展和结合的产物。计算机网络比较通用的定义是：利用通信线路将地理上分散的、具有独立功能的计算机系统和通信设备按不同的形式连接起来，通过通信协议软件实现资源共享和信息传递的系统。

从以上定义可以看出，一个计算机网络系统应包括如下几个主要部分：至少存在两台及以上的具有独立操作系统的计算机；计算机之间必须通过某种传输介质进行互联；两台及以上的具有独立操作系统的计算机之间建立通信，必须制定各方都认可的通信规则，即通信协议；需要有对资源进行集中管理或分散管理的软件系统，即网络操作系统。

#### 2.1.1.2 网络的功能

计算机网络主要具有以下几方面的功能，其中最基本的功能是实现资源共享和数据通信。

##### 2.1.1.2.1 资源共享

资源共享是建立计算机网络的主要目的之一。它突破了地理位置的局限性，使网络资源得到充分利用，这些资源包括硬件资源、软件资源和数据资源。硬件资源包括连接在网络上的各种型号、类别的计算机和其他设备，硬件资源的共享可以提高设备的利用率，避免重复投资。软件资源和数据资源的共享可以充分利用已有的软件和数据，减少软件开发过程中的重复劳动，避免数据库的重复设置。

##### 2.1.1.2.2 数据通信

数据通信指利用计算机网络实现不同地理位置的计算机之间的数据交换过程。如人们通过电子邮件（E-mail）发送和接收信息，另外还可以使用 IP 电话进行语音交流，这种方式被许多电子商务网站广泛利用以提供对客户的服务。

##### 2.1.1.2.3 分布处理

所谓分布处理，是把要处理的任务分散到各台计算机上运行，不是集中在一台计算机上。这样不仅可降低软件设计的复杂性，均匀地分担负载，而且可大大提高系统效率，降低成本。

##### 2.1.1.2.4 集中管理

对于在地理位置分散的系统，如军事指挥系统、数据库情报检索系统、飞机订票系统、营销系统等，可通过计算机网络来实现集中管理。

### 2.1.1.3 网络的组成

对于计算机网络的组成，大致有两种分法：

一种是按照计算机技术的标准，将计算机网络分成硬件和软件两个组成部分。网络硬件是计算机网络系统的物质基础，包括服务器、工作站、连接设备及传输介质等。网络软件是实现网络功能不可缺少的软环境。网络软件通常包括网络操作系统和网络协议软件。

另一种是按照网络中各部分的功能，将网络分成通信子网和资源子网两部分。计算机网络中实现网络内多台计算机间的数据传输功能的设备及其软件的集合即为网络的通信子网。通常情况下，通信子网由传输介质、中继器、集线器和交换机、网络互联设备（网桥、网关和路由器）、Modem 等组成。网络中实现面向用户提供和管理共享资源的设备和软件的集合为资源子网。资源子网通常由服务器、客户机、共享设备（打印机、传真机等）和网络软件等组成。

### 2.1.1.4 网络的体系结构

人们对计算机网络的研究是按照分层的方式进行的，就是将总体要实现的功能进行分解，分配在不同的层次中，每个层次中要实现的功能和实现的过程都有明确的规定。计算机网络分层的方式以及各层的功能及其相互之间的关系，称为计算机网络体系结构。

#### 2.1.1.4.1 ISO/OSI - RM

开放系统互联（Open System Interconnect，OSI）参考模型是由国际化标准组织（International Organization for Standardization，ISO）制定的标准化开放式计算机网络层次结构模型，采用七层体系结构。由底层至高层分别称为物理层、数据链路层、网络层、传输层、会话层、表示层、应用层。

#### 2.1.1.4.2 计算机网络协议

网络协议是一组规则，它规定了网络通信的数据传输规范。要传输的信息必须按照网络协议的规定进行编码、打包，数据包大小、格式等都要符合协议的规定才能被正确地传输到接收方，接收方也必须按照协议才能正确地解读数据包。常见的网络协议有 TCP/IP、NetBEUI、IPX/SPX 等。

### 2.1.1.5 网络的发展趋势

随着网络应用在各个行业的普及，网络在无线通信和下一代互联网、双核或多核半导体器件技术、人工智能、高性能计算机、网络安全等基础研究方面取得重大进展。在前沿信息技术的发展动向中，以下网络技术的发展和研究成为热点。[①]

#### 2.1.1.5.1 蓝牙（Bluetooth）技术

蓝牙是一种支持设备短距离通信（一般是 10 米之内）的无线电技术。电子装置彼此可以透过蓝牙而连接起来，省去了传统的电线。透过芯片上的无线接收器，配有蓝牙技术的电子产品包括移动电话、PDA、无线耳机、笔记本电脑、相关外设等众多设备之间能够进行无线信息交换。蓝牙的标准是 IEEE802.15，工作在 2.4GHz 频带，传输速度可以达到每秒钟 1 兆字节。

蓝牙技术是应用时间最长的一种近距离无线通信技术。蓝牙技术发展的重点将放在性能、安全和功耗上，以完美其功能。

---

① 国务院发展研究中心国际技术经济研究所课题组. 2004 年世界科技发展报告. 经济研究参考，2005（33）.

#### 2.1.1.5.2　无线相容认证技术

无线相容认证（Wireless Fidelity，Wi－Fi）技术与蓝牙技术一样，同属于在办公室和家庭中使用的短距离无线技术。该技术使用的是 2.4GHz 附近的频段，该频段目前尚属没用许可的无线频段。其目前可使用的标准有两个，分别是 IEEE（The Institute of Electrical and Electronics Engineers，〔美国〕电子和电气工程师协会）802.11a 和 IEEE 802.11b。

IEEE802.11b 无线网络规范是 IEEE 802.11 网络规范的变种，最高带宽为 11Mbps，在信号较弱或有干扰的情况下，带宽可调整为 5.5Mbps、2Mbps 和 1Mbps，带宽的自动调整，有效地保障了网络的稳定性和可靠性。其主要特性为：速度快，可靠性高，在开放性区域，通信距离可达 305 米，在封闭性区域，通信距离为 76 米到 122 米，方便与现有的有线以太网络整合，组网的成本更低。

Wi－Fi 技术在欧美和亚太地区的机场、交通枢纽和商务区大量部署，发展势头强劲。

#### 2.1.1.5.3　ZigBee 技术

ZigBee 技术是一种近距离、低复杂度、低功耗、低速率、低成本的双向无线通信技术。这一名称来源于蜜蜂的八字舞，由于蜜蜂（bee）是靠飞翔和"嗡嗡"（zig）地抖动翅膀的"舞蹈"来与同伴传递花粉所在方位信息，也就是说蜜蜂依靠这样的方式构成了群体中的通信网络。ZigBee 技术主要用于距离短、功耗低且传输速率不高的各种电子设备之间进行数据传输以及典型的有周期性数据、间歇性数据和低反应时间数据传输的应用。

简单地说，ZigBee 是一种高可靠的无线数传网络，类似于码分多址（Code Division Multiple Access，CDMA）和全球移动通信系统（global system for mobile communications，GSM）网络。ZigBee 数传模块类似于移动网络基站。通信距离从标准的 75m 到几百米、几千米，并且支持无限扩展。其在固定或移动设备的无线连接上将有广泛的应用。

#### 2.1.1.5.4　超宽带无线（Ultra Wideband，UWB）技术

UWB 无线通信是一种不用载波，而采用时间间隔极短（小于 1ns）的脉冲进行通信的方式，也称为脉冲无线电（Impulse Radio）、时域（Time Domain）或无载波（Carrier Free）通信。与普通双相移相键控（Binary Phase Shift Keying，BPSK）信号波形相比，UWB 方式不利用余弦波进行载波调制而发送许多小于 1ns 的脉冲，因此这种通信方式占用带宽非常之宽，且由于频谱的功率密度极小，它具有通常扩频通信的特点。

超宽带无线 UWB 技术由于其广泛的应用面，有望补充和替代蓝牙技术和 Wi－Fi 技术。众多厂商因此蜂拥而上进行相应的产品开发。

#### 2.1.1.5.5　宽带通信技术

借助已有电话线路的数字用户线（Digital Subscriber Line，DSL）技术是目前发展最为迅猛的宽带通信技术。广播电视部门大力发展的光纤同轴混合网（Hybrid Fiber－Coax，HFC）技术已进入商业化应用阶段。光纤配合局域网接入方式正成为新的宽带接入方式。正交频分复用（Orthogonal Frequency Division Multiplexing，OFDM）技术与无线通信领域的多输入多输出（Multiple－Input Multiple－Out－put，MIMO）技术相结合，应用于下一代无线宽带网，将是无线通信技术领域中的长期热点。宽带通信技术有望实现多种标准兼容，实现有线网与无线网融合。

#### 2.1.1.5.7　万兆铜缆以太网传输技术

千兆以太网（1000ME）采用了与 10M 以太网相同的帧格式、帧结构、网络协议、全/半双工工作方式、流控模式以及布线系统，因此可与 10M 或 100M 的以太网很好地配合工

作。再发展就进入到以太网的万兆时代。万兆以太网（10GE）使用 IEEE 802.3 以太网介质接入控制（Media Access Control，MAC）协议、IEEE 802.3 以太网帧格式和 IEEE 802.3 帧格式，不需要修改 MAC 协议或分组格式。所以，能够支持所有网络的上层服务，包括在 OSI 七层模型的第二/三层或更高层次上运行的智能网络服务，具有高可用性、多协议标记交换（Multi - Protocol Label Switching，MPLS）、含 IP 语音（Voice over Internet Protocol，VoIP）在内的服务质量（Quality of Service，QoS）、安全与策略实施、服务器负载均衡（Server Load Balancing，SLB）和 Web 高速缓存等特点。

万兆铜缆以太网传输技术已开始使用，但仍需解决若干难题。

### 2.1.1.5.8　3G 与 4G 技术

第三代移动通信技术简称 3G（3rd - generation），是指支持高速数据传输的蜂窝移动通信技术。3G 服务能够同时传送声音，图像及数据信息（电子邮件、即时通信等）。代表特征是提供高速数据业务，速率一般在几百 kbps 以上。目前 3G 存在四种标准：CDMA2000，WCDMA，TD - SCDMA，WiMAX。尽管 3G 通信尚未在全球普及，但后 3G 技术的研究已蓬勃开展，一些公司已推出样品。对后 3G 时代影响最大的是向 3.5G 升级以及将移动互联（WLAN）整合到广域网络。其中，最值得关注的是高速下行分组数据业务接入（High Speed Downlink Packet Access，HSDPA）技术（有人称之为 3.5G 技术），它有可能将 3G 的能力扩充为一个全 IP 网络，并将无线通信和有线通信进行整合。

第四代移动通信技术简称 4G（4th - generation）。4G 移动系统网络结构可分为三层：物理网络层、中间环境层、应用网络层。4G 关键技术包括信道传输；抗干扰性强的高速接入技术、调制和信息传输技术；高性能、小型化和低成本的自适应阵列智能天线；大容量、低成本的无线接口和光接口；系统管理资源；软件无线电、网络结构协议等。第四代移动通信系统主要是以正交频分复用为技术核心，其特点是网络结构高度可扩展，具有良好的抗噪声性能和抗多信道干扰能力，可以提供比目前无线数据技术质量更高（速率高、时延小）的服务和更好的性能价格比，能为 4G 无线网提供更好的方案。例如无线区域环路、数字音讯广播等，都将采用 OFDM 技术。

4G 移动通信对加速增长的无线连接的要求提供技术上的回应，对跨越公众的和专用的、室内和室外的多种无线系统和网络保证提供无缝的服务。通过对最适合的可用网络提供用户所需求的最佳服务，能应付基于因特网通信所期望的增长，增添新的频段，使频谱资源大扩展，提供不同类型的通信接口，运用路由技术为主的网络架构，以傅立叶变换来发展硬件架构实现第四代网络架构。移动通信将向数据化、高速化、宽带化、频段更高化方向发展，移动数据、移动 IP 将成为未来移动网的主流业务。

4G 通信给人印象最深刻的特征莫过于它具有更快的无线通信速度。从移动通信系统数据传输速率作比较，第一代模拟式仅提供语音服务；第二代数位式移动通信系统传输速率也只有 9.6Kbps，最高可达 32Kbps；而第三代移动通信系统数据传输速率可达到 2Mbps；专家则预估，第四代移动通信系统可以达到 10Mbps 至 20Mbps，甚至最高可以达到每秒高达 100Mbps 速度传输无线信息，这种速度将相当于目前传输速度的 1 万倍左右。

### 2.1.1.5.9　视频通信技术

视频通信技术已获得较广泛应用，已有不少产品问世。IP 电话（VoIP）在发达国家推广迅速，基于互联网协议（全 IP）的计算机网络、有线电视网络和互联网的三网合一获得重要进展。

此外，网络技术将在宽带技术的进一步完善和提高方面、移动网络和无线通信技术的应用方面、多媒体网络与传统网络的结合方面、网络技术与计算机技术的紧密结合方面和网络安全环境方面，有更大的发展空间。

## 2.1.2 局域网技术

### 2.1.2.1 局域网概述

局域网 LAN（Local Area Network），是一种在有限的地理范围内将大量 PC 机及各种设备互连在一起，实现数据传输和资源共享的计算机网络。局域网的覆盖范围在十几千米之内。例如学校的校园网络、医院网络、小区网络、一个工厂的内部网络等。

区别于一般的广域网（WAN），局域网具有以下特点：地理分布范围较小，一般在十几千米之内；数据传输速率高，可以获得从 10Mbps 到 10Gbps 传输速度；可交换各类数字和非数字（如语音、图像、视频等）信息；误码率低，数据的传输延迟时间短，但连接能力有限；对故障的检测比较容易；以 PC 机为主体，包括终端及各种外设，网中一般不设中央主机系统；一般包含 OSI 参考模型中的低三层功能，即涉及通信子网的内容；协议简单，结构灵活，建网成本低，周期短，便于管理和扩充。

目前常见的局域网类型包括以太网（Ethernet）、光纤分布式数据接口网（Fiber Distributed Data Interface，FDDI）、异步传输模式网（Asynchronous Transfer Mode，ATM）、令牌环网（Token Ring）等。其中应用最广泛的当属以太网，这是一种广播式的局域网，是目前发展最迅速也最经济的局域网之一，并且具有很强的可升级性。

在 LAN 和 WAN 之间的是城市区域网 MAN（Metropolitan Area Network）简称城域网。城域网通常是覆盖一座城市、油田、矿山范围的网络。目前，我国的许多油田和矿山，以及新兴的城市都已经建立起城域网。也有一个行业中的多个组织建设城域网的例子。例如在北京、上海、南京等地的学校，分别在所在城市范围内组建起了城域网，作为中国教育科研网的地区主干网络。城域网使用 LAN 的技术。

### 2.1.2.2 工作站

网络工作站是指连接到计算机网络并通过应用程序来执行任务的个人计算机。网络操作员通过在个人计算机上运行网络通信管理程序和操作系统外壳程序，为个人计算机增加网络功能，并使之成为网络工作站。工作站是网络数据主要的发生场所和使用场所。用户主要是通过工作站使用网络资源并完成作业的。

#### 2.1.2.2.1 网络工作站与终端的差异

工作站本身应具有独立的处理能力和完整的计算机系统，它可以不连接到外部环境而独立完成作业。当它连接到外部环境后，既可共享外部环境资源，也能将本地资源提供给外部环境共享。

终端通常用于小型机等多用户系统中，它也是系统数据发生和使用的主要场所，是一种用于人机对话的设备，这方面与工作站是一样的，所以较容易与工作站混淆。主要有以下区别：终端无独立处理能力，而工作站有；终端无本地存储能力，而工作站有；终端应用环境为多用户系统，而工作站则为网络系统；终端为集中式数据系统，工作站则为分布式数据处理系统；终端价格低，而工作站价格相对较高。

##### 2.1.2.2.2 工作站分类

网络工作站分类的方式有多种，按是否有外存储设备，可分为有盘工作站与无盘工作站；按工作空间位置划分可分为本地工作站和远程工作站；按处理的作业划分可分为事务处理工作站与图形处理工作站等。

#### 2.1.2.3 服务器

服务器是指能向网络用户提供特定服务的软件和硬件。服务器的作用是为网络提供特定服务，而人们通常以服务器提供的服务来命名服务器，如提供文件共享服务的文件服务器。由于整个网络的用户均依靠不同的服务器提供不同的网络服务，因此，网络服务器是网络资源管理和共享的核心。

服务器一般可按其提供的服务内容分为文件服务器、打印服务器、通信服务器和数据库服务器等。文件共享服务是网络中最基本也是最常用的服务，在文件服务器上一般还提供了网络的用户管理、网络资源管理、网络安全性管理等多项基本的网络管理功能，网络服务器的登录通常也由文件服务器提供服务。因此，网络文件服务器常简称为网络服务器或服务器。

服务器也可按其硬件性质划分为专用服务器、通用服务器和服务平台等，这些划分都是针对文件服务器而言的。

#### 2.1.2.4 局域网的拓扑结构

网络的拓扑结构对网络性能有很大影响。选择网络拓扑结构，首先要考虑采用何种媒体访问控制方法，因为特定的媒体访问控制方法一般仅适用于特定的网络拓扑结构；其次要考虑性能、可靠性、成本、扩充灵活性、实现的难易程度及传输媒体的长度等因素。局域网常用的拓扑结构有星型、总线、环型三种。

##### 2.1.2.4.1 星型拓扑结构

星型网络由中心节点和其他从节点组成，如图2.1所示，中心节点可直接与从节点通信，而从节点间必须通过中心节点才能通信。在星型网络中中心节点通常由一种称为集线器或交换机的设备充当，因此网络上的计算机之间是通过集线器或交换机来相互通信的，这是目前局域网最常见的方式。

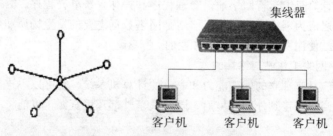

图2.1　星型网络示意及实物图

##### 2.1.2.4.2 总线拓扑结构

总线型网络是一种比较简单的计算机网络结构，它采用一条称为公共总线的传输介质，将各计算机直接与总线连接，信息沿总线介质逐个节点广播传送。如图2.2所示。

##### 2.1.2.4.3 环型网络拓扑结构

环型网络将计算机连成一个环。在环型网络中，每台计算机按位置不同有一个顺序编号，如图 2.3 所示，在环型网络中信号按计算机编号顺序以"接力"方式传输，若计算机 A 欲将数据传输给计算机 D，必须先传送给计算机 B，计算机 B 收到信号后发现不是给自己的，于是再传给计算机 C，这样直到传送到计算机 D。

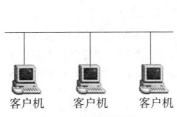

图 2.2　总线型网络

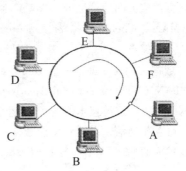

图 2.3　环型网络

### 2.1.3　无线网络技术

在计算机网络互联过程中，可以选择有线或无线连接两种方式。当使用有线传输介质，如双绞线、光纤等进行网络互联时，称为有线网络；当使用无线传输介质，如微波、红外线、电磁波、卫星等进行网络互联时，称为无线网络。

#### 2.1.3.1　无线网络概述

所谓无线网络是指利用无线电波作为信息传输媒介而构成的无线局域网（Wireless Local Area Network，WLAN），与有线网络的用途十分类似，最大的不同在于传输媒介的不同，无线网络就是利用无线电技术取代有线传输介质。

与有线局域网相比较，无线局域网具有开发运营成本低，时间短，投资回报快，易扩展，受自然环境、地形及灾害影响小，组建网络灵活快捷等优点，可实现"任何人在任何时间、任何地点以任何方式与任何人通信"，它弥补了传统有线局域网的不足。

无线网络技术的范围很广，它不仅包括允许用户建立远距离无线连接的全球语音和数据网络，也包括为近距离无线连接进行优化的红外线技术及视频技术。通常用于无线网络的设备有便携式计算机、台式计算机、手持计算机、个人数字助理（Personal Digital Assistant，PDA）、移动电话、笔式计算机等。无线技术有多种实际用途，如手机用户可以使用移动电话查看电子邮件，使用便携式计算机的用户可以通过安装在机场、火车站和其他公共场所的基地连接到 Internet，在家中的用户可以连接桌面设备来同步数据和发送文件，等等。

#### 2.1.3.2　无线网络划分

与有线网络一样，无线网络可根据数据传送距离的不同，划分为不同的类型，分为无线局域网（WLAN）、无线广域网（WWAN）、无线城域网（WMAN）和无线个人网（WPAN）四种不同类型。

WLAN 是计算机网络和无线通信技术相结合的产物。通常被形象地描述为"最后 100 米"的通信需求。WLAN 采用 IEEE 802.11 系列标准。

WWAN（Wireless Wide Area Network，无线广域网）是指传输范围可跨越国家或不同城市的无线网络，通常需要特殊的服务提供者来架设及维护整个网络，一般用户只是单纯以终端连线装置来使用无线广域网络。WWAN 让用户可以通过远程公用网络或专用网络建立无线网络连接。通过使用由无线服务提供商负责维护的若干天线基站或卫星系统，这些连接可以覆盖广大的地理区域。WWAN 标准由 IEEE 802.20 和 3G 蜂窝移动通信系统构成。

WMAN（Wireless Metropolitan Area Network，无线城域网）通常用于城市范围内的业务点和信息汇聚点间的信息交流和网际接入。其有效覆盖区域为 2～10 千米，最大可达到 30km，数据传输速率最快可达 70Mbps。WMAN 采用 IEEE 802.16 标准。

WPAN（Wireless Personal Area Network，无线个人网）是指在个人活动范围内所使用的无线网络技术，这类技术的主要用途是让个人使用的资讯装置，如手机、PDA、笔记型计算机等可互相通信，以达到交换数据的目的。常被描述为"最后 10 米"的通信需求，目前主要技术为蓝牙。WPAN 采用 IEEE 802.15 标准。

### 2.1.3.3 无线广域网技术

无线广域网技术是指将笔记本电脑、个人数字助理（PDA）等移动设备通过蜂窝网络连接到 Internet 的技术，主要用于移动通信。目前比较常见的技术主要有 GSM 技术、WAP（Wireless Application Protocol，无线应用协议）技术、3G 通信技术等。

### 2.1.4 Internet

Internet（国际互联网）是一个由各种不同类型和规模的独立运行和管理的计算机网络组成的全球范围的计算机网络，组成 Internet 的计算机网络包括局域网（LAN）、城域网（MAN）以及大规模的广域网（WAN）等。这些网络通过普通电话线、高速率专用线路、卫星、微波和光缆等传输介质把不同国家的大学、公司、科研机构以及军事和政府等组织的网络连接起来。Internet 网络互连采用的基本协议是 TCP/IP。Internet 是全世界最大的图书馆，它为人们提供了巨大的并且还在不断增长的信息资源和服务工具宝库。用户可以利用 Internet 提供的各种工具去获取 Internet 提供的巨大信息资源。任何一个地方的任意一个 Internet 用户都可以从 Internet 中获得任何方面的信息，如自然、社会、政治、历史、科技、教育、卫生、娱乐、政治决策、金融、商业和天气预报等等。支持 Internet 的各种软件、硬件以及由它们组成的各种系统为 Internet 的用户提供了各种各样的应用系统，这些应用系统把各种 Internet 信息资源有机地结合在一起，从而构成了 Internet 所拥有的一切。

### 2.1.4.1 Internet 的接入

Internet 的具体接入方法是多种多样的。按连接设备划分有网络接入、单机接入和终端接入三种，按连接的线路划分有电话线连接和专线连接两种。

#### 2.1.4.1.1 电话线连接

不论身在何处，只要能接通电话，任何一个 PC 机用户，都可以利用调制解调器（Modem）和电话线拨号连通 Internet，如图 2.4 所示。尽管调制解调器的速度不断加快，但由于电话线带宽的限制，网络通信速度仍显得很慢，电话线联结出现了 ISDN（Integrated Service Digital Network，俗称一线通），ADSL（Asymmetric Digital Subscriber Line，非对称数字用户线）等，这两种联结方式极大地提高了上网速度。

#### 2.1.4.1.2 专线连接

专线连接是指用光缆、电缆或通过卫星、微波等无线传输介质，或租用电话专线、

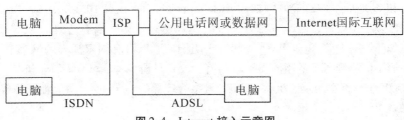

**图 2.4 Internet 接入示意图**

DDN 专线将网络联通。专线连接通常以网络为单位进行。一个网络只要通过路由器接到互联网络或接入网络后，该网络上的所有计算机便成为 Internet 的一部分。专线连接要求用户具备一个局域网 LAN 或一台主机，入网专线以及支持 TCP/IP 协议的一台路由器。

### 2.1.4.2　IP 地址与域名

#### 2.1.4.2.1　IP 地址

IP 地址是区别 Internet 上所有计算机的唯一标志。IP 地址是由四组被圆点隔开的二进制数字组成的 32 位地址，每组都可转换成 0 ~ 255 中的一个十进制数，如成都天府热线的 IP 地址是 10. 143. 0. 69。在 Internet 中，按网络规模的大小，将 IP 地址分为 A、B、C 三类，如图 2.5 所示。

**图 2.5　IP 地址分类图**

A 类地址用第一个字节表示网络地址，第二、三、四字节表示主机地址，可以划分 127 个网络，每个网络有 224 台主机，所以，A 类地址通常分配给规模特别庞大的网络使用。B 类地址用第一、二字节表示网络地址，第三、四字节表示主机地址，可以划分 214 个网络，每个网络有 216 台主机，因此，B 类地址通常分配给大型网络使用。C 类地址用第一、二、三字节表示网络地址，第四字节表示主机地址，可以划分 221 个网络，每个网络有 256 台主机，所以，C 类地址通常分配给小型网络，如大量的局域网和校园网。

Internet 的 IP 地址分配是分级进行的。国际互联网代理成员管理局 IANA（Internet Assigned Numbers Authority）是负责全球 Internet 上 IP 地址分配的机构。目前，全球一共有三个地区级的 IP 地址分配。中国互联网信息中心（CNNIC）以国家 NIC 的身份于 1997 年 1 月成为亚太互联网络信息中心（APNIC）的会员，并成立了以 CNNIC 为召集单位的分配联盟。按照 APNIC 的有关规定，CNNIC 分配联盟成员单位可以通过 CNNIC 获得 IP 地址，CNNIC 必须将 CNNIC 分配联盟单位的名单及 IP 地址分配情况报告 APNIC。

#### 2.1.4.2.2　域名

IP 地址可以用来识别不同的计算机，但很难记忆，因此，人们就用域名来代替 IP 地址，使域名和 IP 地址一一对应。例如用 www. sc. cninfo. net 代替 10. 143. 0. 69，这样就便于记忆。域名由多个词组成，由圆点分开，位置越靠左越具体。最右边是一级域或顶级域，代表国家，如我国为 CN，由于 Internet 起源于美国，所以没有国家标志的域名表示该计算机在美国注册了国际域名。常用的类别域名有：. AC 科研机构、. COM 商业机构、. EDU 教育机构、. GOV 非军事性的政府机构、. NET 网络管理部门、. ORG 非盈利性组织等。

### 2.1.4.3 协议

任何网络都有其协议，用以规定网络中计算机之间如何互相通信。网络协议是处于网络中的计算机能够互通信息的基础。

在 Internet 上使用的协议主要是传输控制协议/因特网互联协议（Transport Control Protocol/Internet Protocol，TCP/IP）协议，它是目前最被普遍接受的一种通信协议标准，由网络层的 IP 协议和传输层的 TCP 协议组成。TCP/IP 定义了电子设备如何连入因特网，以及数据如何在它们之间传输的标准。该协议采用了四层的层级结构，包括网络接口层、网际层、传输层和应用层，每一层都呼叫它的下一层所提供的网络来完成自己的需求。通俗而言：TCP 负责发现传输的问题，一有问题就发出信号，要求重新传输，直到所有数据安全正确地传输到目的地。而 IP 是给因特网的每一台电脑规定一个地址。TCP/IP 协议可以让使用不同硬件结构、不同软件操作系统的计算机之间相互通信。

#### 2.1.4.3.1 网际协议版本 4（Internet Protocol version 4，IPv4 协议）

目前的全球因特网所采用的协议族是 TCP/IP 协议族。IP 是 TCP/IP 协议族中网络层的协议，是 TCP/IP 协议族的核心协议。目前 Internet 中广泛使用的 IPv4 协议，也就是人们常说的 IP 协议，已经有近 20 年的历史了。

随着 Internet 技术的迅猛发展和规模的不断扩大，IPv4 已经暴露出了许多问题，而其中最重要的一个问题就是 IP 地址资源的短缺。有预测表明，以目前 Internet 发展的速度来计算，在未来的 5 到 10 年间，所有的 IPv4 地址将分配完毕。尽管目前已经采取了一些措施来保护 IPv4 地址资源的合理利用，如非传统网络区域路由和网络地址翻译，但是都不能从根本上解决问题。

#### 2.1.4.3.2 IPv6 协议（Internet Protocol Version 6）

IPv6 是互联网工程任务组（Internet Engineering Task Force，IETF）设计的用于替代 IPv4 的下一代 IP 协议。

IPv6 具有长达 128 位的地址空间，可以彻底解决 32 位的 IPv4 地址不足问题，除此之外，IPv6 还采用了分级地址模式、高效 IP 包头、服务质量、主机地址自动配置、认证和加密等许多技术。

IPv6 的地址格式与 IPv4 不同。一个 IPv6 的 IP 地址由 8 个地址节组成，每节包含 16 个地址位，以 4 个十六进制数书写，节与节之间用冒号分隔，其书写格式为 x：x：x：x：x：x：x：x，其中每一个 x 代表四位十六进制数。除了 128 位的地址空间，IPv6 还为点对点通信设计了一种具有分级结构的地址，这种地址被称为可聚合全局单点广播地址（aggregatable global unicast address），开头 3 个地址位是地址类型前缀，用于区别其他地址类型，其后依次为 13 位 TLA ID、32 位 NLA ID、16 位 SLA ID 和 64 位主机接口 ID，分别用于标识分级结构中自顶向底排列的 TLA（Top Level Aggregator，顶级聚合体）、NLA（Next Level Aggregator，下级聚合体）、SLA（Site Level Aggregator，位置级聚合体）和主机接口。TLA 是与长途服务供应商和电话公司相互连接的公共网络接入点，它从国际 Internet 注册机构（如

IANA）处获得地址。NLA 通常是大型互联网服务提供商（Internet Service Provider，ISP），它从 TLA 处申请获得地址，并为 SLA 分配地址。SLA 也可称为订阅者（subscriber），它可以是一个机构或一个小型 ISP。SLA 负责为属于它的订阅者分配地址。SLA 通常为其订阅者分配由连续地址组成的地址块，以便这些机构可以建立自己的地址分级结构以识别不同的子网。分级结构的最底层是网络主机。

IPv6 中的地址配置除了 IPv4 中的全状态自动配置（stateful autoconfiguration），还采用了一种被称为无状态自动配置（stateless autoconfiguration）的自动配置服务。使用无状态自动配置，无需手动干预就能够改变网络中所有主机的 IP 地址。目前，Windows 2000、Unix、Solaris 操作系统的一些测试版本中已经引入了 IPv6，其他一些操作系统的 IPv6 版本也正在逐步开发。在移动通信领域正在掀起 IP 化热潮。实际上，制定下一代移动通信系统"IMT‑2000"标准的 3GPP 已经决定在下一代移动通信技术的基本协议中采用 IPv6。IPv6 有望在移动通信领域率先正式使用。IPv6 是用于建立可靠的、可管理的、安全和高效的 IP 网络的一个长期解决方案。

## 2.1.5　云计算

### 2.1.5.1　广义的云计算和狭义的云计算

狭义的云计算是指 IT 基础设施的交付和使用模式，指通过网络以按需、易扩展的方式获得所需的资源（硬件、平台、软件）。提供资源的网络被称为"云"。"云"中的资源在使用者看来是可以无限扩展的，并且可以随时获取、按需使用、随时扩展、按使用情况付费。这种特性经常被称为像水电一样使用 IT 基础设施。

广义的云计算是指服务的交付和使用模式，指通过网络以按需、易扩展的方式获得所需的服务。这种服务可以是 IT 和软件、互联网相关的，也可以是任意其他的服务。

### 2.1.5.2　云计算的体系结构

云计算（Cloud Computing）是分布式处理（Distributed Computing）、并行处理（Parallel Computing）和网格计算（Grid Computing）的发展，或者说是这些计算机科学概念的商业实现。云计算的三层结构如图 2.6 所示。

| 云服务<br>（库存管理服务、人力资源管理服务、客户关系管理服务等） |
| --- |
| 云平台<br>（服务的运行平台，如 Google App Engine、Force.com 等） |
| 硬件平台（数据中心）<br>（服务器、网络设备、存储设备等作为一个服务来提供） |

图 2.6　云计算的三层结构

很多厂商都提供了上面的平台。如 IBM 的 SmartCloud 和亚马逊的 EC2 主要是一个云计算的硬件平台（硬件作为一个服务），Google 的 Application Engine 主要是一个云平台，Salesforce 则是云服务的提供商。硬件平台和云平台为高性能计算、海量信息存储、并行处理、数据挖掘等方面提供可靠的支撑环境。

从更广泛的角度来说，云计算包含了如图 2.7 所示的体系结构。企业作为云服务的客户，通过访问服务目录来查询相关软件服务，然后订购服务。云平台提供了统一的用户管理和访问控制管理。从而，一个用户使用一个用户名和密码就可以访问所订购的多个服务。云平台还需要定义服务响应的时间。如果超过该时间，云平台需要考虑负载平衡，如：安装服务到一个新的服务器上。平台还需要考虑容错性，当一个服务器瘫痪时，其他服务器能够接管。在整个接管中，要保证数据不丢失。多个客户在云计算平台上使用云服务，要保证各个客户的数据安全性和私密性。要让各个客户觉得只有他们自己在使用该服务。服务定义工具包括使用服务流程将各个小服务组合成一个大服务。

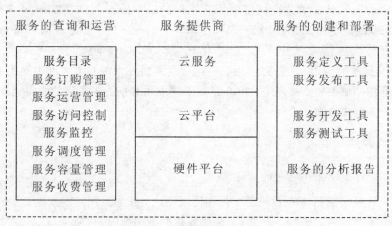

图 2.7    云计算体系结构

### 2.1.5.3    云计算的特点

（1）超大规模。"云"具有相当的规模，Google 云计算已经拥有 100 多万台服务器，亚马逊、IBM、微软、雅虎等的"云"均拥有几十万台服务器。企业私有云一般拥有数百上千台服务器。"云"能赋予用户前所未有的计算能力。

（2）虚拟化。云计算支持用户在任意位置、使用各种终端获取应用服务。所请求的资源来自"云"，而不是固定的有形的实体。应用在"云"中某处运行，但实际上用户无需了解、也不用担心应用运行的具体位置。只需要一台笔记本或者一部手机，就可以通过网络服务来实现我们需要的一切，甚至包括超级计算这样的任务。

（3）高可靠性。"云"使用了数据多副本容错、计算节点同构可互换等措施来保障服务的高可靠性，使用云计算比使用本地计算机可靠。

（4）通用性。云计算不针对特定的应用，在"云"的支撑下可以构造出千变万化的应用，同一个"云"可以同时支撑不同的应用运行。

（5）高可扩展性。"云"的规模可以动态伸缩，满足应用和用户规模增长的需要。

（6）按需服务。"云"是一个庞大的资源池，用户按需购买；云可以像自来水，电，煤气那样计费。

（7）极其廉价。由于"云"的特殊容错措施可以采用极其廉价的节点来构成云，"云"的自动化集中式管理使大量企业无需负担日益高昂的数据中心管理成本，"云"的通用性使资源的利用率较之传统系统大幅提升，因此用户可以充分享受"云"的低成本优势，经常只要花费几百美元、几天时间就能完成以前需要数万美元、数月时间才能完成的任务。

（8）潜在的危险性。云计算服务除了提供计算服务外，还必然提供了存储服务。但是云计算服务当前垄断在私人机构（企业）手中，而他们仅仅能够提供商业信用。对于政府机构、商业机构（特别像银行这样持有敏感数据的商业机构）对于选择云计算服务应保持足够的警惕。一旦商业用户大规模使用私人机构提供的云计算服务，无论其技术优势有多强，都不可避免地让这些私人机构以"数据（信息）"的重要性挟制整个社会。对于信息社会而言，"信息"是至关重要的。另一方面，云计算中的数据对于数据所有者以外的其他用户云计算用户是保密的，但是对于提供云计算的商业机构而言确实毫无秘密可言。所有这些潜在的危险，是商业机构和政府机构选择云计算服务、特别是国外机构提供的云计算服务时，不得不考虑的一个重要的前提。

### 2.1.5.4　云计算的形式

（1）SaaS（软件即服务）。这种类型的云计算通过浏览器把程序传给成千上万的用户。在用户眼中看来，这样会省去在服务器和软件授权上的开支；从供应商角度来看，这样只需要维持一个程序就够了，这样能够减少成本。Salesforce.com 是迄今为止这类服务最为出名的公司。SAAS 在人力资源管理程序和 ERP 中比较常用。Google Apps 和 Zoho Office 也是类似的服务。

（2）实用计算（Utility Computing）。实用计算直到现在才在 Amazon.com、Sun、IBM 和其他提供存储服务和虚拟服务器的公司中新生。这种云计算是为 IT 行业创造虚拟的数据中心使得其能够把内存、I/O 设备、存储和计算能力集中起来成为一个虚拟的资源池来为整个网络提供服务。

（3）网络服务。同 SAAS 关系密切，网络服务提供者们能够提供 API 让开发者能够开发更多基于互联网的应用，而不是提供单机程序。

（4）平台即服务。另一种 SAAS，这种形式的云计算把开发环境作为一种服务来提供。可以使用中间商的设备来开发程序并通过互联网和其服务器传到用户手中。

（5）MSP（管理服务提供商）。最古老的云计算运用之一。这种应用更多的是面向 IT 行业而不是终端用户，常用于邮件病毒扫描、程序监控等等。

（6）商业服务平台。商业服务平台（如：www.cloudcomputing - china.cn）指 SAAS 和 MSP 的混合应用，该类云计算为用户和提供商之间的互动提供了一个平台。比如用户个人开支管理系统，能够根据用户的设置来管理其开支并协调其订购的各种服务。

（7）互联网整合。将互联网上提供类似服务的公司整合起来，以便用户能够更方便的比较和选择自己的服务供应商。

## 2.2　WEB 数据库技术

目前 Web 技术与数据库技术相互融合领域的研究已成为热点方向之一，数据库厂家和 Web 公司也纷纷推出各自的产品和中间件支持 Web 技术和数据库管理系统（Database Management System，DBMS）的融合，将两者取长补短，发挥各自的优势，使用户可以在 Web 浏览器上方便地检索数据库的内容。所谓 Web 数据库技术是指基于 Web 模式的 DBMS 的信息服务，充分发挥 DBMS 高效的数据存储和管理能力，以 Web 这种浏览器/服务器（B/S）模式为平台，将客户端融入统一的 Web 浏览器，为 Internet 用户提供简便、丰富的服务。

目前，网络财务中常用的数据库为 SQL Server。

### 2.2.1 Microsoft SQL Server

SQL Server 是一个关系数据库管理系统，它最初是由 Microsoft Sybase 和 Ashton－Tate 三家公司共同开发的，于 1988 年推出了第一个 OS/2 版本。在 Windows NT 推出后，Microsoft 与 Sybase 在 SQL Server 的开发上就分道扬镳了，Microsoft 将 SQL Server 移植到 Windows NT 系统上，专注于开发推广 SQL Server 的 Windows NT 版本。Sybase 则较专注于 SQL Server 在 UNIX 操作系统上的应用。

SQL Server 2000 是 Microsoft 公司推出的 SQL Server 数据库管理系统，该版本继承了 SQL Server 7.0 版本的优点，同时又比它增加了许多更先进的功能。具有使用方便可伸缩性好与相关软件集成程度高等优点，可跨越从运行 Microsoft Windows 98 的膝上型电脑到运行 Microsoft Windows 2000 的大型多处理器的服务器等多种平台使用。

Microsoft SQL Server 2005 是一个全面的数据库平台，使用集成的商业智能（BI）工具提供了企业级的数据管理。数据引擎是企业数据管理解决方案的核心，为关系型数据和结构化数据提供了更安全可靠的存储功能，使用户可以构建和管理用于业务的高可用和高性能的数据应用程序。此外 Microsoft SQL Server 2005 结合了分析、报表、集成和通知功能。这使得企业可以构建和部署经济有效的 BI 解决方案，帮助企业团队通过记分卡、Dashboard、Web services 和移动设备将数据应用推向业务的各个领域。

与 Microsoft Visual Studio、Microsoft Office System 以及新的开发工具包（包括 Business Intelligence Development Studio）的紧密集成使 Microsoft SQL Server 2005 与众不同。无论开发人员、数据库管理员、信息工作者还是决策者，Microsoft SQL Server 2005 都可以为之提供创新的解决方案，帮助使用者从数据中更多地获益。

Microsoft SQL Server 2008 是一个重大的产品版本，它推出了许多新的特性和关键的改进，使得它成为目前较强大和全面的 Microsoft SQL Server 版本。微软的这个数据平台满足数据爆炸和下一代数据驱动应用程序的需求，支持数据平台愿景，包括关键任务企业数据平台、动态开发、关系数据和商业智能。

微软于 2012 年 3 月 7 日发布最新的 SQL Server 2012 版，推出三个主要版本和很多新特征，其中增加一个新的智能商业包。

SQL Server 2012 主要版本包括新的商务智能版本，增加 Power View 数据查找工具和数据质量服务，企业版本则提高安全性可用性，以及从大数据到 StreamInsight 复杂事件处理，再到新的可视化数据和分析工具等，都成为 SQL Server 2012 最终版本的一部分。

SQL Server 2012 提供了一个云计算信息平台，该平台可帮助企业对整个组织有突破性的深入了解，并且能够快速在内部和公共云端重部署方案和扩展数据。

支持的操作系统：Windows 7、Windows Server 2008 R2、Windows Server 2008 SP2、Windows Vista SP2。

### 2.2.2 网页数据管理

#### 2.2.2.1 网页数据获取

Internet 是一个巨大的和迅速发展的信息资源库。当目标数据集中于一个网页时，用户可通过常用软件从网页上获取所需数据。各种版本的抓图软件及屏幕硬拷贝可用于获取图片数据，Microsoft Office 的 Excel 组件提供有导入外部数据的"新建 Web 查询"功能，可方便地实现数据表中数据的获取，或通过资源提供的下载功能可对各类文件轻松下载。当目标数据需从 Internet 的多个网页上获取，且有很大部分信息是以无结构的文本形式存在时，就需要进行网络数据采集。

### 2.2.2.2 网络数据采集

网络数据采集是从多个目标网页中采集某些数据形成统一的本地数据库的一个过程，如图 2.8 所示，这些数据原本只是在可见的网页中以文本形式存在。网页数据采集途径有两种：用户付费购买软件自行采集，现有采集软件可分为两类，重点采集论坛新闻的采集器与通用型的采集器；也可用户付费购买定制采集到的数据。

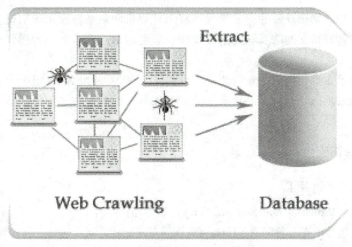

图 2.8　网络数据采集示意图

一个复杂的数据采集过程需要应付种种障碍，例如会话识别，HTML 表单，客户端 Java 脚本，以及数据整合问题，例如数据集与单词集不一致的情况，以及缺失和冲突的数据等。针对种种障碍，可采用专业软件实现数据采集。采集的数据格式可以是 Excel，Access，CSV，Text，MS SQL 和 My SQL 等。

（1）获取被采集的页面内容。目前常见的 ASP 获取被采集的页面的数据方法有：用 serverXMLHTTP 组件获取数据；或 XMLHTTP 组件获取数据，通常这样获取的数据内容还需要进行编码转换才可以使用。

（2）从获取代码中提取有用的数据。从获取代码中提取有用的数据常用工具有：用 ASP 内置的 MID 函数截取需要的数据；用正则获取需要的数据。

### 2.2.2.3 网页数据分析

网页数据分析系统根据得到的数据进行数据分析，为业务提供参考数据，最后把分析的结果——整理好的数据写入数据库，从而在海量信息中得到用户需要的目标数据。

HttpWatch 就是这样一款强大的网页数据分析工具，集成在 Internet Explorer 工具栏，包括网页摘要、Cookies 管理、缓存管理、消息头发送/接受、字符查询、POST 数据和目录管理功能、报告输出等。HttpWatch 是一款能够收集并显示网页深层信息的软件。它不用代理服务器或一些复杂的网络监控工具，就能够在显示网页同时显示网页请求和回应的日志信息，也可显示浏览器缓存和 IE 之间的交换信息。

# 2.3 网络安全技术

网络安全技术指致力于解决如何保证数据传输的安全性，以及如何有效进行介入控制等问题的技术手段，主要包括物理安全分析技术，网络结构安全分析技术，管理安全分析技术，系统安全分析技术等内容。

## 2.3.1 物理安全

在网络安全中，物理设备的安全是保证整个计算机网络系统安全的前提，物理安全技术是指能够保护计算机、网络互联设备等硬件设备免遭自然灾害和人为操作错误或失误而造成的破坏。

物理安全技术主要包括机房环境要求、设备安全和传输介质安全三个方面的内容。加强物理安全可有效地防止基础设施设备等资产的损坏、丢失、敏感信息泄露及业务活动的中断。

## 2.3.2 网络结构安全

### 2.3.2.1 虚拟专用网技术

虚拟专用网（Virtual Private Network，VPN）是专用网络在公共网络如 Internet 上的扩展。VPN 通过私有隧道技术在公共网络上仿真一条点到点的专线，从而达到安全的数据传输目的。

单纯仿真一条点到点的连接，数据只要经过封装，再加上一个提供路由信息的报头就可以了。而如果要仿真一条专线，为保证传输数据的安全，通常还要对数据进行加密处理。VPN 连接必须同时包含数据封装和加密两方面。

VPN 使用三个方面的技术保证了通信的安全性：隧道协议、身份验证和数据加密。如图 2.9 所示，客户机向 VPN 服务器发出请求，VPN 服务器响应请求并向客户机发出身份质询，客户机将加密的响应信息发送到 VPN 服务器，VPN 服务器根据用户数据库检查该响应，如果账户有效，VPN 服务器将检查该用户是否具有远程访问权限，如果该用户拥有远程访问的权限，VPN 服务器接受此连接。在身份验证过程中产生的客户机和服务器公有密钥将用来对数据进行加密。

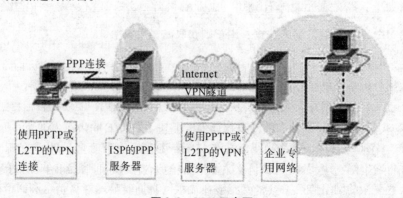

图 2.9 VPN 示意图

2.3.2.1.1　VPN 的优势

（1）降低费用。首先远程用户可以通过向当地的 ISP 申请账户登录到 Internet，以 Internet 作为隧道与企业内部专用网络相连，通信费用大幅度降低；其次企业可以节省购买和维护通信设备的费用。

（2）增强的安全性。VPN 通过使用点到点协议（Point to Point Protocol，PPP）用户级身份验证的方法进行验证，这些验证方法包括：密码身份验证协议（Password Authentication Protocol，PAP）、质询握手身份验证协议（Challenge Handshake Authentication Protocol，CHAP）、Shiva 密码身份验证协议（SPAP）、Microsoft 质询握手身份验证协议（Microsoft Challenge Handshake Authentication Protocol，MS－CHAP）和可选的可扩展身份验证协议；并且采用微软点对点加密算法（Microsoft Point－to－Point Encryption，MPPE）和网际协议安全（Internet Protocol Security，IPSec）机制对数据进行加密。以上的身份验证和加密手段由远程 VPN 服务器强制执行。对于敏感的数据，可以使用 VPN 连接通过 VPN 服务器将高度敏感的数据服务器物理地进行分隔，只有企业 Internet 上拥有适当权限的用户才能通过远程访问建立与 VPN 服务器的 VPN 连接，并且可以访问敏感部门网络中受到保护的资源。

（3）网络协议支持。VPN 支持最常用的网络协议，基于 IP、IPX 和 NetBEUI 协议网络中的客户机都可以很容易地使用 VPN。这意味着通过 VPN 连接可以远程运行依赖于特殊网络协议的应用程序。

（4）IP 地址安全。因为 VPN 是加密的，VPN 数据包在 Internet 中传输时，Internet 上的用户只看得到公用的 IP 地址，看不到数据包内包含的专有网络地址。因此远程专用网络上指定的地址是受到保护的。

2.3.2.1.2　VPN 的实现途径

用户可以通过以下途径实现 VPN 功能：Windows 系统自带的 VPN 功能、带 VPN 模块的硬件设备、专用的 VPN 硬件设备和专用的 VPN 软件。

实践证明，在 K/3 的部署应用中，能够和 VPN 技术很好地结合，从而进一步保证远程 Internet 连接的安全性。

2.3.2.2　防火墙技术

2.3.2.2.1　防火墙概述

在计算机网络中，防火墙（Firewall）是指隔离在信任网络（本地网络）与不可信任网络（外部网络）之间的一道防御系统。它是一种非常有效的网络安全系统，通过它可以隔离风险区域（Internet 或其他存在风险的网络）与安全区域（本地网络）的连接，但不会妨碍安全区域对风险区域的访问，其防火墙在网络中的位置，如图 2.10 所示。

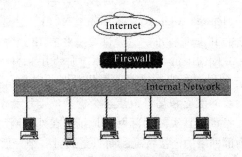

图 2.10　防火墙逻辑位置示意图

总体而言，防火墙是一种保障网络安全的手段，是网络通信时执行的一种访问控制尺度，通过防火墙可以监控进出网络的各种数据，仅让安全的、通过核准后的数据进入局域网内，从而防止那些对局域网存在威胁的数据流入，以免对内部网络的正常使用造成干扰和破坏。在逻辑上，防火墙是一个分离器，一个限制器或者说是分析器，它有效地监视了内部网络和 Internet 之间的任何通信活动，保证内部网络的安全；在物理上，防火墙是位于网络中特殊位置的一组硬件设备，主要包含路由器、计算机或其他硬件设备。

**2.3.2.2.2　设置防火墙的要素**

（1）网络策略。影响防火墙系统设计、安装和使用的网络策略可分为两级，高级的网络策略定义允许和禁止的服务以及如何使用服务，低级的网络策略描述防火墙如何限制和过滤在高级策略中定义的服务。

（2）服务访问策略。服务访问策略集中在 Internet 访问服务以及外部网络访问（如接入策略、SLIP/PPP 连接等）。

服务访问策略必须是可行的和合理的。可行的策略必须在阻止已知的网络风险和提供用户服务之间获得平衡。典型的服务访问策略是：允许通过增强认证的用户在必要的情况下从 Internet 访问某些内部主机和服务；允许内部用户访问指定的 Internet 主机和服务。

（3）防火墙设计策略。防火墙设计策略基于特定的防火墙，定义完成服务访问策略的规则。通常有两种基本的设计策略：允许任何服务除非被明确禁止；禁止任何服务除非被明确允许。通常采用第二种类型的设计策略。

**2.3.2.2.3　防火墙分类**

常见的防火墙包括包过滤型、网络地址转换、应用网关型、监测型等。

（1）包过滤型。包过滤型产品是防火墙的初级产品，其技术依据是网络中的分包传输技术。网络上的数据都是以"包"为单位进行传输的，数据被分割成为一定大小的数据包，每一个数据包中都会包含一些特定信息，如数据的源地址，目标地址，TCP/UDP 源端口和目标端口等。防火墙通过读取数据包中的地址信息来判断这些"包"是否来自可信任的安全站点，一旦发现来自危险站点的数据包，防火墙便会将这些数据拒之门外。系统管理员也可以根据实际情况灵活制定判断规则。

包过滤技术的优点是简单实用，实现成本较低，在应用环境比较简单的情况下，能够以较小的代价在一定程度上保证系统的安全。

但包过滤技术的缺陷也是明显的。包过滤技术是一种完全基于网络层的安全技术，只能根据数据包的来源，目标和端口等网络信息进行判断，无法识别基于应用层的恶意侵入，如恶意的 Java 小程序以及电子邮件中附带的病毒。有经验的黑客很容易伪造 IP 地址，骗过包过滤型防火墙。

（2）网络地址转换（Network Address Translation，NAT）。它是一种用于把 IP 地址转换成临时的，外部的，注册的 IP 地址标准。它允许具有私有 IP 地址的内部网络访问因特网。它还意味着用户不需要为其网络中每一台机器取得注册的 IP 地址。

在内部网络通过安全网卡访问外部网络时，将产生一个映射记录。系统将外出的源地址和源端口映射为一个伪装的地址和端口，让这个伪装的地址和端口通过非安全网卡与外部网络连接，这样对外就隐藏了真实的内部网络地址。在外部网络通过非安全网卡访问内部网络时，它并不知道内部网络的连接情况，而只是通过一个开放的 IP 地址和端口来请求访问。防火墙根据预先定义好的映射规则来判断这个访问是否安全。当符合规则时，防火墙认为访问是安全的，可以接受访问请求，也可以将连接请求映射到不同的内部计算机中。当不符合规则时，防火墙认为该访问是不安全的，不能被接受，防火墙将屏蔽外部的连接请求。网络地址转换的过程对于用户来说是透明的，不需要用户进行设置，用户只要进行常规操作即可。

（3）应用网关型。应用网关型防火墙也被称为代理型防火墙，也即代理服务器（Proxy）。它的安全性要高于包过滤型产品，并已经开始向应用层发展。代理服务器位于客户机与服务器之间，完全阻挡了二者间的数据交流。从客户机来看，代理服务器相当于一台真正的服务器；而从服务器来看，代理服务器又是一台真正的客户机。当客户机需要使用服务器上的数据时，首先将数据请求发给代理服务器，代理服务器再根据这一请求向服务器索取数据，然后再由代理服务器将数据传给客户机。由于外部系统与内部服务器之间没有直接的数据通道，外部的恶意侵害也就很难伤害到企业内部网络系统。应用网关型防火墙如图 2.11 所示。

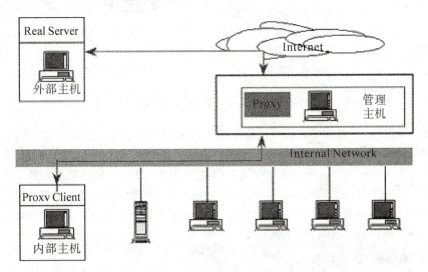

图 2.11  应用网关型防火墙

应用网关型防火墙的优点是安全性较高，可以针对应用层进行侦测和扫描，对付基于应用层的侵入和病毒都十分有效。其缺点是对系统的整体性能有较大的影响，而且代理服务器必须针对客户机可能产生的所有应用类型逐一进行设置，大大增加了系统管理的复杂性。

（4）监测型。监测型防火墙是新一代的产品，这一技术实际已经超越了最初的防火墙定义。监测型防火墙能够对各层的数据进行主动的、实时的监测，在对这些数据加以分析的基础上，监测型防火墙能够有效地判断出各层中的非法侵入。同时，这种监测型防火墙产品一般还带有分布式探测器，这些探测器安置在各种应用服务器和其他网络的节点之中，不仅能够监测来自网络外部的攻击，同时对来自内部的恶意破坏也有极强的防范作用。据权威机构统计，在针对网络系统的攻击中，有相当比例的攻击来自网络内部。因此，监测型防火墙不仅超越了传统防火墙的定义，而且在安全性上也超越了前两代产品。

虽然监测型防火墙安全性上已超越了包过滤型和代理服务器型防火墙，但由于监测型防火墙技术的实现成本较高，也不易管理，所以在实用中的防火墙产品仍然以第二代代理型产品为主,但在某些方面也已经开始使用监测型防火墙。基于对系统成本与安全技术成本的综合考虑,用户可以选择性地使用某些监测型技术。这样既能够保证网络系统的安全性需求,同时也能有效地控制安全系统的总拥有成本。

实际上,作为当前防火墙产品的主流趋势,大多数代理服务器也集成了包过滤技术,这两种技术的混合应用显然比单独使用具有更大的优势。这样既为内部的主机访问外部信息提供一个安全的数据通道,同时又能有效地防止外部主机对内部网络的非法访问。图2.12是一个典型的防火墙的示意图。

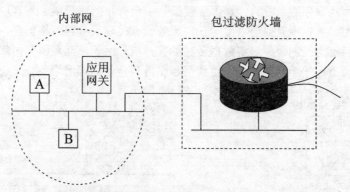

图 2.12  由包过滤路由器和应用网关构成的 Internet 防火墙

如图 2.12 所示,包过滤防火墙不仅实现了对外的屏障,而且实现了对内部主机的屏障,将公司内部的主机与外部网络隔离起来。它阻拦来自代理主机外的所有数据包。由于这种产品是基于应用的,应用网关能提供对协议的过滤。例如,它可以过滤掉 FTP 连接中的 PUT 命令,而且通过代理应用,应用网关能够有效地避免内部网络的信息外泄。正是由于应用网关的这些特点,使得应用过程中的矛盾主要集中在对多种网络应用协议的有效支持和对网络整体性能的影响上。

### 2.3.2.3  入侵检测技术

利用防火墙技术,经过仔细的配置,通常能够在内外网之间提供安全的网络保护,降低了网络安全风险。但是,仅仅使用防火墙,网络安全还远远不够:入侵者可寻找防火墙背后可能敞开的后门;或者入侵者就在防火墙内;由于性能的限制,防火墙通常不能提供实时的入侵检测能力。

入侵检测系统是近年出现的新型网络安全技术,目的是提供实时的入侵检测及采取相应的防护手段,如记录证据用于跟踪和恢复、断开网络连接等。实时入侵检测能够对付来自内部网络的攻击,也能够缩短 hacker 入侵的时间。

根据入侵检测系统的检测对象和工作方式的不同,入侵检测系统主要分为两大类:基于主机的入侵检测系统和基于网络的入侵检测系统。

#### 2.3.2.3.1  基于主机

基于主机的入侵检测系统用于保护单台主机不受网络攻击行为的侵害,需要安装在被保护的主机上。这类入侵检测系统直接与操作系统相关,它控制文件系统以及重要的系统文件,确保操作系统不会被随意地删改。该类入侵检测系统能够及时发现操作系统所受到的侵害,并且由于它保存一定的校验信息和所有系统文件的变更记录,所以在一定程度上还可以实现安全恢复机制。

按照检测对象的不同，基于主机的入侵检测系统可以分为两类：网络连接检测和主机文件检测。网络连接检测是对试图进入该主机的数据流进行检测，分析确定是否有入侵行为，避免或减少这些数据流进入主机系统后造成损害。主机文件检测能够帮助系统管理员发现入侵行为或入侵企图，及时采取补救措施。主机文件检测的检测对象主要有系统日志、文件系统、进程记录等。

### 2.3.2.3.2　基于网络

基于网络的入侵检测系统通常是作为一个独立的个体放置于被保护的网络上，它使用原始的网络分组数据包作为进行攻击分析的数据源，一般利用一个网络适配器来实时监视和分析所有通过网络进行传输的通信。一旦检测到攻击，入侵检测系统应答模块通过通知、报警以及中断连接等方式来对攻击做出反应。一般网络型入侵检测系统担负着保护整个网段的任务。

基于网络的入侵检测系统具有的优点：①简便，一个网段上只需安装一个或几个这样的系统，便可以监测整个网段的情况；②可以提供实时的网络行为检测；③可以同时保护多台网络主机；④具有良好的隐蔽性；⑤有效保护入侵证据；⑥不影响被保护主机的性能。

基于网络的入侵检测系统存在以下不足：防入侵欺骗的能力通常较差；在交换式网络环境中难以配置；检测性能受硬件条件限制；不能处理加密后的数据。

## 2.3.2.4　认证技术和数字签名技术

认证技术主要解决网络通信过程中通信双方的身份认可，数字签名作为身份认证技术中的一种具体技术，同时数字签名还可用于通信过程中的不可抵赖要求的实现。

认证技术将应用到企业网络中的以下方面：路由器认证，路由器和交换机之间的认证；操作系统认证。操作系统对用户的认证；网管系统对网管设备之间的认证；VPN 网关设备之间的认证；拨号访问服务器与客户间的认证；应用服务器（如 Web Server）与客户的认证；电子邮件通信双方的认证。

数字签名技术主要用于：基于 PKI 认证体系的认证过程；基于 PKI 的电子邮件及交易（通过 Web 进行的交易）的不可抵赖记录。

认证过程通常涉及加密和密钥交换。通常，加密可使用对称加密、不对称加密及两种加密方法的混合。

### 2.3.2.4.1　UserName/Password 认证

该种认证方式是最常用的一种认证方式，用于操作系统登录、Telnet、Rlogin 等，但由于此种认证方式过程不加密，即 Password 容易被监听和解密。

### 2.3.2.4.2　使用摘要算法的认证

Radius（拨号认证协议）、路由协议（OSPF）、SNMP Security Protocol 等均使用共享的 Security Key，加上摘要算法（MD5）进行认证，由于摘要算法是一个不可逆的过程，因此，在认证过程中，由摘要信息不能计算出共享的 security key，敏感信息不在网络上传输。市场上主要采用的摘要算法有 MD5 和 SHA－1。

### 2.3.2.4.3　基于 PKI 的认证

使用公开密钥体系进行认证和加密。该种方法安全程度较高，综合采用了摘要算法、不对称加密、对称加密、数字签名等技术，很好地将安全性和高效率结合起来。后面描述了基于 PKI 认证的基本原理。这种认证方法目前应用在电子邮件、应用服务器访问、客户认证、防火墙验证等领域。该种认证方法安全程度很高，但是涉及比较繁重的证书管理任务。

### 2.3.3 管理安全

#### 2.3.3.1 安全扫描技术

网络安全技术中，另一类重要技术为安全扫描技术。安全扫描技术与防火墙、安全监控系统互相配合能够提供很高安全性的网络。安全扫描工具源于 Hacker 在入侵网络系统时采用的工具。商品化的安全扫描工具为网络安全漏洞的发现提供了强大的支持。

安全扫描工具通常也分为基于服务器和基于网络的扫描器。

##### 2.3.3.1.1 基于服务器

基于服务器的扫描器主要扫描服务器相关的安全漏洞，如 password 文件、目录和文件权限、共享文件系统、敏感服务、软件、系统漏洞等，并给出相应的解决办法建议。通常与相应的服务器操作系统紧密相关。

##### 2.3.3.1.2 基于网络

基于网络的安全扫描主要扫描设定网络内的服务器、路由器、网桥、变换机、访问服务器、防火墙等设备的安全漏洞，并可设定模拟攻击，以测试系统的防御能力。通常该类扫描器限制使用范围（IP 地址或路由器跳数）。

网络安全扫描的主要性能应该考虑以下方面：

（1）速度。在网络内进行安全扫描非常耗时。

（2）网络拓扑。通过 GUI 的图形界面，可选择一个或某些区域的设备。

（3）能够发现的漏洞数量。

（4）是否支持可定制的攻击方法。通常提供强大的工具构造特定的攻击方法。因为网络内服务器及其他设备对相同协议的实现存在差别，所以预制的扫描方法肯定不能满足客户的需求。

（5）报告。扫描器应该能够给出清楚的安全漏洞报告。

（6）更新周期。提供该项产品的厂商应尽快给出新发现的安生漏洞扫描特性升级，并给出相应的改进建议。

（7）安全扫描器不能实时监视网络上的入侵，但是能够测试和评价系统的安全性，并及时发现安全漏洞。

#### 2.3.3.2 病毒防护技术

病毒历来是信息系统安全的主要问题之一。由于网络的广泛互联，病毒的传播途径和速度大大加快。病毒的传播途径主要有：通过文件传输协议（File Transfer Protocol，FTP），电子邮件传播；通过软盘、光盘、磁带传播；通过 Web 游览传播，主要是恶意的 Java 控件网站；通过群件系统传播。

用户通常使用以下主要技术进行病毒的防护。

（1）阻止病毒的传播。在防火墙、代理服务器、SMTP 服务器、网络服务器、群件服务器上安装病毒过滤软件。在桌面 PC 安装病毒监控软件。

（2）检查和清除病毒。使用防病毒软件检查和清除病毒。

（3）病毒数据库的升级。病毒数据库应不断更新，并下发到桌面系统。

（4）监控非法下载和非法安装。在防火墙、代理服务器及 PC 上安装 Java 及 ActiveX 控制扫描软件，禁止未经许可的控件下载和安装。

## 2.3.4 系统安全

### 2.3.4.1 操作系统安全

市场上几乎所有的操作系统均已发现有安全漏洞，并且越流行的操作系统发现的问题越多。对操作系统的安全，除了不断地增加安全补丁外，还需要：检查系统设置（敏感数据的存放方式，访问控制，口令选择/更新）；基于系统的安全监控系统。

### 2.3.4.2 应用系统的安全技术

由于应用系统的复杂性，有关应用平台的安全问题是整个安全体系中最复杂的部分。下面的几个部分列出了在 Internet/Intranet 中主要的应用平台服务的安全问题及相关技术：

#### 2.3.4.2.1 域名服务

Internet 域名服务为 Internet/Intranet 应用提供了极大的灵活性。几乎所有的网络应用均利用域名服务。但是，域名服务通常为 hacker 提供了入侵网络的有用信息，如服务器的 IP、操作系统信息、推导出可能的网络结构等。同时，新发现的针对 BIND - NDS 实现的安全漏洞也开始发现，而绝大多数的域名系统均存在类似的问题。如由于 DNS 查询使用无连接的 UDP 协议，利用可预测的查询 ID 可欺骗域名服务器给出错误的主机名 - IP 对应关系。因此，在利用域名服务时，针对以上的安全问题应采取召如下措施：内部网和外部网使用不同的域名服务器，隐藏内部网络信息；域名服务器及域名查找应用安装相应的安全补丁；对付 Denial - of - Service 攻击，应设计备份域名服务器。

#### 2.3.4.2.2 Web Server 应用安全

Web Server 是企业对外宣传、开展业务的重要基地。Web Server 经常成为 Internet 用户访问公司内部资源的通道之一，如 Web server 通过中间件访问主机系统，通过数据库连接部件访问数据库，利用 CGI 访问本地文件系统或网络系统中其他资源。由于其重要性，成为 Hacker 攻击的首选目标之一。为了防止 Web 服务器成为攻击的牺牲品或成为进入内部网络的跳板，应注意以下问题：Web 服务器置于防火墙保护之下；在 Web 服务器上安装实时安全监控软件；在通往 Web 服务器的网络路径上安装基于网络的实时入侵监控系统；经常审查 Web 服务器配置情况及运行日志；运行新的应用前，先进行安全测试；认证过程采用加密通信或使用 X. 509 证书模式；小心设置 Web 服务器的访问控制表。

#### 2.3.4.2.3 电子邮件系统安全

电子邮件系统也是网络与外部必须开放的服务系统。由于电子邮件系统的复杂性，其被发现的安全漏洞非常多，并且危害很大。

加强电子邮件系统的安全性，通常有如下办法：

（1）设置一台位于停火区的电子邮件服务器作为内外电子邮件通信的中转站（或利用防火墙的电子邮件中转功能）。所有出入的电子邮件均通过该中转站中转。

（2）同样为该服务器安装实施监控系统。

（3）该邮件服务器作为专门的应用服务器，不运行任何其他业务（切断与内部网的通信）。

（4）升级到最新的安全版本。

# 3 网络财务系统

## 3.1 网络财务系统的构成

### 3.1.1 网络财务系统

自美籍奥地利生物学家路德维希·冯·贝塔朗菲（L. V. Bertalanfy）于 1945 年发表《关于一般系统论》，并创立系统论以来，它与控制论、信息论共同影响着 20 世纪以至将来的科学研究、社会发展等的方方面面。我国著名科学家钱学森则提出了关于系统科学的内容和体系结构的最详尽的框架，它一直指导着我国各门相关学科的理论研究和实际应用，在网络财务当中也不例外。

#### 3.1.1.1 系统及其特征

所谓系统，是指由两个或两个以上相互作用、相互依赖的组成部分在一定环境中存在，并为实现某种目的结合而成的具有特定功能的有机整体。构成系统的若干组成部分称为元素。在自然界大到宇宙天体，小到细胞都可以看成系统；社会、经济、军事、教育、卫生等也可以成为系统；在经济管理中，企业作为实体，也可以看成是一个系统，它由采购、生产、销售等部门组成，实现企业价值最大化的目标而存在和发展。

一般而言，系统具有以下特征：

（1）整体性。一个系统由两个或两个以上的要素组成，所有要素的集合构成了一个有机的整体。在这个整体中，各个要素不但有着自己的目标，而且为实现整体的目标充当着必要的角色，缺一不可。任何要素一旦离开系统整体，就不再具有它在系统中所能发挥的功能。

（2）目的性。任何一个系统的发生和发展都具有很强的目的性，这种目的性在某些系统中又体现出多重性。目的是一个系统的主导，它决定着系统要素的组成和结构。

（3）关联性。即一个系统中各要素间存在着密切的联系，这种联系决定了整个系统的机制。这种联系在一定时期内处于相对稳定的状态，但随着系统目标的改变以及环境的发展，系统也会发生相应的变更。

（4）层次性。一个系统必然地被包含在一个更大的系统内，这个更大的系统常被称为"环境"；一个系统内部的要素本身也可能是一个个小的系统，这些小系统常被称为这个系统的子系统。由此形成了系统的层次性。

#### 3.1.1.2 财务系统

对于企业而言，财务系统是根据财务目标设立组织机构、岗位，配置管理权责和人员，对经营活动、财务活动进行反映、监督、控制、协调的运作体系。从广义角度来看，企业财务系统也就是企业会计系统。从信息处理角度来看，财务系统又是一个信息系统，它以加工处理会计数据、提供相关财务信息为目的，由会计数据的收集、输入、加工、存储、传输和输出等过程构成的一个有机整体。

财务系统具有功能丰富，灵活性，通用性强，操作简便，严密可靠的特点，它是财务管理的一个核心部分，为企业的库存，采购，销售，生产等提供指导，为企业领导的决策提供及时、准确的财务信息。

财务系统是企业管理系统的一个子系统，本身由若干子系统构成，如账务处理子系统、工资子系统、固定资产子系统、成本核算子系统、采购子系统、销售子系统、报表子系统等。

### 3.1.1.3 计算机财务系统

财务系统的目标和功能的实现，必须依赖于一定的财务会计数据处理技术的应用和发展。在数据处理技术方面，经历了从手工到机械式再到计算机式的发展过程，所以财务系统也就从手工财务系统到机械财务系统再到计算机式财务系统的发展历程。而计算机在财务系统中的应用，在我国更习惯于称之为电算化财务系统。

所谓"电算化财务系统"就是指以电子计算机为主的当代电子信息处理技术为基础，充分利用电子计算机能快速、准确地处理数据的特性，用电子计算机代替手工进行会计数据处理，并部分代替人脑运用财务信息进行分析、预测和决策等的财务信息系统。

1979 年，我国开始在会计核算领域使用计算机进行处理，自此提出了会计电算化的概念，其实质也就是电算化财务系统。

### 3.1.1.4 网络财务系统

网络财务系统是实现财务信息的人机系统。它以电子计算机网络技术和现代信息技术为基础，以人为主导，充分利用计算机硬件、软件、网络通信设备以及其他办公设备，进行经济业务数据的收集、传输、加工、存储、更新和维护，最终达到提高企业效率和效益的目的。确切地说，它是为企业高层决策、中层控制、基层运作提供全面、及时、完整、个性化的财务信息的人机系统。

传统的电算化财务系统仅仅是用磁介质代替了纸质载体，用计算机代替了人脑的计算和存储，并没有突破财务的部门属性的局限，财务信息的收集、加工处理、传输和信息提供仍然是以财务部门本身为中心的一种封闭式管理模式。网络财务系统是在 20 世纪 90 年代以来，以 Internet 技术为核心的计算机网络技术的充分发展和应用为基础而诞生的。在 Internet 上信息的发布、获取、传输具有空前的开放性，它在财务中的应用，彻底打破了部门的限制、上下层次的界限。任何一台计算机只要通过网络技术和通信技术连接到 Internet 上，就可以实现实时交互、资源共享，从根本上消除信息孤岛现象，使企业内部、外部的协同成为可能，信息的及时性、实时性大大增强，财务核算与监督就可以从静态走向动态，以事后监督为主转变为以事前预测和事中控制并重的新的财务管理模式。

## 3.1.2 网络财务系统的组成

网络财务系统是一个人机结合的系统，它不但需要硬件设备和软件的支持，还需要人按照一定的规程使用它们对数据进行各项操作。因而网络财务系统的构成要素主要包括硬件、软件、人员、数据和规程等。

### 3.1.2.1 系统的硬件

硬件是系统中所有物理设备的总称。它是系统工作的物质基础，包括计算机设备、网络通信设备和其他办公设备。

（1）计算机设备。计算机是构成网络财务系统的物质基础之一，按照计算机性能分类，可分为巨型机、大型机、小型机、工作站和微机等。而在网络财务系统中主要使用的是微机和基于微处理器的服务器，根据实际数据处理的需要可以选择使用小型机和大型机。而从数据处理的角度来看，构成网络财务系统的计算机设备又可以分为数据采集输入设备、处理设备、存储设备和输出设备。

数据采集输入设备是指能够把会计数据输入到计算机中的设备。常见的有：键盘、鼠标、光笔、扫描仪、光学阅读器等。

数据处理设备是指按一定的要求对数据进行加工、计算、分类、汇总、检索等处理设备，即计算机主机。

数据存储设备是指用于存放数据的设备。常见的有磁盘（包括硬盘和软盘）、磁带、光盘等。

数据输出设备是指从存储设备中取出数据按照一定的方式和格式进行输出的设备，如显示器、打印机、绘图仪等设备。

（2）网络通信设备。网络通信设备是将数台计算机联结成一个网络所需的硬件设备。主要由通信控制处理机、通信介质和其他通信设备组成。

通信控制处理机是一种专用计算机，它负责数据的转接及提供用户入网的接口。一般由小型机或微型机配置通信控制硬件和软件组成。如在局域网中广泛使用的集线器和交换机，而在广域网使用较多的则是路由器。

通信介质为通信控制处理机之间、通信控制处理机与主计算机之间提供通信信道。可以是架空明线、双绞线、同轴电缆、光纤等有线介质，也可以是微波、激光、红外线和短波等无线通信介质。

其他通信设备如网络适配器或调制解调器等。

（3）其他办公设施。如复印机、传真机、电话等。

### 3.1.2.2　系统的软件

软件是一系列按照特定顺序组织的计算机数据和指令的集合。软件是用户与硬件之间的接口界面，用户主要是通过软件与计算机进行交流。网络财务系统离不开软件的支持，它主要包括系统软件和应用软件两大类。

（1）系统软件。系统软件是指控制和协调计算机及其外部设备，支持应用软件的开发和运行的软件。其主要的功能是进行调度、监控和维护系统各项资源等等。包括操作系统软件、通信软件、数据库管理软件和系统实用软件等。

操作系统是控制和管理计算机系统内各种硬件和软件资源、合理有效地组织计算机系统的工作，为用户提供一个使用方便可扩展的工作环境，从而起到连接计算机和用户的接口作用的一种系统软件。如 DOS、Windows、Unix、Linux、NetWare 等。

通信软件是操作系统的延伸，它可以使计算机系统能控制不同的通信设备，通过它能够与远离主机的外设显示设备通信。

数据库管理系统是一种操纵和管理数据库的大型软件，是用于建立、使用和维护数据库。它对数据库进行统一的管理和控制，以保证数据库的安全性和完整性。用户通过数据库管理系统访问数据库中的数据，数据库管理员也通过数据库管理系统进行数据库的维护工作。它提供多种功能，可使多个应用程序和用户用不同的方法在同时或不同时刻去建立、修改和查询数据库。如小型的桌面型数据库管理系统 dBase、Visual FoxPro、ACCESS 等，大型的网络数据库管理系统 Oracle、SyBase、SQL Server、Informix 等。

系统实用软件，如机器的调试、故障检查和诊断程序、杀毒程序等。

（2）应用软件。应用软件是为解决用户实际问题而设计的软件。在网络财务系统中主要是指网络财务软件。根据使用目的不同，网络财务软件可分为通用网络财务软件和专用财务软件。

通用网络财务软件是指可以适用于不同行业或组织的应用软件。这种应用软件一般是商品化的，可在市场上购得，如用友公司的 NC、U8 系列、金蝶公司的 EAS、K/3 系列。

专用网络财务软件是指针对特殊行业和组织的需要而设计的应用软件。这类软件一般由行业内的企业组织开发，开发周期较长、成本较高。

### 3.1.2.3　人员、数据与规程

（1）人员。网络财务系统是一个人机系统。它包含两层意思：一是系统的规划、实现、维护和运行需要人的参与；二是硬软件设备与人应有各自的分工。

网络财务系统的人员大致可分为两类：一类为系统开发人员，其中包括系统分析员、系统设计员、系统编程及测试人员；一类为系统的使用人员，其中包括系统管理人员、系统维护人员、系统操作人员、数据录入人员、数据审核人员、档案管理人员、专职会计人员、专职分析人员。

（2）数据。企业会计准则规定，财务会计报告的目标是向财务会计报告使用者提供与企业财务状况、经营成果和现金流量等有关的会计信息，反映企业管理层受托责任履行情况，有助于财务会计报告使用者作出经济决策。而财务会计报告使用者包括投资者、债权人、政府及其有关部门和社会公众等。因此网络财务系统的主要目标也要与财务会计报告的目标相一致。作为一个数据处理系统，网络财务系统所处理的数据首先要采集并输入到系统中来，按一定结构存放到计算机存储设备中，形成网络财务系统数据库，再经过各种形式的加工处理，转换成使用者所需要的财务会计信息，供各级各类人员使用。

网络财务系统所处理的数据主要来源于企业的各项业务活动。企业的业务活动主要有外部业务，是企业与外部之间发生的经济业务，如采购业务和销售业务；内部业务，是在企业内部发生的经济业务，如发放工资、产成品入库等；会计处理业务，是对企业内外业务活动的核算，如采购处理、销售处理、往来款处理等。企业每一类经济业务都会产生相应的数据，输入到网络财务系统中经过加工处理后，就会形成各种财务信息，供企业内外使用。

（3）规程。没有规矩就不成方圆，在网络财务系统中同样需要各种健全和完善的法律与规章制度来保障系统的安全与可靠地运行。而这些法令、条例和规章制度就统称为规程。一般来说，规程主要包括两大类：一类是指政府的法令、条例；另一类是维持系统正常运转的各项规章制度，如岗位责任制、操作管理制度、硬软件维护制度等等。

### 3.1.3　网络财务系统的基本功能

网络财务系统是基于网络计算技术而整合使用财务管理软件的系统。这个系统以实现企业电子商务为目标，能够在企业内部网络、企业间网络以及互联网环境下整合使用。这种系统不仅具有以往财务软件的基本功能，而且还能提供网络环境下的财务管理模式、财会工作方式以及其他有关功能。

### 3.1.3.1 实现供销存业务与财务一体化管理

执行采购业务时，相应的入库单自动生成，库存管理模块进行出入库等处理的同时自动进行存货成本核算，并将核算凭证转入总账模块。依据一体化所带来的追踪溯源功能，完全可以实现从总账到明细账到凭证到原始单据的渗透查询，并完全实现财务处理与业务处理的同步进行。

集成的供应链管理系统，使企业能更多地关注自身实现盈利性成长的绩效变化，降低供应链成本，实现业务运作的全程管理。

全面的财务管理系统使企业实现全过程的财务核算自动化处理和账表生成，资金头寸及时掌握，全面预算管理控制和全面精确成本管控。并与供应链、生产制造、人力资源、办公自动化、客户关系管理系统无缝集成使用，实现企业全面财务管理。

### 3.1.3.2 成本控制的有效化

网络财务系统在成本数据归集方面，设计全面的数据自动源。成本管理的模块从存货核算、薪酬管理、固定资产管理和总账中自动提取成本数据。每个成本期间数据都会同步自动产生。在成本计划方面，可以编制全面的成本计划，成本核算工作结束后，针对此计划的成本差异分析结果就自动产生。在成本预测及分析方面，可以作出部门成本预测和产品成本预测。

在生产制造管理系统中为企业提供全面的计划体系和精细化的车间管理，使企业获得敏捷生产计划和精细制造执行系统。同时还可以通过企业应用集成、工程变更和订单选配功能赋予企业对客户需求灵活敏捷反应的机制。

在人力资源系统中以职员、能力、绩效、薪酬等为管理基础，建立适应企业战略业务发展需要为导向的人力资源管理应用系统，能够为企业提供一个实现人力资源全面管理、保障企业持续发展的基础管理平台。

### 3.1.3.3 财务运营风险的有效控制

网络财务系统通过实现财务业务一体化，使得任何一笔业务的发生会立即反映到财务账上，从而真实地反映库存数量与库存成本的变动，并真实地反映分散在经销渠道上的库存信息和销售信息，从而更有效地控制经营风险。

### 3.1.3.4 提供企业级的分析决策信息

网络财务系统是一个跨部门、跨区域应用的软件系统，系统内贮存了大量财务与业务信息，可满足用户全面了解企业现状、发展前景和经营风险的需要，并为管理者提供科学的预测分析和决策分析。

系统采用基于数据仓库技术，面向中、高层管理人员，分析、监控企业的财务、资金、人力、销售、采购、库存、生产各个业务的经营状况，通过挖掘数据、分析信息，帮助决策者做出科学的决策。

下面以金蝶 K/3 WISE 为例，从总体上了解网络财务系统的基本功能，如图 3.1 所示。

金蝶 K/3 WISE 系统集财务管理、供应链管理、生产制造管理、供应商及客户关系管理、分销管理、人力资源管理、企业绩效、商业智能分析、移动商务、集成引擎及行业插件等业务管理组件为一体，以成本管理为目标，计划与流程控制为主线，通过过程管理和激励，帮助企业建立人、财、物、产、供、销科学完整的管理体系。

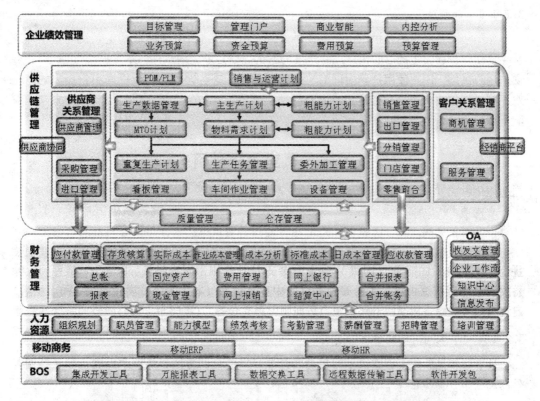

图 3.1　基于 K/3 WISE V12.3 的网络财务系统的一般功能结构

## 3.2　网络财务系统的开发

### 3.2.1　软件开发的一般方法

在 20 世纪 60 年代产生了软件危机,它包括两方面的问题:一是如何开发软件,以满足不断增长,日趋复杂的需求;二是如何维护数量不断膨胀的软件产品。为了讨论和制定摆脱软件危机的对策,科学家们提出了软件工程的思想,那就是"将系统化的、规范的、可度量的方法应用于软件的开发、运行和维护的过程,即将工程化应用于软件中。"在不断的发展和演进过程中,逐步形成了传统的软件开发的一般方法,它们是结构化系统开发方法、原型法、面向对象方法、计算机辅助软件工程方法。

#### 3.2.1.1　结构化系统开发方法

结构化系统开发方法是用系统工程的思想和工程化的方法,按用户至上、结构化、模块化、自顶向下地对系统进行分析和设计。把整个开发过程严格地划分成五个阶段:系统规划、系统分析、系统设计、系统实施和系统运行与维护,即系统开发的生命周期,使系统开发分阶段、按步骤地进行,并明确规定每一阶段的任务、原则、方法、工具和形成的文档资料,前一阶段的结果是后一阶段的工作依据。

#### 3.2.1.2 原型法

原型法的基本思想是根据用户提出的需求，由用户和开发者共同确定系统的基本需求和主要功能，在较短的时间内建成一个实验性的、简易的应用软件的基本框架（原型），并交给用户试用。用户使用一段时间后，对初步的原型进行评价，然后根据用户提出的意见对原型进行修改、补充和完善，形成最后的原型系统，如此反复迭代，使系统越来越能够满足用户的要求，直到开发者和用户都比较满意为止，这就形成了一个相对稳定的系统。

#### 3.2.1.3 面向对象方法

面向对象方法目的是提高软件系统的可重用性、扩充性和可维护性，使用权软件系统向通用化方向发展，逐步使软件系统的生产能像硬件组装那样，由软件集成块（Software IC）来构造。

面向对象方法认为，客观世界是由各种各样的对象组成的，每种对象都有各自的内部状态和运动规律，不同的对象之间的相互作用和联系就构成了各种不同的系统。当我们设计和实现一个客观系统时，如能在满足需求的条件下，把系统设计成由一些不可变的（相对固定）部分组成的最小集合，这个设计就是最好的。而这些不可变的部分就是所谓的对象。

#### 3.2.1.4 计算机辅助软件工程方法

计算机辅助软件工程方法是一种自动化或半自动化的方法，能够全面支持除系统调查外的每一个开发步骤。

采用计算机辅助软件工程方法工具进行开发，必须结合一种具体的开发方法，本方法只为具体的开发方法提供了每一过程的专门工具。包括，图形工具（绘制结构图、系统专用图）、屏幕显示和报告生成的各种专用系统（可支持生成一个原型）、专用检测工具（用以测试错误或不一致的专用工具及其生成的信息）、代码生成器（从原型系统的工具中产生可执行代码）、文档生成器（产生结构化方法和其他方法所需要的用户系统文档）。

计算机辅助软件工程方法工具实际上把原先由手工完成的开发过程转变为以自动化工具和支撑环境支持的自动化开发过程。

一般地，在大型系统开发中，往往不是采用一种开发方法，而是采用多种方法的组合。例如，应用结构化系统开发方法，自上而下地进行系统分析和系统设计，划分子系统后，再运用原型法进行子系统的开发设计。或者在软件系统总体设计后，运用面向对象方法，自底向上开发系统，以保证系统的整体性和相关性。系统开发的方法随着系统开发工具的不断改进，正在逐渐完善，以上的各种方法并非相互独立，而是可以混合使用的。

### 3.2.2 网络财务系统的开发方法

网络财务系统与一般应用软件相比，由于其应用领域的特殊性，相应地采用独特的开发方法——统一软件开发过程，运用迭代和增量方法进行开发。

#### 3.2.2.1 统一过程的特点

统一过程是一个软件开发过程。软件开发过程是一个将用户需求转化为软件系统所需要的活动的集合。统一过程使用统一建模语言来制定软件系统的所有蓝图。统一过程不仅仅是一个简单的过程，而是一个通用的过程框架，可用于各种不同类型的软件系统、各种不同的应用领域、各种不同类型的组织、各种不同的功能级别以及各种不同的项目规模。

统一软件开发过程是一个面向对象且基于网络的程序开发方法论，它提供了在开发机构中分派任务和责任的纪律化方法，它的目标是在可预见的日程和预算前提下确保满足最终用户需求的高质量产品，对于网络财务系统的开发是比较适合的方法。

（1）迭代式开发。在软件开发的早期阶段就想完全、准确的捕获用户的需求几乎是不可能的。实际上，我们经常遇到的问题是需求在整个软件开发工程中经常会改变。迭代式开发允许在每次迭代过程中需求可能有变化，通过不断细化来加深对问题的理解。迭代式开发不仅可以降低项目的风险，而且每个迭代过程以可以执行版本结束，可以鼓舞开发人员。

（2）管理需求。确定系统的需求是一个连续的过程，开发人员在开发系统之前不可能完全详细的说明一个系统的真正需求。统一过程描述了如何提取、组织系统的功能和约束条件并将其文档化，用例和脚本的使用以被证明是捕获功能性需求的有效方法。

（3）基于组件的体系结构。组件使重用成为可能，系统可以由组件组成。基于独立的、可替换的、模块化组件的体系结构有助于管理复杂性，提高重用率。统一过程描述了如何设计一个有弹性的、能适应变化的、易于理解的、有助于重用的软件体系结构。

（4）可视化建模。统一过程往往和统一建模语言联系在一起，对软件系统建立可视化模型帮助人们提供管理软件复杂性的能力。统一过程告诉开发者如何可视化的对软件系统建模，获取有关体系结构于组件的结构和行为信息。

（5）验证软件质量。在统一过程中软件质量评估不再是事后进行或单独小组进行的分离活动，而是内建于过程中的所有活动，这样可以及早发现软件中的缺陷。

（6）控制软件变更。迭代式开发中如果没有严格的控制和协调，整个软件开发过程很快就陷入混乱之中，统一过程描述了如何控制、跟踪、监控、修改以确保成功的迭代开发。统一过程通过软件开发过程中的制品，隔离来自其他工作空间的变更，以此为每个开发人员建立安全的工作空间。

### 3.2.2.2  统一过程的二维模型

统一软件开发过程（Rational Unified Process）是 Rational 公司开发和维护的过程产品。RUP 的开发队伍同顾客、合伙人、Rational 产品小组及顾问公司共同协作，确保开发过程持续地更新和提高以反映新的经验和不断演化的实践经历。

RUP 开发过程可以用二维结构或沿着两个坐标轴来表示：横轴代表了制定开发过程时的时间，体现了过程的动态结构。它以术语周期（cycle）、阶段（pahses）、迭代（iteration）和里程碑（milestone）来表达；纵轴表现了过程的静态结构，如何用术语活动（activity）、产物（artifact）、角色（worker）和工作流（workflow）来描述。如图 3.2 所示。

### 3.2.2.3  开发阶段

统一开发过程 RUP 中的软件生命周期在时间上被分解为四个顺序的阶段，分别是：初始阶段（Inception）、细化阶段（Elaboration）、构造阶段（Construction）和交付阶段（Transition）。每个阶段结束于一个主要的里程碑（Major Milestones）；每个阶段本质上是两个里程碑之间的时间跨度。在每个阶段的结尾执行一次评估以确定这个阶段的目标是否已经满足。如果评估结果令人满意的话，可以允许项目进入下一个阶段。

（1）初始阶段。初始阶段的目标是为系统建立商业案例并确定项目的边界。为了达到

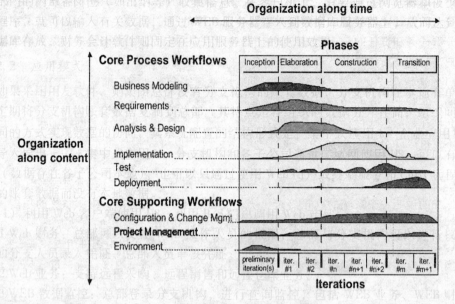

图3.2　统一软件开发过程的二维模型

该目的必须识别所有与系统交互的外部实体，在较高层次上定义交互的特性。本阶段具有非常重要的意义，在这个阶段中所关注的是整个项目进行中的业务和需求方面的主要风险。对于建立在原有系统基础上的开发项目来讲，初始阶段可能很短。初始阶段结束时是第一个重要的里程碑：生命周期目标（Lifecycle Objective）里程碑。生命周期目标里程碑评价项目基本的生存能力。

（2）细化阶段。细化阶段的目标是分析问题领域，建立健全的体系结构基础，编制项目计划，淘汰项目中最高风险的元素。为了达到该目的，必须在理解整个系统的基础上，对体系结构作出决策，包括其范围、主要功能和诸如性能等非功能需求。同时为项目建立支持环境，包括创建开发案例，创建模板、准则并准备工具。细化阶段结束时第二个重要的里程碑：生命周期结构（Lifecycle Architecture）里程碑。生命周期结构里程碑为系统的结构建立了管理基准并使项目小组能够在构建阶段中进行衡量。此刻，要检验详细的系统目标和范围、结构的选择以及主要风险的解决方案。

（3）构造阶段。在构建阶段，所有剩余的构件和应用程序功能被开发并集成为产品，所有的功能被详细测试。从某种意义上说，构建阶段是一个制造过程，其重点放在管理资源及控制运作以优化成本、进度和质量。构建阶段结束时是第三个重要的里程碑：初始功能（Initial Operational）里程碑。初始功能里程碑决定了产品是否可以在测试环境中进行部署。此刻，要确定软件、环境、用户是否可以开始系统的运作。此时的产品版本也常被称为β版。

（4）交付阶段。交付阶段的重点是确保软件对最终用户是可用的。交付阶段可以跨越几次迭代，包括为发布做准备的产品测试，基于用户反馈的少量的调整。在生命周期的这一点上，用户反馈应主要集中在产品调整，设置、安装和可用性问题，所有主要的结构问题应该已经在项目生命周期的早期阶段解决了。在交付阶段的终点是第四个里程碑：产品发布（Product Release）里程碑。此时，要确定目标是否实现，是否应该开始另一个开发周期。在一些情况下这个里程碑可能与下一个周期的初始阶段的结束重合。

#### 3.2.2.4 开发过程的静态结构

开发流程定义了"谁""何时""如何"做"某事"，四种主要的建模元素被用来表达RUP：角色（worker）—"谁"、活动（activity）—"如何"、产物（artifact）—"某事"、工作流（workflow）—"何时"。

（1）角色。描述某个人或者一个小组的行为与职责。RUP 预先定义了很多角色。所分派给角色的责任既包括某系列的活动，还包括成为产物的拥有者。

（2）活动。某个角色的活动是可能要求该角色中的个体执行的工作单元。活动具有明确的目的，通常表现为一些产物，如模型、类、计划等。每个活动分派给特定的角色。活动通常占用几个小时至几天，常常牵涉一个角色，影响到一个或少量的产物。活动应可以用来作为计划和进展的组成元素；如果活动太小，它将被忽略，而如果太大，则进展不得不表现为活动的组成部分。

（3）产物。产物是被产生的、修改，或为过程所使用的一段信息。产物是项目的实际产品、项目产生的事物，或者供向最终产品迈进时使用。产物用作角色执行某个活动的输入，同时也是该活动的输出。在面向对象的设计术语中，如活动是活动对象（角色）上的操作一样，产物是这些活动的参数。

产物可以具有不同的形式：模型、模型组成元素、文档如商业案例或软件结构文档、源代码、可执行文件等。

（4）工作流。仅依靠角色活动和产物的列举并不能组成一个过程。需要一种方法来描述能产生若干有价值的有意义结果的活动序列，显示角色之间的交互作用。

工作流是产生具有可观察结果的活动序列。在统一建模语言术语中工作流可以表达为序列图、协同图或活动图。在下面将讨论开发过程中最基本的工作流，即核心工作流。

#### 3.2.2.5 核心工作流

统一软件开发过程 RUP 中有 9 个核心工作流，分为 6 个核心过程工作流（Core Process Workflows）和 3 个核心支持工作流（Core Supporting Workflows）。尽管 6 个核心过程工作流可能使人想起传统瀑布模型中的几个阶段，但应注意迭代过程中的阶段是完全不同的，这些工作流在整个生命周期中一次又一次被访问。9 个核心工作流在项目中轮流被使用，在每一次迭代中以不同的重点和强度重复。

（1）商业建模（Business Modeling）。商业建模工作流描述了如何为新的目标组织开发一个构想，并基于这个构想在商业用例模型和商业对象模型中定义组织的过程，角色和责任。

（2）需求（Requirements）。需求工作流的目标是描述系统应该做什么，并使开发人员和用户就这一描述达成共识。为了达到该目标，要对需要的功能和约束进行提取、组织、文档化；最重要的是理解系统所解决问题的定义和范围。

（3）分析和设计（Analysis & Design）。分析和设计工作流将需求转化成未来系统的设计，为系统开发一个健壮的结构并调整设计使其与实现环境相匹配，优化其性能。分析设计的结果是一个设计模型和一个可选的分析模型。设计模型是源代码的抽象，由设计类和一些描述组成。设计类被组织成具有良好接口的设计包（Package）和设计子系统（Subsystem），而描述则体现了类的对象如何协同工作实现用例的功能。设计活动以体系结构设计为中心，体系结构由若干结构视图来表达，结构视图是整个设计的抽象和简化，该视图中省略了一些细节，使重要的特点体现得更加清晰。体系结构不仅仅是良好设计模型的承载媒介，而且在系统的开发中能提高被创建模型的质量。

（4）实现（Implementation）。实现工作流的目的包括以层次化的子系统形式定义代码的组织结构；以组件的形式（源文件、二进制文件、可执行文件）实现类和对象；将开发出的组件作为单元进行测试以及集成由单个开发者（或小组）所产生的结果，使其成为可执行的系统。

（5）测试（Test）。测试工作流要验证对象间的交互作用，验证软件中所有组件的正确集成，检验所有的需求已被正确的实现，识别并确认缺陷在软件部署之前被提出并处理。RUP 提出了迭代的方法，意味着在整个项目中进行测试，从而尽可能早地发现缺陷，从根本上降低了修改缺陷的成本。测试类似于三维模型，分别从可靠性、功能性和系统性能来进行。

（6）部署（Deployment）。部署工作流的目的是成功的生成版本并将软件分发给最终用户。部署工作流描述了那些与确保软件产品对最终用户具有可用性相关的活动，包括：软件打包、生成软件本身以外的产品、安装软件、为用户提供帮助。在有些情况下，还可能包括计划和进行 beta 测试版、移植现有的软件和数据以及正式验收。

（7）配置和变更管理（Configuration & Change Management）。配置和变更管理工作流描绘了如何在多个成员组成的项目中控制大量的产物。配置和变更管理工作流提供了准则来管理演化系统中的多个变体，跟踪软件创建过程中的版本。工作流描述了如何管理并行开发、分布式开发、如何自动化创建工程。同时也阐述了对产品修改原因、时间、人员保持审计记录。

（8）项目管理（Project Management）。软件项目管理平衡各种可能产生冲突的目标，管理风险，克服各种约束并成功交付使用户满意的产品。其目标包括：为项目的管理提供框架，为计划、人员配备、执行和监控项目提供实用的准则，为管理风险提供框架等。

（9）环境（Environment）。环境工作流的目的是向软件开发组织提供软件开发环境，包括过程和工具。环境工作流集中于配置项目过程中所需要的活动，同样也支持开发项目规范的活动，提供了逐步的指导手册并介绍了如何在组织中实现过程。

### 3.2.2.6 迭代开发模式

统一软件开发过程 RUP 中的每个阶段可以进一步分解为迭代。在 RUP 中，迭代被定义为：迭代包括产生产品发布（稳定、可执行的产品版本）的全部开发活动和要使用该发布必需的所有其他外围元素。一个迭代是一个完整的开发循环，产生一个可执行的产品版本，是最终产品的一个子集，它增量式地发展，从一个迭代过程到另一个迭代过程到成为最终的系统。迭代思想如图 3.3 所示。

传统上的项目组织是顺序通过每个工作流，每个工作流只有一次，也就是瀑布生命周期。这样做的结果是到实现末期产品完成并开始测试，在分析、设计和实现阶段所遗留的隐藏问题会大量出现，项目可能要停止并开始一个漫长的错误修正周期。

在迭代化的方法中，将整个项目的开发目标划分成为一些更易于完成和达到的阶段性小目标，这些小目标都有一个定义明确的阶段性评估标准。迭代就是为了完成一定的阶段性目标而所从事的一系列开发活动，在每个迭代开始前都要根据项目当前的状态和所要达到的阶段性目标制定迭代计划，整个迭代过程包含了需求、设计、实施（编码）、部署、测试等各种类型的开发活动，迭代完成之后需要对迭代完成的结果进行评估，并以此为依据

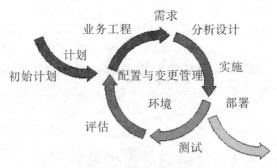

图 3.3　RUP 的迭代模型

来制定下一次迭代的目标。

与传统的瀑布式开发模型相比较，迭代化开发具有以下特点：

（1）允许变更需求。需求总是会变化，这是事实。给项目带来麻烦的常常主要是需求变化和需求"蠕变"，它们会导致延期交付、工期延误、客户不满意、开发人员受挫。通过向用户演示迭代所产生的部分系统功能，开发者可以尽早地收集用户对于系统的反馈，及时改正对于用户需求的理解偏差，从而保证开发出来的系统真正地解决客户的问题。

（2）逐步集成元素。在传统的项目开发中，由于要求一下子集成系统中所有的模块，集成阶段往往要占到整个项目很大比例的工作量（最高可达 40%），这一阶段的工作经常是不确定并且非常棘手。在迭代式方法中，集成可以说是连续不断的，每一次迭代都会增量式集成一些新的系统功能，要集成的元素都比过去少得多，所以工作量和难度都是比较低的。

（3）尽早降低风险。迭代化开发的主要指导原则就是以架构为中心，在早期的迭代中所要解决的主要问题就是尽快确定系统架构，通过几次迭代来尽快地设计出能够满足核心需求的系统架构，这样可以迅速降低整个项目的风险。等到系统架构稳定之后，项目的风险就比较低了，这个时候再去实现系统中尚未完成的功能，进而完成整个项目。

（4）有助于提高团队的士气。开发人员通过每次迭代都可以在短期内看到自己的工作成果，从而有助于他们增强信心，更好地完成开发任务。而在非迭代式开发中，开发人员只有在项目接近尾声时才能看到开发的结果，在此之前的相当长时间，都还是在不确定性中摸索前进。

（5）生成更高质量的产品。每次迭代都会产生一个可运行的系统，通过对这个可运行系统进行测试，我们在早期的迭代中就可以及时发现缺陷并改正，性能上的瓶颈也可以尽早发现并处理。因为在每次迭代中总是不断地纠正错误，开发者可以得到更高质量的产品。

（6）保证项目开发进度。每次迭代结束时都会进行评估，来判断该次迭代有没有达到预定的目标。项目经理可以很清楚地知道有哪些需求已经实现了，并且比较准确地估计项目的状态，对项目的开发进度进行必要的调整，保证项目按时完成。

（7）容许产品进行战术改变。迭代化的开发具有更大的灵活性，在迭代过程中可以随时根据业务情况或市场环境来对产品的开发进行调整。例如为了同现有的同类产品竞争，可以决定采用抢先竞争对手一步的方法，提前发布一个功能简化的产品。

（8）迭代流程自身可在进行过程中得到改进和精炼。一次迭代结束时的评估不仅要从产品和进度的角度来考察项目的情况，而且还要分析组织和流程本身有什么待改进之处，以便在下次迭代中更好地完成任务。

# 4  网络财务报告

## 4.1  网络财务报告基本理论

### 4.1.1  网络财务报告概念

企业和其他单位向有关方面及国家有关部门所提供财务状况和经营成果的书面文件，即财务报告，它由会计报表和会计报表附注和财务情况说明书组成。会计报表是财务会计报告的主要组成部分，它是根据会计账簿记录和有关资料，按照规定的报表格式，总括反映一定期间的经济活动和财务收支情况及其结果。其中主要包括资产负债表、利润表、现金流量表及会计报表附注。

随着网络信息技术革命推动世界经济迈进数字化时代，世界各地经济的联系日益紧密。网络经济时代已经到来，会计环境在这个新的时代中也发生了巨大的改变，会计信息使用群体越来越重视会计信息的有用性，通常称为决策有用性。因此，财务信息决策有用性是当前信息使用者对会计信息质量的最基本的要求，而传统财务报告在应对信息的相关性、准确性以及资金的高速流动性方面都存在缺陷，这就需要一种新的财务报告模式来弥补传统的不足。

在网络环境下，财务数据的收集、加工、处理、披露，都可以适时进行，不仅迅捷，而且可以双向交流，财务信息的及时性得到极大提高；甚至报表阅读者可以根据自身的需要，以财务会计的原始数据为基础，进行再加工，获取更深入的信息。传统财务会计报告的结构和内容都需要进行大的变革，从而形成互联网下的新型财务报告即网络财务报告。所谓网络财务报告（Internet financial report，IFR）是指企业在充分利用现代信息技术的基础上，通过环球网或与因特网相关的传播媒介公开披露企业各项经营与财务信息。作为会计发展的新兴领域，网络财务报告的出现不仅仅是一种技术上的革新，它将对财务报告的编制、披露、使用以及财务报告的审计都产生了较深刻的影响。

### 4.1.2  网络财务报告特征

#### 4.1.2.1  网络财务报告的及时性和时效性

随着知识经济时代的到来和衍生金融工具的推陈出新，资本市场竞争更为激烈，企业生产经营活动中的不确定性因素越来越多，这使得企业财务信息使用群体更加重视所获得会计信息的时效性。而传统的定期财务报告制度和静态性的纸质报告，已经满足不了人们的要求。相比之下，网络财务报告突破了空间和时间的局限，一方面，从会计信息提供者角度看，网络财务报告具有实时跟踪功能，用网络技术能实时采集、加工会计信息，实现了业务和财务处理的一体化，缩短了会计财务信息的生成、传输、获取的时间，从而在财务报告的最终编制和发布时间上优于传统报告；另一方面，从会计信息使用者角度看，网络财务报告具有实时跨越时空传输的功能会计信息使用者可以进入企业网站点击相关的网点，获取财务报告的信息，并进行比较分析，及时作出预测和决策。

#### 4.1.2.2 网络财务报告的动态性和低成本性

这是指网络财务报告披露信息的方式和模式动态化，报告的呈报更加方便灵活，而且也降低了报告的编制成本和呈报成本。动态性表现在两个方面：财务报告呈报模式的动态性和呈报方式的动态性。网络财务报告改变了传统财务报告呈报的模式和方式，从定期发布模式到及时发布模式，从纸质呈报到电子网络呈报。网络技术的不断发展及普及使得会计核算工作走上了无纸化阶段，超越传统方式，企业将会计报告相关数据信息存储在企业的数据库和相关网站上，通过互联网发布财务报告无需印制成册和刊登公布。这是从传统的静态化模式向动态化模式的转变，动态化传递信息模式更加方便快捷，使用也更灵活，这都节约了人力物力资源，从而降低了成本，网络财务报告使得，成本效益原则得到了最优体现。

#### 4.1.2.3 网络财务报告的针对性和互动性

Internet 实现了人机对话交流，提供了多种互动交流模式。互动性是网络财务报告的一个重要特征。会计信息使用者和提供者之间可以更为直接地交流，充分了解到供需信息。双方的互动性增强了信息的针对性。信息提供者一方不再传统地编制和提供统一固定的财务报告格式，在传统报告模式的通用性基础上更加具有针对性。网络财务报告使企业更好地满足了日益个性化，为特殊性信息使用者的要求提供了技术保证。信息使用者一方则可以根据自己实际需要和要求、决策模型等来重新组合企业提供在网络上的数据，然后对其筛选加工处理，这改变了传统的信息使用者被动地接受统一格式的局面，网络财务报告的这个特点提升了信息使用者的反馈价值。

#### 4.1.2.4 网络财务报告的全面性和广泛性

这是指网络会计在线数据库包括了企业的所有财务及其非财务信息，突破了传统财务报告的种种约束。传统财务报告无法反映非数字化的信息，无法反映报告的生成程序和数据处理方法等方面的信息。网络环境下，企业实时输入与经济业务相关的所有数据源，存入企业专用数据库，生成与信息使用者相关的财务信息。同时，也揭示了非财务信息，如企业的预测信息、管理信息、资金筹备信息等。这都弥补了传统财务报告的不足和空缺，有效地扩大了会计报表和辅助信息含量，提供更加丰富完整，满足不同层次的信息使用者。

#### 4.1.2.5 网络财务报告的开放性和公允性

以往传统财务报告仅局限于把企业财务信息通过财务报告方式提供给当前的利益相关群体如企业的股东、投资者、债权人，而没有考虑到其他对企业有投资意向和合作意向的潜在利益群体的信息需求，这不利于企业业务的拓展和资本的壮大。相比之下，在网络财务报告形式下，自愿披露的企业将财务信息的公开发布在可供众多人群获取、使用的互联网上。广阔的信息披露平台——企业网站，让更多的人了解企业的经营情况和财务状况，使企业在完成应有的披露任务之时，也附带地起到了宣传作用，有助于企业形象的提升，增强了竞争优势，将会赢得更多的潜在投资者、债权人和供应商的支持。网络财务报告的公开性赋予了更强的公允性，报告的公开发布让其使用群体更为广泛，不仅有来自于股东、投资者、债权人的关注，而且有来自于同行业竞争对手和其他行业（如同类行业企业、政府、银行、供应商、证券、审计、外汇、财税等部门）的关注，在关注的同时也起到了一种监督的作用。信息关注人数的增加，使监督企业财务报告人数增加，则企业提供不可靠性信息就更可能受到指责、批评和攻击。在网络财务报告形式下，企业会更加诚实地反映企业信息，通常会站在不偏不倚的立场来反映经济事项，这充分体现出网络财务报告比传统财务报告更具有公允性。

### 4.1.3 信息披露理论基础

#### 4.1.3.1 委托代理理论

信息不对称这一概念最早是 Berle（伯利）与 Means（米恩斯）在 1932 年提出；20 世纪 70 年代，乔治·阿克尔洛夫、迈克尔·斯彭斯和约瑟夫·斯蒂格利茨（Georgt A. Aker-lof, A. Michael Spence, Joseph E. Stiglize）开创了信息不对称理论的先河，并把该理论运用于分析市场经济的各种现象。信息不对称会引起市场的逆向选择问题，对资本市场而言，会导致"劣质上市公司驱逐良质上市公司"现象，因此投资者在资本市场上购买上市公司股票时也总是心存疑虑，这大大增加了投资者的不确定性，最终导致资本市场不能高效运转。为减少投资者的不确定性，当代公司采纳了包括自愿披露在内的各种机制，以缓和信息不对称的负面效应。

尽管自愿披露能降低信息不对称的负面效应，但披露本身就需要成本。传统的纸质财务报告披露存在较大的局限性，随着投资者分散程度的提高，纸质报告形式变得相当昂贵，而且投资者不能轻易获取财务信息。而互联网披露具有低成本、高速传递、编制格式灵活多样以及一国之内或跨越国界的所有使用者都能轻易获取等优势，在互联网上披露财务报告将是自愿披露的一种有效方式。因此，公司披露网络财务报告仍植根于信息不对称理论，即公司披露网络财务报告的动机是缓和信息不对称的负面效应，从而达到降低资本成本等目的。

#### 4.1.3.2 利益相关者理论

"利益相关者"这一词最早被提出可以追溯到 1984 年，弗里曼出版了《战略管理：利益相关者管理的分析方法》一书，明确提出了利益相关者管理理论。利益相关者管理理论是指企业的经营管理者为综合平衡各个利益相关者的利益要求而进行的管理活动。与传统的股东至上主义相比较，该理论认为任何一个公司的发展都离不开各利益相关者的投入或参与，企业追求的是利益相关者的整体利益，而不仅仅是某些主体的利益。

利益相关者包括企业的股东、债权人、雇员、消费者、供应商等交易伙伴，也包括政府部门、本地居民、本地社区、媒体、环保主义等的压力集团，甚至包括自然环境、人类后代等受到企业经营活动直接或间接影响的客体。这些利益相关者与企业的生存和发展密切相关，他们有的分担了企业的经营风险，有的为企业的经营活动付出了代价，有的对企业进行监督和制约，企业的经营决策必须要考虑他们的利益或接受他们的约束。从这个意义讲，企业是一种智力和管理专业化投资的制度安排，企业的生存和发展依赖于企业对各利益相关者利益要求的回应的质量，而不仅仅取决于股东。

传统模式下，企业进行财务信息披露时，一个隐含的假设前提是：企业的所有者是股东，企业管理层则按照所推测的股东的信息需求去提供单一的固定模式的财务报告。而基于利益相关者理论，企业不能仅为股东服务，还应该要协调好债权人、员工、消费者等其他一些利益相关者的利益。传统的信息披露模式，不仅不能够满足股东的信息需求（股东的信息需求只是企业管理层的猜想），对其他更为广泛的利益相关者的信息需求则完全忽略，如何来满足股东的真实信息需求，并且同时还需要在信息披露时候满足不同利益相关者的个性信息需求。利益相关者理论对信息披露提出了新的要求，这些新的信息披露要求的满足需要企业管理层从信息披露模式和信息披露技术等多方面进行变革，特别是要接受网络信息技术来进行企业财务信息的披露和呈报。

### 4.1.4  网络财务报告基本模式

网络经济时代，人们对财务信息的需求呈现多样化，为满足这些需求，财务报告将会是多元化的。针对传统财务报告模式在网络环境下暴露出的诸多问题，国内外众多学者对如何建立适应于网络环境的财务报告模式进行了大量研究，目前网络财务报告披露模式主要包括经济事项报告模式、数据库报告模式、交互式按需报告模式、多层界面报告模式、联机实时财务报告模式等。

#### 4.1.4.1  经济事项报告模式

事项报告模式由索特（Sorter，1969）提出，是指在披露通用信息基础上进一步披露企业的经济事项的明细项目的报告模式。所谓事项，是指可观察的，亦可用会计数据来表现其特性的具体活动、交易和事项。其理论依据是现行的财务报告信息多为一些综合数据，使用者往往有不同的需求，为满足这些需求，财务报告应包括足够的明细数据，同时将数据综合的任务交给信息用户，以便信息用户能重构发生过的经济事件。事项报告模式强调编制明细一些的报表，它将计价和对信息及会计方法的选择留给用户。这种报告模式对用户要求较高，需要使用者具备相当的财务知识，而且未能提出如何确认和报告经济事项。

#### 4.1.4.2  专用报告

专用报告是指为不同的信息使用者提供不同的财务报告，它考虑了不同类型用户之间的信息需求差别，有选择地和重点地对特定用户披露特殊信息。在实际生活中存在着许多特殊信息，例如，为股东重点提供净资产收益及资本保值增值等与其密切相关的信息；为债权人侧重反映偿债能力信息，为潜在投资者提供企业未来财务状况及收益回报等相关信息；等等。这样，企业既可以满足特定用户的特殊信息需要，又可避免因广泛披露而对企业产生不利的影响。

#### 4.1.4.3  在线报告模式

在线报告是指企业在互联网上设置站点，向信息使用者提供定期更新的财务报告。在线报告的显著特点是利用互联网作为传播媒体，采用"超文本"的形式，将企业所发生的各种生产经营活动和事项实时反映在财务报告上，并将报告存储在可供使用者查询的数据库中供用户随时查询。在线实时报告系统使交易和事项在发生时即可以记录、处理和报告，用户可随时获得实时报告信息，不必再等待已成为历史信息的分部报告。作为会计发展的新兴领域，在线报告的出现不仅仅是一种技术上的革新，它将对财务报告的编制、披露、使用以及财务报告的审计都产生了较深刻的影响。随着互联网的广泛应用和电子商务时代的来临，这种模式将会被广泛采用。

#### 4.1.4.4  数据库报告模式

数据库报告模式采取以信息理论为基础的记录和储存方式，在信息反映中，没有固定的报表格式，而是以开放数据库方式由阅读者根据自己设定的决策模型去获取信息，他们认为阅读者有能力自己分析信息并通过对信息的不同组建来完成对信息的需要。数据库报告模式提高了数据的共享性、实时性，由于企业会计人员将主要负责共享数据库的维护，而不是选择披露信息的数量，因此既防止了呈报信息的不足又不会导致信息过量，企业信息系统的安全性也面临重大挑战，数据库报告模式未能提出有效的保守商业秘密的途径，而且过多地披露原始信息有利于竞争对手。

### 4.1.4.5　交互式按需报告模式

交互式按需报告模式的基本要素是：①数据库，报告单位要维护一个可用来保存其愿意披露最原始水平的信息的数据库，包括财务数据和非财务数据，以便根据使用者的不同需求生成不同的财务报告。②会计程序模块化，报告单位的会计信息系统包括相互联系但又相对独立的模块。③报告生成器，报告单位在因特网上为信息使用者提供报告生成器，它是报告单位与使用者交流的界面，并帮助信息使用者编制其所需财务报告。④反馈机制，便于信息使用者就如何及时改进报告系统向报告单位提出建议。交互式按需报告模式有灵活性、交互式和实时报告的特征，它能更好地满足使用者的信息需求，进而提高市场效率和减轻信息不对称性，按需报告模式是一种充分个性化的报告模式，它充分的考虑了信息用户的需求差异，按不同用户个体的不同需求提供信息，要求公司的网络财务报告系统具有充分的灵活性，方便报告单位和用户之间相互沟通，其缺陷是难于监管和审计。

### 4.1.4.6　多层界面报告模式

多层界面财务报告模式的基本思想是以现行通用财务报告为第一层界面，以信息组件为第二层界面，以信息元素为第三层界面。信息元素是可以为决策提供有用信息的最小单位，信息组件由不同的信息元素组成，从信息组件的综合中抽象出财务报告。多层界面电子报告模式使财务报告具有了多层展开的功能，使网络财务报告具有了伸缩性和可扩展性，从平面报告过渡到了立体的三维报告模式，优点是可以通过信息元素、信息组件以及通用财务报告之间的链接关系，满足不同层次信息使用者对信息的直接需求。多层界面财务报告模式和实时报告模式的关系实际上体现了网络财务报告的两种不同技术属性。多层界面网络财务报告与财务报告数据库相连以后，可以大大扩展财务报告的内容。实时报告与财务报告数据库相连以后，可以提高传递速度。

### 4.1.4.7　联机实时财务报告模式

联机实时财务报告模式（On - line Real - time Financial Report）是通过网络对企业的各项经济活动进行实时地处理与反映，并根据使用者多样化的信息需求实时提供多元化的财务报告。由于数据库技术、计算机网络、远程通信技术等信息技术的发展，使得实时财务报告模式已具有技术上的可行性。联机实时财务报告模式是建立在"事项会计"思想基础上的，利用企业内部网信息共享的特征对企业发生的经济事项进行实时处理，同时通过与因特网连接，企业可向外部信息使用者发布实时信息。这种模式具有灵活性、交互式和实时报告的特征，能更好地满足使用者的信息需求，进而提高市场效率和减轻信息不对称。

# 4.2　网络财务报告技术—XBRL

可扩展商业报告语言（eXtensible Business Reporting Language，XBRL），是 XML（可扩

展的标记语言，eXtensible Markup Language）于财务报告信息交换的一种应用，是目前应用于非结构化信息处理尤其是财务信息处理的最新标准和技术。它对财务数据进行特定的识别和分类，并对财务信息提供更加强大的解释和分析平台。除了不断提高了商业报告的透明度外，XBRL 在财务报告的使用通过加强计算机系统之间数据流的控制进一步提高了数据的安全。

## 4.2.1 XBRL 的产生与发展

### 4.2.1.1 国外 XBRL 的发展情况

以前的财务报表电子格式如 word、excel、pdf 或 html 文件是一种静态格式，不能实现真正意义上的电子数据交换。若要对财务信息进行深加工，就需要对数据进行复制粘贴、重新输入或者以其他格式重新编写。为实现某个特定目标，甚至可能需要获取多个文件。例如，财务分析师要比较 10 个公司最近 10 年的收入情况，他需要找到 100 份报表，从中搜寻所需信息，并将这些信息整理到一个文件中。这种利用静态报表进行数据加工处理的方式不仅费时费力、容易出错，而且一个人整理出来的数据只能满足他的需要，就其他用途而言，还需要对数据重新进行加工。如果财务信息以动态格式存在，那就可以实现相关数据的自动归集、整理、比较，减少信息使用成本，提高信息质量。XBRL 就是在这样的背景下产生的。

XBRL 是一种财务及相关信息电子通信的计算机语言，它是可扩展标记语言（XML）在财务及相关报告领域的具体应用。

XBRL 于 1998 年由美国的查尔斯·霍夫曼（Charles Hoffman）提出。在对 XML 进行深入研究后，查尔斯·霍夫曼向美国注册会计师协会（AICPA）报告了 XML 格式财务报告的潜力，提出制定运用 XML 财务报告标准的建议。AICPA 于是推动开发基于 XML 格式的财务报表标准语言，并将其命名为可扩展财务报告标记语言（XFRML），为 XBRL 的原型。

在此基础上，AICPA 决定发展一个以 XML 为基础的标准财务报告语言——XBRL，并且将 XBRL 的应用扩展到报税数据、公司内部数据分析、审计、监管文件报送等。1999 年 8 月，美国注册会计师协会与五大会计师事务所（普华永道、德勤、毕马威、安永和安达信）、Edgar 在线、微软公司等 12 个组织，组建了最初的 XBRL 执行委员会。1999 年 10 月，XBRL 国际组织（XBRL International）成立，为国际化的非营利性组织，主要职责是负责制定 XBRL 技术标准和统一协调全球各个国家的 XBRL 分部。XBRL 国际组织由 XBRL 执行委员会、标准委员会和 9 个工作组组成，核心是执行委员会。截止到 2008 年 10 月，XBRL 国际组织有 17 个正式地区组织和 7 个临时地区组织，拥有成员 550 余家，会员所属行业涵盖了全球信息供应链，从政府监管机构、会计师事务所、软件公司、信息发布商，到银行、证券、保险、税务等。

XBRL 提供了让财务信息由静态变为动态的途径，它是设计为计算机读写的，它不要求 XBRL 报表的编制者和使用者必须懂 XBRL，就像用户收发电子邮件并不需要了解电子邮件背后的技术一样。XBRL 可以减少重复性的数据输入、比较、转换和提交工作，因此可以减少报送成本并方便电子存储数据的再利用，让财务信息的搜集和报告工作变得流畅。投资者、分析师、研究人员、金融机构和监管机构等信息使用人都能够更加快速高效地获得、搜寻、比较和分析 XBRL 格式数据。

### 4.2.1.2 国内 XBRL 的发展情况

（1）XBRL 在中国证券监管中的应用。XBRL 财务类报告本质上是一种公共产品，因此世界各国 XBRL 应用的最初动力主要来自于监管机构，中国也不例外。而中国证券监管领域由于信息化基础扎实、信息公开程度高，注定成为中国 XBRL 应用的最早试验田。

早在 2002 年 5 月，中国证监会在研究上市公司电子化信息披露问题时，将 XBRL 选定为上市公司电子化披露的格式标准，并组织上海证券交易所和深圳证券交易所等单位研究制定《上市公司信息披露电子化规范》金融行业标准，于 2004 年 12 月发布实施。

最早将 XBRL 应用于实务的是上海证券交易所。该所在 2004 年选择了 50 家沪市上市公司对 2003 年度报告摘要按 XBRL 格式报送试点。试点成功后，又于 2004 年在 730 多家沪市上市公司的一季度报告的报送中推广应用，此后不断拓展，实现沪市所有上市公司季报、中报、年报摘要和全文报送中应用 XBRL。该所还建设了专门用于展示 XBRL 格式沪市上市公司定期报告的网站（http://listxbrl.sse.com.cn/ssexbrl），公众可查阅自 2008 年起报告全文，进行同行业公司财务数据横向比较分析。

深圳证券交易所紧随其后，于 2004 年 7 月开始实施基于 XBRL 的深市上市公司信息披露全程电子化项目，并于 2005 年 1 月发布"上市公司定期报告制作系统新版"，实现深市全部上市公司利用该系统制作 2004 年度报告，并直接生成 XBRL 实例文档。为充分发挥 XBRL 应用优势，该所逐步建立了 XBRL 应用示范网站"XBRL 上市公司信息服务平台"（http://xbrl.cninfo.com.cn），提供深市上市公司自 2007 年起定期报告数据的展示、财务数据的横向、纵向比较分析和部分公司实例文档下载。

在两大交易所上市公司信息披露应用实施 XBRL 技术取得成果的基础上，中国证监会于 2008 年 1 月启动基金信息披露 XBRL 项目，并于 4 月组织了 7 家试点基金管理公司完成全类基金 2008 年第一季度报告 XBRL 实例文档的试报工作。此后逐步展开。目前，所有基金管理公司管理的全类基金都已实现了从净值日报到季报、半年报和年报报送的 XBRL 化，并实现了部分临时公告的无纸化报送。此外，证监会还建立了基金信息披露网站（http://fund.csrc.gov.cn），专门用于 XBRL 格式基金信息发布。

证券监管为 XBRL 提供了在中国崭露头角的舞台，有关应用引起了其他监管部门对 XBRL 的关注，起到了最初的普及和示范效用，同时也为进一步的推广实施积累了经验、人才和产业力量。

（2）通用分类标准的制定实施。XBRL 的优势之一在于部门间的协同应用——充分利用 XBRL 可扩展的特点，在统一分类标准架构基础上，实现各部门在通用分类标准的基础上根据各自需求的扩展，从而达到减轻企业报送负担，提高会计信息质量，降低社会信息使用成本的最终目标。而要实现部门协同应用，就需要部门间的协调配合。

财政部在 2001 年就开始关注 XBRL 的进展情况，2007 年将分类标准制定工作提上议事日程。为充分调动各方面力量，共同推动会计信息化建设和 XBRL 应用实施，财政部 2008 年 11 月牵头组织银监会、证监会、保监会、国资委、审计署、人民银行、税务总局等部门联合成立了会计信息化委员会和 XBRL 中国地区组织会计信息化委员会的成立，开启了部门间协作推进 XBRL 应用实施的新阶段，成为中国 XBRL 发展历程中的一个重要里程碑。为普及 XBRL 知识，推动相关应用并向外界宣传中国 XBRL 实施成果和发展动态，中国地区组织开设了官方网站（http://www.xbrl-cn.org）。

2009 年 4 月，财政部印发《关于全面推进我国会计信息化工作的指导意见》，明确将 XBRL 作为会计信息化标准体系建设的重要内容，并将制定基于国家统一的会计准则制度的 XBRL 分类标准作为当前工作的重点。

2010 年 10 月，财政部发布了企业会计准则通用分类标准（以下简称通用分类标准），国家标准化管理委员会同时发布了由财政部归口并组织制定的 XBRL 技术规范系列国家标准。两项标准的制定发布，成为中国 XBRL 发展历程中的又一标志性事件，表明 XBRL 在的各项应用有了统一的架构和技术标准。2011 年，财政部又制定了石油和天然气行业扩展分类标准，并配合银监会制定了银行监管报表扩展分类标准。银行监管报表扩展分类标准是以通用分类标准为基础制定，是实现部门协同应用迈出的第一步。目前，财政部正联合银监会制定银行业财务报告扩展分类标准。下一步，财政部将与更多监管机构协作，制定满足各领域需求的扩展分类标准，逐步实现各部门大范围协同实施的 XBRL 应用模式。

2011 年，财政部组织以在美上市公司为主的 15 家国有大型企业，以及 12 家具有证券期货相关业务资格的会计师事务所开展通用分类标准首批实施工作（共 606 家企业），取得良好成效，为后续实施积累了宝贵经验。2012 年，财政部在 2011 年基础上扩大实施范围，增加 17 个省区市开展地方国有大中型企业实施工作，同时联合银监会组织包括全部 16 家上市银行在内的 18 家银行业金融机构开展实施工作。

在组织实施的同时，财政部进一步推进相关标准建设。2011 年 12 月，财政部组建的全国会计信息化标准化技术委员会成立大会召开，会上发布了石油行业扩展分类标准和银行监管报表扩展分类标准。

## 4.2.2 XBRL 相关概念

XBRL 作为可扩展标记语言（XML）在财务及相关报告领域的具体应用，对财务数据提供了一种类似于条码、计算机可识别的标记，使每一个数据项目都能被唯一识别；而在网页或者纸质的财务报表中，财务数据是作为文本来处理的。

（1）XBRL 标记标记是用来代表某项财务数据的一串字符。计算机程序可以通过识别标记来读懂财务数据，并进行分析、转换等其他操作。XBRL 让计算机可以自动处理财务数据，这样就减少了人工重复输入和比对信息过程的精力和成本。计算机能对数据进行"智能化"处理：识别、核对、选择、分析、储存、交换，并自动以各种形式呈现给用户，关键就在于数据都有了标记。当然，仅有标记还不够，还需要有一本关于数据的"字典"，让程序软件能够对照标记"查字典"，这样才能使软件能够"读懂"电子报，做出符合业务逻辑的处理。这个"字典"就是分类标准。

（2）XBRL 分类标准满足特定报告需要的标记（称作"元素"，也就是报告中的一个概念，例如"固定资产"）及其关系（例如元素间的勾稽关系）描述的总和称为分类标准，分类标准以计算机代码形式存在。一般而言，每个公认会计原则体系，包括我国企业会计准则、国际财务报告准则（IFRS）和美国公认会计原则（USGAAP）都需要有与会计准则相对应的一套分类标准。例如，国际会计准则委员会基金会（IASCF）目前制定 IFRS 的分类标准；美国会计准则委员会基金会制定 USGAAP 的分类标准；财政部目前正在制定基于我国企业会计准则体系的通用分类标准。

除报告层面外，XBRL 技术还向会计记录（凭证和账户）层面延伸，用于与账簿相关的数据归集和内部报告，称为"通用账户（GL）分类标准"。

（3）XBRL 技术规范要让任何计算机都能够生成和处理 XBRL 文件，如同任何计算机系统都能相互发送接收电子邮件一样，需要有一个广泛遵循的基础性信息技术标准。这一基础性标准就是 XBRL 技术规范。经过相关组织的努力，已经建立了一个 XBRL 规范，并得到全球范围内的普遍采用。XBRL 规范包含了关于创建实例文档所需信息、分类标准及其扩展的规则以及其他规则。一般来说，会计人员并不需要详细掌握 XBRL 规范就能使用 XBRL。

技术规范规定的是信息技术层面的规则以及与会计共性问题相关的规则（如对科目余额方向为"借"或者是"贷"的定义方法），具有全球通用性。它与一国具体法律、经济环境无关，与会计准则制度无关。因此，我国推广应用 XBRL，可以直接采用国外已经制定的技术规范。同时，通过 XBRL 中国地区组织，我国将主动参与到与 XBRL 相关的各项技术活动中，对其技术标准的发展施加影响。

（4）XBRL 实例文档 XBRL 实例文档是指包含一套财务报告信息 XBRL 标签的计算机文件。通俗地说，就是一个 XBRL 格式的财务报告文件。

实例文档不是供财务报告使用者阅读的，而是以类似于网页源代码的一种计算机代码写成、供计算机识别的文件。就像网页浏览器可以把网页源代码转换为网页呈现到人们面前一样，XBRL 应用程序也可以把实例文档转换成平时用户所阅读的报表格式，当然，也可以将实例文档中的数据用于比较、分析等其他各种操作。实例文档只需一次生成就可以供无限次使用，这种灵活性使得它可以满足各种不同需求。

例如，投资者可以从中提取用于分析的数据；税务部门可以提取确定纳税额的数据；银行可以提取用于信贷控制的数据等，每类用户都利用其特定的程序从实例文档中提取所需要的数据。

### 4.2.3 XBRL 应用意义

XBRL 的应用将对信息产生、流转到应用的各个环节带来深刻的变革，从目前应用情况来看，已经反映出以下意义：

（1）提高报表编制效率，降低人工数据采集的风险。XBRL 提供规范的报表格式，提高了报表编制的效率及准确性，同时降低重新输入资料的次数，增加资料的正确性。

（2）降低数据采集的成本，提高数据交换及流转的效率。基于 XBRL 架构的财务信息具有标准格式，一次生成后，就可以直接在会计事务所、监管机关、互联网站以及出版印刷单位之间流通；另外，由于 XBRL 是基于 XML 的，其本身就是一种跨平台的纯文本的描述性语言，因此数据交换也是跨平台的。

（3）为财务数据提供更广泛的可比较性。使用 XBRL 标记的财务报表，为数据比较分析提供了更广泛的可能性，财务数据不仅可以进行纵向的跨越多年份的分析，还可以进行横向的跨越多报表，多公司，多行业，多国家的比较。

（4）能够适应变化的会计制度和报表要求。因为 XBRL 将财务数据进行细分，变动的格式只是变动在一张报表内需要集成的财务指标，不同格式的报表之间，在相同的财务指标上仍然具有可比性。

（5）使数据使用者能够更方便快捷的检索、读取和分析数据。如能够与微软的 OFFICE 结合。XBRL 可以与 Excel 文件格式结合运行，可以使数据处理变得更加容易。

（6）增加了资料在未来的可读性与维护性。XBRL 的文件是以 ASCII 码来存档，只需利用支持 ASCII 码的简单文字处理器就可以读取或修改，增加了资料在未来的可读性与维护性，故非常适用于必须长期保存的这些文献资料。

# 5　网络财务应用方案

## 5.1　网络财务应用方案的选择

### 5.1.1　集中式应用方案

#### 5.1.1.1　基本原理

所谓集中式应用，是指将网络财务软件安装在企业（集团）总部的服务器上，企业（集团）的各分支机构（会计主体）将数据集中到总部服务器上，再由总部统一进行数据管理（包括数据的存放、维护等），各分支机构则通过广域网操作网络财务软件，以进行实时作业，如图 5.1 所示。

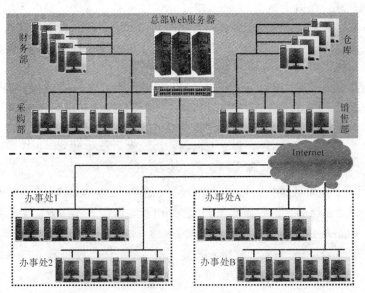

图 5.1　网络财务软件软件集中式应用

这一方案适用于有严格集中监管要求且有雄厚实力的企业集团，或虽实力不强但地域分布范围小的企业集团。它的优点有：数据采取集中管理，使用方便；服务器配置成本小；可以作单数据库处理，信息统计及时。但是，通信费用高；整体系统可靠性不高，受软件及网络影响较大。

从图 5.1 可以看出，集中式应用模式可以同时使用基于 Web 的方式和普通客户端方式，通过中间层对同一后台数据进行操作。

基于 Web 的方式可以简单理解为"客户端使用的是浏览器，而非普通的图形界面"。

应该明确，浏览器是用来浏览基于超文本传输格式为主的网络信息的工具，典型的浏览器是微软的 IE。同传统的客户端方式相比，基于 Web 的应用方式有两个特点：一是客户端使用的是浏览器，二是在浏览器和后台数据库之间必须有提供数据转换服务的 Web 服务器。在网络财务软件的实际应用过程中，不管企业规模的大小，低成本高效率的远程数据传输问题已经成为一个瓶颈。而基于 Web 的应用是解决这个问题的较好方法。因为对于同样的应用，它的优势在于客户端和后台服务器之间的传输数据量能够降到最低。这大大地节省了网络带宽，降低对网络的要求和使用费用。

基于 Web 的应用方式也有其弱点：一是客户端操作不方便；二是网络安全问题；三是 Web 应用与传统的客户端应用方式的集成。

网络财务软件的集中式应用方案可以同时采用基于 Web 的应用方式和传统客户端应用方式。这将让网络财务软件的用户得到：①通过浏览器方式，甚至是手机，从广域网操作后台数据一样安全方便，从而节省大笔通信费用；②通过中间层的使用，可以统一处理远程和本地的操作，使得数据的完整和统一得到保证；③大型数据库的使用也使得整个系统的稳定性大大提高。

### 5.1.1.2 应用模式

下面以用友软件为例，按照复杂程度不同集中式应用可以细分为如下几种形式：

（1）单机模式。适用于小型、单一组织企业，企业数据量比较小的应用模式。这种模式下所用到的数据服务器、应用服务器、客户端功能都部署到一台物理的机器上，每个产品只有一个站点，同一时间只能一个人操作产品，不使用 Intranet 和 Internet 功能，同时也没有远程拨号功能。

（2）局域网模式。适用于中小型、单一组织企业，多人应用 U8，但数据量较小的应用模式。这种模式下，U8 的多个客户端同时使用，每客户端计算机只需安装自己要使用 U8 模块的客户端产品；只有一台服务器，所有的要使用的服务组件都安装在这一台服务器上。

这种模式下，服务器的负荷比较重，所以建议：客户端数量不能太大，不要再把域服务器装在服务器上，推荐采用工作组模式，让所有的计算机和服务器都在同一个工作组中。

（3）局域网 + Intranet 模式。适用于规模稍大的单一组织企业和对办事处机构进行集中管理的单一组织企业应用，这种模式下同时使用 U8 的操作员在两人以上，数据量一般较大。"局域网 + Intranet 模式"下，必须有局域网的支持（包含客户端以远程拨号的方式接入），系统配置包括应用服务器、数据服务器、发布服务器、拨号服务器及相应的硬件设备。为了获得较好的性能，建议将应用服务器、数据服务器、发布服务器、拨号服务器分布到不同的机器上。

（4）局域网 + Intranet + Internet 模式。适用于单一组织企业、采取集中管理模式的连锁企业和采取集中管理模式的制造企业等。这种模式下同时使用 U8 的操作员在两人以上，数据量比较大。"局域网 + Intranet + Internet 模式"下，也必须有局域网的支持（包含客户端以远程拨号的方式接入），在应用服务器、数据服务器、发布服务器、拨号服务器及相应硬件设备外，还需用防火墙保证安全性；如果有特殊的应用，还可选择 VPN 设备。

①Web 服务器 + 其他服务器。适用于 U8 的 WEB 应用、商业智能、报账中心、预算管理、网上报销、Web 门户、OA 模块的应用需求。由于这些模块应用对 Web 服务器压力很大，所以应把 Web 服务器独立安装在一台服务器上。

②应用服务器＋其他服务器。适用于使用 U8 的生产制造或客户关系管理等模块的应用需求。U8 这两部分产品的应用使应用服务器负荷较重，所以应把应用服务器安装在独立的服务器上，web 服务器、加密服务器可以安装在同一台服务器上。

③Web/应用服务器＋加密/域服务器。适用于只应用 U8 财务和供应链部分模块需求。Web 服务器和应用服务器压力不是很大，可以把 Web 服务器和应用服务器安装在一台服务器上。

④各服务器独立安装。适用于应用 U8 大部分或所有模块，且人数较多。各个服务器的负载都比较重，建议把每一个服务组件安装在独立的服务器上，对于压力特别大的服务器还要采用负载均衡方案减轻其负荷。

### 5.1.2　分布式应用方案

#### 5.1.2.1　基本原理

分布式应用方案，是指把网络财务软件安装在企业（集团）各分支机构（会计主体）的服务器上，以供各分支机构在各自的服务器上独立处理相关业务；其数据一般存贮在本地，每隔一定时期，根据企业（集团）总部业务管理的需要进行数据整合，再通过广域网定期传到总部的服务器上。如图 5.2 所示。

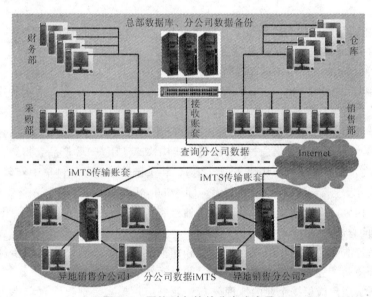

**图 5.2　网络财务软件分布式应用**

这一方案适用于机构分散、财务监控要求一般的企业集团。其优点是整体系统可靠性高，信息管理较灵活，没有实时在线通信费用。其缺点是数据分散，不能集中维护；需要配置较多的服务器，购置和管理费用较高。

一般说来，网络财务软件的分布式应用方案，亦可同时采用基于 Web 的应用方式和传统客户端应用方式。企业可以利用 WEB 服务器来为企业内部各部门提供信息和收集信息。对于企业的财务部门来说，由于它是企业内部信息主要来源，因而可以考虑在财务部门安装 WEB 服务器，或者在企业外部专门的信息中心提供专门的主要用于财务方面的 WEB 服务器，通过执行后台运行的程序来从企业内部的劳资、仓库、销售部门、固定资产管理和财务部门的内部各岗位（如出纳等）收集信息。在客户机上，只要通过浏览器和极少量的应用程序，就可以输入有关数据，通过 WEB 服务器存入到数据库服务器上，从而达到数据归数据库存放，财务会计软件则固定在应用服务器上的使用效果。

### 5.1.2.2　应用模式

如果采用用友软件，则集团总部没有分支机构的账套数据，分支机构在本地有单独账套，定期将分支机构账套数据复制到总部。其特点是各组织的数据分开存储，组织间以业务协同的方式实现数据的协同，其系统配置的结构形式是：集中式应用 1 + 企业应用集成／数据导入导出 + … + 集中式应用 N。分支机构和各子公司通过广域网使用 U8，可以有本地账套（数据存在各子公司本地），也可以只通过使用 Web 门户或终端服务和 Citrix 远程使用集团的账套数据而没有本地数据。

（1）利用 Web 客户端使用 U8，利用 B/S 门户调用 Web 产品。

①Web 财务：总部可以设置 WEB 操作人员的权限，总部与分支机构可以进行权限分配，如分支人员录入凭证、总部人员审核凭证。

②Web 业务：支持远程采购、远程销售和远程仓库业务。

③WEB 数据监控：总部登录分支机构，进行查询监控，包括 WEB 业务、WEB 财务的数据查询。WEB 数据监控可用于总部的查询，也可用于业务协同中，上下游关联企业之间的查询。

（2）利用 VPN 和微软的终端服务方式使用 U8。分支机构通过微软的 VPN 和总部互联；移动用户通过 Internet 或公司的拨号服务器使用软件。

在 VPN 下，同样可以用 Web 客户端使用 U8。

（3）利用 Citrix 使用 U8。CitrixMetaFrame XP Presentation Serve 允许应用程序在中央服务器上集中安装、部署和管理，并安全地部署到包括 Internet 在内的任何网络，发布到使用任何客户端设备的用户。Citrix 确保为用友 U8 的企业用户提供一个一致的、个性化的体验，企业用户对 IT 的投资回报也将通过 Citrix 接入架构快速从用友 U8 产品获得。

Citrix 解决方案通过设置应用服务器（组），将关键性的业务软件集中安装并进行发布，客户端可完全在服务器上执行所需的应用，即 Application Serving（简称 A/S 结构），从而使得用户无论在何地，无论使用何设备，都能通过各种网络连接方式（WAN、LAN、Internet等），高效访问总部的 Windows、UNIX 或 Internet 的程序和数据。利用用户现有的基础设施和资源，仅通过改变应用程序的发布、管理和访问的模式，A/S 结构实现了高成本、高复杂性的计算环境向"企业级信息接入架构"的目标转变。

总的来看，用户应根据企业的地理分布和业务应用模式等情况综合考虑到底应该采用集中式还是分布式应用模式，下面给出一般的建议：

①如果用户都是位于同一个局域网内的，那么可以选择 GUI 模式的集中式应用，将用户和账套统一管理，既保证了网络的高带宽环境，又实现了方便可靠的集中式管理。

②如果用户中包括远程用户，需要通过 Internet 连接，此时可以结合应用 WEB 和 GUI 两种模式，尽量使用集中式管理。当 WEB 应用可以满足功能要求时，使用 WEB 方式可以节省网络带宽。当使用 GUI 模式时，可考虑使用 Citrix 终端模式，以获得更佳的应用效果。同时可使用防火墙、VPN 等设备获取更高安全性。

③各机构之间业务相对独立，需要采用分布式管理。在应用模式上，也可以结合使用 WEB 和 GUI 模式。当 WEB 应用可以满足功能要求时，使用 WEB 方式可以节省网络带宽。

当使用 GUI 模式时，可考虑使用 Citrix 终端模式，以获得更佳的应用效果。同时可使用防火墙、VPN 等设备获取更高安全性。

### 5.1.3  SaaS 服务模式

#### 5.1.3.1  SaaS 的含义

SaaS 是 Software‐as‐a‐Service（软件即服务）的简称，是随着互联网技术的发展和应用软件的成熟，而在 21 世纪开始兴起的一种完全创新的软件应用模式。它与按需软件（on‐demand software），应用服务提供商（the application service provider，ASP），托管软件（hosted software）所具有相似的含义。它是一种通过 Internet 提供软件的模式，厂商将应用软件统一部署在自己的服务器上，客户可以根据自己实际需求，通过互联网向厂商订购所需的应用软件服务，按订购的服务多少和时间长短向厂商支付费用，并通过互联网获得厂商提供的服务。用户不用再购买软件，而改用向提供商租用基于 Web 的软件，来管理企业经营活动，且无需对软件进行维护，服务提供商会全权管理和维护软件，软件厂商在向客户提供互联网应用的同时，也提供软件的离线操作和本地数据存储，让用户随时随地都可以使用其订购的软件和服务。对于许多小型企业来说，SaaS 是采用先进技术的最好途径，它消除了企业购买、构建和维护基础设施和应用程序的需要。

在这种模式下，客户不再象传统模式那样花费大量投资用于硬件、软件、人员，而只需要支出一定的租赁服务费用，通过互联网便可以享受到相应的硬件、软件和维护服务，享有软件使用权和不断升级，这是网络应用最具效益的营运模式。

#### 5.1.3.2  SaaS 的特性

与传统软件相比，SaaS 服务依托于软件和互联网，不论从技术角度还是商务角度都拥有与传统软件不同的特性，具体表现在以下几个方面：

（1）互联网特性。一方面，SaaS 服务通过互联网浏览器或 Web Services/Web 2.0 程序连接的形式为用户提供服务，使得 SaaS 应用具备了典型互联网技术特点；另一方面，由于 SaaS 极大地缩短了用户与 SaaS 提供商之间的时空距离，从而使得 SaaS 服务的营销、交付与传统软件相比有着很大的不同。但 SaaS 对网络的传输质量有更高的要求，用户联网操作数据，很多业务对实时性有一定的要求，所以 SaaS 对网络的传输能力比普通 ISP 更高。

（2）多重租赁（Multi‐tenancy）特性。SaaS 服务通常基于一套标准软件系统为成百上千的不同客户（又称租户）提供服务。这要求 SaaS 服务要能够支持不同租户之间数据和配置的隔离，从而保证每个租户数据的安全与隐私，以及用户对诸如界面、业务逻辑、数据结构等的个性化需求。由于 SaaS 同时支持多个租户，每个租户又有很多用户，这对支撑软件的基础设施平台的性能、稳定性、扩展性提出很大挑战。

SaaS 作为一种基于互联网的软件交付模式，软件大规模应用后的性能和运营成本是架构师的核心任务。现今，成熟的 SaaS 软件开发商多采用一对多的软件交付模式，也就是一套软件多个客户使用。此种方式也称为单软件多重租赁（Single Instance Multi‐tenancy）。

在数据库的设计上，多重租赁的软件会有三种设计：每个客户公司独享一个数据库实例，或独享一个数据库实例中的一个表，或多客户公司共享一个数据库实例的一个表。几乎所有 SaaS 软件开发商选择后两种方案，也就是说，所有公司共享一个数据库实例，从而降低了成本。

有些 SaaS 软件公司专门为单一企业提供软件服务，也就是一对一的软件交付模式，客户可以要求将软件安装到自己公司内部，也可托管到服务商那里。定制能力是衡量企业管理软件好坏的最重要指标之一，这也是为什么有些软件开发商在 SaaS 早期坚持采用单重租赁的软件设计方案。

相比之下，多重租赁大大增强了软件的可靠性和可扩展性（Scalability）、降低了维护和升级成本。

（3）服务（Service）特性。SaaS 使得软件以互联网为载体的服务形式被客户使用，所以服务合约的签定、服务使用的计量、在线服务质量的保证、服务费用的收取等等问题都必须考虑。而这些问题通常是传统软件没有考虑到的。

①面向企业的服务（Line-of-business service）。向各种规模的企业和组织提供的服务。面向企业的服务通常是可定制的大型商务解决方案，旨在协助开展财务、供应链管理以及客户关系等商务工作。这种服务通常采用用户预订的销售方式。

②面向个人消费者的服务（Consumer-oriented service）。向公众提供的一类服务。面向个人消费者的服务有时以用户购买的方式销售，不过通常免费提供给用户，从广告中赚取收入。

（4）可扩展（Scalable）特性。可扩展性意味着最大程度的提高系统并发性，更有效的使用系统资源。比如说应用，优化资源锁的持久性，使用无状态的进程，使用资源池来共享线和数据库连接等关键资源，缓存参考数据，为大型数据库分区。

（5）高效的多用户支持（Multi-Tenant-Efficient）特性。高效的多客户支持则是设计基于 SaaS 模式的系统中最为重要的一环。比如说当一个用户试图通过某个基于 SaaS 模式的 CRM 来访问本公司的客户数据时，它所连接的这一基于 SaaS 模式的 CRM 应用可能正同时被来自不同企业的成百上千个终端用户所使用，此时所有用户完全不知道其他并发用户访问的存在。这种在 SaaS 应用中极为常见的场景就要求基于 SaaS 模式的系统可以支持在多用户间最大程度共享资源的同时严格区分和隔离属于不同客户的数据。

（6）可配置（Configurable）特性。当在传统的本地安装软件的使用环境中谈论可配置性时，直接修改部分代码进行二次开发来适应当前用户的需求是比较常见的解决方案。但在基于 SaaS 模式的使用环境中，如果业务应用的任何部分被修改了，则这一修改将可能同时影响所有当前客户的使用环境。因此，一般而言在 SaaS 模式的使用环境中，客户使用元数据（Metadata）来为其终端用户配置系统的界面以及相关的交互行为。由此可见，设计 SaaS 系统的一大挑战就是要确保配置软件应用的过程本身是简单且易于为客户所直接理解并使用的，而且应该无需考虑付出任何额外的开发和维护成本。

这种按需配置的特性，给用户的选择更加自由，用户可以灵活选择所需要的功能模块。而备份、维护、安全、升级等服务都留给 SaaS 供应商完成。

（7）随需应变特性。在未来的几年内，SaaS 模式的应用将是随需应变的。满足随需应变的应用系统的市场机会将飞速超过过去传统的应用系统。

传统应用程序被封装起来或在外部被主程序控制，无法灵活地满足新的需求。而 SaaS 模式的应用程序则是随需应变的，应用程序的使用将是动态的，提供了集成的、可视化的或自动化的特性。随需应变应用程序帮助客户面对新时代不断的需求变化，残酷的市场竞争，金融压力以及不可预测的威胁及风险等带来更大的挑战。

SaaS 模式的软件开发商可以利用这一市场的成长机会来提供软件应用和解决方案为帮

助他们的客户完成到随需应变商业模型的过渡。通过注册并租赁 SaaS 模式的服务系统，可以访问为帮助用户建立随需应变应用程序和加速用户的销售而设计的资源和支持材料。

行业网络站点提供了关于它希望为随需应变业务开发的和变成随需应变业务的更多深入的信息。特别地，独立软件开发商的随需应变发展路标描述了用户如何可以为自己的企业和市场客户建立随需应变的解决方案。

（8）在线工作和生活特性。SaaS 通过互联网提供软件托管服务，简单易用。在线软件一般容易操作，在服务器端自动升级，无须安装任何插件或软件；不需专职人员维护，随时随地可以操作，从而为用户带来了极大的便利。

在线服务的付费方式更灵活，一般按照服务模式进行付费，用多少付多少，也可按使用时间支付。

### 5.1.3.3　SaaS 的分类

SaaS 是将计算机软件转变为服务的历史进程，是一种模式。在这个进程中，SaaS 在不同的阶段产生了不同的表现形态，这些表现形态在目前的发展水平也各不相同。在近年来的软件向服务转化的过程中，SaaS 可分为三类，即桌面工具类、企业管理类和应用开发类的 SaaS。

#### 5.1.3.3.1　桌面工具类 SaaS

以电子邮件等为典型代表，特点是以桌面工具软件为蓝本，通过互联网提供以面向个人为主的 SaaS。电子邮件是软件市场上出现最早的 SaaS。早在互联网开始兴起的 20 世纪 90 年代中期，当时一批互联网内容提供商为吸引用户、增加网站的流量，推出了针对个人的电子邮件服务。电子邮件的诞生为延伸人类通信的范围增加了一种方便快捷的手段，给人们的生活带来了巨大的影响。从 SaaS 的角度来看，电子邮件把传统的软件作为服务提供给大众享用，为人们的跨地域通信带来了极大方便，体现出服务的特征。在后来的发展过程中，类似的 SaaS 不断涌现，如在线杀毒、在线办公、网络游戏等等。

#### 5.1.3.3.2　企业管理类 SaaS

以在线客户关系管理软件等为典型代表，特点是以企业管理软件为蓝本，通过互联网提供以面向企业管理为主的 SaaS。自从 2005 年开始，人们开始对一种新型的企业管理软件发布模式产生关注，即软件即服务（SaaS）模式：SaaS 运营商通过互联网发布和运营应用软件，用户通过互联网访问 SaaS。由于其安装使用的简便快捷的特点，SaaS 在近年来发展迅速，在市场上培育了大量的用户，也培养了一批目前看起来成功的公司，市场呈快速增长之势。典型的 SaaS 还有在线销售、在线会计等。

#### 5.1.3.3.3　应用开发类 SaaS

以 Web 服务等为典型代表，特点是以应用系统开发工具为蓝本，通过互联网提供以面向软件开发人员为主的 SaaS。Web 服务将软件程序的功能封装成接口，放在网络上供软件开发人员使用。Web 服务提出的时间较早，在 2000 年左右即被提出，其主要思想在于将已有的程序作为服务提供给调用者，以提高程序的跨平台性和可重用性。Web 服务自诞生之日起就其概念就受到软件从业者的追捧，并成立了专门的国际组织，制定了一系列的标准以规范其在工业上的应用。近年来讨论较多的面向服务架构 SOA（Service - Oriented Architecture）的主要应用之一就是面向 Web 服务的程序架构。与企业管理类 SaaS 代表应用级的 SaaS 相对应，Web 服务代表的是一种功能级的服务。

5.1.3.4　SaaS 系统的模型

SaaS 提供了一整套的产业链，这条产业链是通过运营模式下的客户群、SaaS 的运营、用于服务的软件和产品这三个要素来提供组合。这三者之间的关系是互动的，各有分工又相互合作，SaaS 向客户提供服务，客户向 SaaS 支付租金，这就是 SaaS 基本的运营模型。它主要涉及以下实体：咨询顾问、客户、代理商、电信运营商、独立软件开发商、服务组件供应商、SaaS 运营商、网络基础设施提供商、SaaS 应用软件提供商和平台供应商等，如图 5.3 所示。对中小制造企业而言，还可能包括专业科技信息单位、政府有关部门、产业单位和教育科研单位等其他相关单位，这些实体可以充分集成官、产、学、研资源，为中小制造企业提供全面、专业的信息化服务。

（1）咨询顾问。SaaS 咨询顾问是具有一定资深阅历的 SaaS 技术专家。他可以为从事 SaaS 服务的公司提供技术上、商业上、管理经营上等全方位的咨询服务。他的服务对象是软件公司。帮助相关从事这行业的软件公司提供决策支持和解决方案。

（2）客户。SaaS 采用租用模式，大大降低了客户的准入门槛。客户不再只是以企业为代表的集体单位也可以是个人。同时，客户可以随时随地购买这种服务，也可以随时随地尝试、暂停或者中止这种服务。这些客户，通常需要与 SaaS 服务商或者代理商签署服务合约，按照一定的服务规则付费。

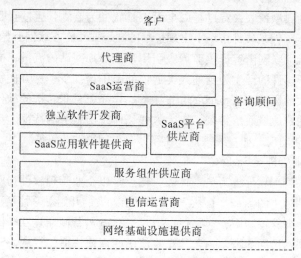

图 5.3　SaaS 系统模型

（3）代理商。SaaS 发展到一定规模，业务范围会迅速覆盖到不同区域和不同领域。像 SAP 已经是全球性不同行业的产品。这种发展要借助当地资源来扩张，最好的方式就是在当地寻找代理商。代理商不从事与具体的技术开发有关的工作，它介于客户与服务供应商之间，代理服务产品和客户销售。

（4）电信运营商。这类厂商提供 SaaS 运营所需要的基础设施及管理服务，比如：网络带宽、24×7 的在线保证、系统灾难备份与恢复、负载均衡与设备集群管理、软件升级更新、客户服务中心（Call Center）等等。大部分 SaaS 应用软件提供商通常不具备这些核心竞争力，他们把应用托管给这类厂商进行运营。扮演这类角色的厂商一般是 ISP、电信运营商等。

（5）独立软件开发商。独立软件开发商向 SaaS 应用软件提供商提供 SaaS 软件开发工具和中间件。有些传统的软件开发工具及中间件厂商开始专门为 SaaS 应用的开发与管理提供支持，比如多租户管理。也有很多的 Web2.0 时代的创业公司在提供互联网上的 SaaS 开发与集成工具。独立软件开发商也向 SaaS 基础设施及运营服务提供商提供管理软件，包括：计量与计费、安全与隐私保护等等。

（6）服务组件供应商。SaaS 服务可以通过 Web Services/Web2.0 的技术被程序调用，所以有越来越多的厂商提供这些程序接口调用能力，使得其他 SaaS 应用软件提供商可以通过对这些服务组件进行组合，构建新的服务。

（7）SaaS 运营商。SaaS 服务虽然可以通过互联网随时被客户发现及使用，但同样需要有较强客户群、客户关系及品牌的零售商帮助进行销售。大部分 SaaS 厂商都积极发展自己的分销渠道，包括传统营销渠道（比如区域代理商），以及新的网络营销渠道。

（8）网络基础设施提供商。网络基础设施提供商向 SaaS 应用软件提供商、基础设施及运营服务提供商，提供支持 SaaS 业务模式的硬件设备、网络设备。比如支持虚拟化技术（Virtualization）的 XML 处理加速器，以及为 SaaS 服务定制的 Appliance（集硬件、软件与服务一体的设备），有备份功能的双机服务器。

（9）SaaS 应用软件提供商。SaaS 应用软件提供商是整个生态系统的关键角色。他们掌握客户细分市场对 SaaS 软件的需求并具有满足需求所必须的知识和技能（比如：CRM 或者行业应用的领域知识和程序开发的技能）。SaaS 应用软件提供商通常分为两类：一类是专门为互联网及 SaaS 而建立的厂商（Net-Native）；另一类是传统软件厂商的互联网业务部门。Net-Native 厂商的软件设计和整个商务运作都是为 SaaS 而设计，必须满足 SaaS 平台标准，通常来讲采用先进的互联网技术，较低的运营成本，符合 SaaS 模式的营销渠道与手段，但他们需要时间建立客户信任的品牌；传统的软件厂商具有雄厚的实力，良好的品牌和巨大的传统软件客户群，但已有的软件应用及商务运作向 SaaS 的转型成为摆在他们面前的巨大挑战。

（10）SaaS 平台供应商。平台是 SaaS 的核心，平台是由平台供应商开发用来提供 SaaS 服务的基础。平台供应商不仅仅开发 SaaS 平台，而且制定满足该平台下各种业务系统及中间组件的开发规范和标准，还包括数据库的定义及要求。

整个对于相对比较复杂的 SaaS 应用或者需求比较复杂的中等规模以上的客户，通常需要 SaaS 平台供应商的帮助，进行项目咨询、培训、软件配置、数据迁移以及与企业内部系统的应用集成。

### 5.1.3.5  SaaS 产品与服务的选择

SaaS 模式最早诞生在美国，现正在全球迅速普及。通过宽带互联网接入，把软件当作一种服务发布在互联网上，用户只需按时间付费。用户能够低成本实现管理信息化，无须购买软件和硬件，无须付出后期维护，这种类似开启水龙头就得到水的随需而用的模式让企业用户欣喜若狂。企业用户如何选择 SaaS 的产品和服务呢？

（1）试用产品。一般 SaaS 服务商都会给出一定时间（一般是一个月）的免费试用，通过试用，企业用户不仅可以了解的 SaaS 服务商产品是否符合自己的实际需求，而且可以考查访问数据的速度、服务的稳定性、服务商是如何对待用户的投诉和建议等。

（2）看 SaaS 服务厂商。目前 SaaS 的服务厂商种类很多，有的是搭建 SaaS 平台的厂商，行业把这种厂商叫做 SaaS 运营商，他们把产品罗列在一起，供客户选择。比如：中国电信的"商务领航"平台、神州数码的 SaaSbb 等；还有一种 SaaS 的服务商，自己开发产品自己也做运营，比如：Salesforce、XToolsCRM 等；还有 SaaS 的实施商（SaaS 的代理商），他们通过介绍产品，提供部分售前服务获取利润。

用户可以根据实际情况来选择 SaaS 服务提供商，但还应考虑服务商历史、主营业务方向、售前售后服务支持。

（3）评估安全性。SaaS 服务的安全性是用户最为看重的，服务商对安全的重视，是责无旁贷的，用户可以通过传输协议加密、服务器安全证书、数据的管理和备份机制以及运营服务系统的安全等方面来了解。

（4）价格确认。相对传统的企业软件，SaaS 服务的价格透明且廉价，企业客户按照时间、按照使用 SaaS 的人数给 SaaS 服务商付费，但是需要清楚的是：续费租用的价格和第一次的租用的价格是否一样，其他的附加费用还有哪些？有些 SaaS 公司也收取咨询服务的费用，咨询服务费和租用费等到底多少呢。

另外，随着企业规模变化，增加人员使用 SaaS 系统应该是经常的事，如何计算增加账号的费用也是需要签约之前搞清楚的。

（5）合同、服务条款、法律条款。SaaS 服务的合同合约是企业管理者必须了解的，服务商和用户之间的权利和义务需要通过合约明确，但是大多服务商的合同条款是比较格式化的条款，用户当然需要对特定的条款提出质疑，毕竟双方是平等的买卖关系。但总的来说，SaaS 服务商的合约应该全面阐述包括对服务持续性、增加账号付费、减少账号等的一些约定和承诺。SaaS 服务商对企业用户数据承担保密责任也必须在合约里面有所体现。

实际上所有的步骤都是为了规避应用 SaaS 的风险，但总的来说，这可能比选择购买一套传统管理软件要简单得多，风险也更小。

### 5.1.3.6 基于 SaaS 模式的网络财务应用

#### 5.1.3.6.1 友商网——创新财务软件及进销存软件

作为 2008 中国管理软件行业年度评选的中国 SaaS 领域十强软件商、在线管理服务首家通过财政部权威评测的金蝶友商网（http：//www.youshang.com）是金蝶国际软件集团旗下网站，于 2007 年 11 月正式上线，其通过网络技术和 SaaS 交付模式，实现企业内部管理及企业间商务流程的有效协同。同时通过开放式平台，广泛联盟政府、银行、中介组织等各类社会公共服务机构，共建企业信用服务体系，形成可信赖的企业电子商务服务社区，为广大中小企业提供全程、全方位、一站式的在线管理电子商务综合服务。友商网提供的基本 SaaS 服务，如图 5.4 所示。

图 5.4　金蝶友商网提供的基本 SaaS 服务

##### 5.1.3.6.2 伟库网——在线营销与管理服务平台

用友伟库网（http：//www.wecoo.net.cn）是亚太地区最大的管理软件厂商用友软件旗下网站，致力于为中小企业提供实用、易用、经济、安全的一站式企业经营与管理在线服务，是最可信赖的在线营销与管理服务平台。

2000 年 4 月 26 日，用友投资 2000 万元的伟库网上线，主要提供当时风行的 ASP 业务，由于 ASP 商业模式在中国并不成熟，伟库网并未获得预期的成功。2007 年年初，伟库网不得不被合并到 CRM 等小型管理软件部门。2008 年 3 月，用友将 SaaS 在线服务作为自己的战略业务，因此，于 2008 年 7 月 8 日重启伟库网。自此伟库网全新上线，已迅速成长为中国管理型 SaaS 代表厂商，并获得"最具潜力 SaaS 厂商"和"互联网行业信用 AAA 级企业"。

伟库网基于 SaaS 模式和理念，以互联网和移动互联网两大网络为载体，将软件、运营与服务整合为一体，为企业提供业务随需索取、服务即开即用、费用以月租赁的高效率、低成本、零风险信息化服务，降低中小企业实施信息化的"门槛"，让中小企业通过"小投入"获得"大应用"，快速提升管理效率与效益，获得利润增长的加速引擎，实现企业高速成长。其中，互联网应用包括网上记账、现金管理、进销存管理、CRM、合同与服务管理、订货平台和代记账平台等 7 个产品，覆盖企业内部管理、外部营销和企业上下游产业链商务协同；手机应用包括基于 ERP 的短信通知、移动查询、移动审批应用和独立于 ERP 的移动 CRM、移动快讯、移动快报等多个服务，提升企业管理效率和透明度，成就实时企业。

# 5.2　网络财务软件的选型与实施

## 5.2.1　网络财务软件的选型策略

我国已经制定了相关的对财务会计工作中使用计算机软件的各项规定，这在一定程度上为实施网络财务，进行网络财务软件的选择提供了一定依据和条件，因此，企业要从多方面进行冷静地思考，综合比较分析纷繁繁杂的网络财务软件产品，选择时既要使网络财务软件功能尽可能满足企业的实际需要，又要考虑企业今后业务的扩展需要。具体可从如下方面考虑：

#### 5.2.1.1　软件的合法性

软件的合法性是指网络财务软件功能要符合会计核算相关的法律、法规的约束。在网络财务软件中，会计科目编码、记账凭证格式等要符合国家相应的会计法、会计准则的规定，允许用户对会计核算方法进行选择，提供记账凭证（包括原始凭证）、会计报表打印输出功能。盗版网络财务软件不具备可靠的技术保证和系统安全保证，数据经常被破坏，对正常会计核算工作可能会带来难以弥补的损失，并且得不到相应财政部门的认可。所以，用户应使用合法的网络财务软件，保证具体单位财务管理工作正常有序地完成。

#### 5.2.1.2　软件的可靠性

软件的可靠性是指网络财务软件防止误操作和作弊行为，从而保证系统安全可靠的能力。具体可从如下方面考虑：

（1）网络财务软件安全可靠性措施的全面性。网络财务软件由若干个功能模块构成，在各功能模块内部都应有相应的安全可靠性措施，以保证会计业务处理的合法性、正确性。因此，可以通过阅读网络财务软件使用手册和实际操作网络财务软件，来仔细考查网络财务软件是否具备各种安全可靠性措施。

（2）网络财务软件安全可靠性措施的可操作性。网络财务软件一般具有相应的安全可靠性措施，从而保证网络财务软件在进行系统初始化、财务数据的输入和输出、财务数据的加工与存储等处理过程的全面安全。一些网络财务软件虽然声称有各种安全可靠性措施，但其实际可操作性较弱，达不到防御效果。所以，必须要对网络财务软件安全可靠性措施的可操作性进行考查。

（3）网络财务软件安全可靠性措施是否合乎情理。不同的网络财务软件，其安全可靠性措施的合理性是不同的。在对网络财务软件安全措施的全面性考查后，还必须对网络财务软件的安全可靠性措施的合理性进行必要的分析，以保证所选择网络财务软件的正确性。

### 5.2.1.3  软件可验性

软件可验性是指非法数据、错误数据进入系统时，系统能予以检验和提示。当输入的数据不符合逻辑要求、记账凭证金额借贷方不相等时，网络财务软件应给出相应提示予以说明，以方便操作人员对错误数据进行相应修改。否则，在系统不具备数据可验性时，输入系统的数据就无法保证其正确与合法性，计算机便快速在错误数据的基础上，经加工处理后，输出许多错误的处理结果，从而导致相应的决策、管理失误。

### 5.2.1.4  软件方便性

网络财务软件结构复杂，模块众多，其软件操作方便性就显得尤为重要。操作过程简单方便、能够为财务人员所习惯，自然会增加财务人员对网络财务软件的兴趣。同时，还要注意该网络财务软件是否易于学习，这对于财务人员来说，也是不容忽视的。

### 5.2.1.5  软件扩展性

软件扩展性是指未来新的需要在该网络财务软件中能否进行系统性能的扩展，因为网络财务软件的运行环境是在不断变化的。网络财务软件的运行，一方面要以计算机技术为基础，而计算机技术（无论是软件，还是硬件）的发展是日新月异的，这样在未来时期，面对这种变化的技术环境，必将产生新的性能需求；另一方面，相关的会计法规等也不可能一成不变，一旦变化，也会产生出新的需求。这些都要求系统要具有良好的性能扩展性，才能适应其环境的不断变化。

### 5.2.1.6  售后服务持续性

售后服务持续性是指网络财务软件供应商应提供持续性的售后服务，如网络财务软件的日常维护、二次开发、用户培训、相关技术支持和软件版本的升级换代等。具体可从如下方面进行考查：

（1）软件公司的技术能力和培训用户情况。网络财务软件公司的技术服务能力直接影响到企事业单位日常的会计工作，必须对其进行认真考查。根据实际条件，可以采用直接方式，也可以采用间接方式来了解网络财务软件公司对用户故障报告的反应速度和维护系统的技术能力。网络财务软件公司应该定期培训其用户，这直接影响到企事业单位网络财务软件运行是否正常、稳定，从而也在一定程度上影响着网络财务软件功能能否在具体单位中得到充分运用。所以，一定要对网络财务软件公司过去用户培训工作进行细致的调查，以掌握其服务质量。

（2）软件更新。网络财务软件不可能是一成不变的，其运行环境在不断变化，业务需求在不断变化，这就要求网络财务软件要不断适应这种变化的环境，这就使得网络财务软件公司要根据市场的需要会不断推出新的、技术性更强的网络财务软件。老客户面对这种不断变化的环境，就要涉及软件版本升级的问题，而网络财务软件公司能否做到继续开发出新的网络财务软件并为用户进行版本升级，以及版本升级的费用，也是具体单位在选择网络财务软件时必须认真分析的方面。

（3）二次开发能力。二次开发能力是指利用网络财务软件提供的功能接口能继续不断完善开发网络财务软件的功能。在选择网络财务软件时，必须具有一定的超前性和前瞻性，一方面，网络财务软件要能促进本单位会计工作效率的提高和深化会计电算化工作的开展；另一方面，要使网络财务软件能适应本单位未来规模扩大而带来业务量增加的变化，这时往往需要对网络财务软件进行二次开发。所以，网络财务软件二次开发能力也是选择网络财务软件要慎重考虑的重要方面。

### 5.2.1.7 价格合理性

价格合理性是指软件选择时主要考虑其相对价格，而不是其绝对价格。在分析网络财务软件的价格时，不能按其表面的绝对价格去比较，而是分析软件的性能价格比，即软件价格与软件的性能量化值之比，得出单位性能的价格，用此数据在不同的网络财务软件间进行比较，这是许多单位都容易忽略的方面。

综上所述，具体单位在选择网络财务软件时，应依据单位的具体情况、重点考虑因素等，权衡利弊、综合分析，不可过分地只强调某一方面，而忽略其他方面。在众多需要考虑的因素中，软件的合法性是分析的基础，而可靠性、可验性、方便性、扩展性、价格合理性等应根据单位的实际情况，进行不同程度的分析。

## 5.2.2 网络财务软件的实施方案

网络财务是一个企业管理系统工程的重要组成部分，在引入网络财务软件的过程中，实施是一个极其关键的环节，决定着网络财务软件效益的充分发挥，通常所说的"三分软件，七分实施"就是强调这个道理。因此，网络财务软件只有在一定科学方法的指导下，并遵循一定的实施步骤，才能够成功实现企业的应用目标。

### 5.2.2.1 实施设计

在具体实施网络财务软件之前，用户应进行合理的规划设计，以便充分利用有限的资源多快好省地建立起适合自身发展的网络财务体系。

（1）确定切合实际的实施方式。一般说来，由于用户的规模、所处行业、具体经营状况等因素的不同，可以采用两种不同的网络财务软件购买、建设方式。

对于实力雄厚的大中型用户，可以建立起自己的内部局域网 Intranet，选择自行安装实施网络财务软件的方式，构建网络财务体系。建立自己的内部局域网，不仅可以直接连接到国际互联网 Internet 上成为其一部分，进行电子商务，参与国际竞争，而且还可以进一步向外延伸，扩大到单位与单位之间，从而使本单位与关联方、供应商和经销商间形成的供应链更为灵活紧密。实践证明，建立内部局域网投资回报率高，风险小，可以提高通信质量，降低营运成本，实现资源共享，提高机构运作效率，尤其适合于规模大、机构多、经营面广的大中型企业用户，对于扩大企业竞争优势大有裨益。

而对于大多数实力单薄的中小型企业用户，一般若没有能力建立自己的内部局域网，如果要使用网络财务软件，以建立网络财务体系，则可以求助于专业的财务软件公司，以获得如下服务：①提供相应的网络财务软件。②提供基于互联网的服务，如提供网络财务软件的在线支持和内容服务等。③提供全套相关服务，如帮助用户设计和构建网络财务体系，提供网络财务软件并帮助安装实施和维护等。总之，在实施网络财务软件的过程中，用户必须首先根据自身的实际，选择适合于自身的具体实施方式。

（2）确定满足需求的实施目标。在确定了网络财务软件的实施方式之后，用户则可根据自身的实际情况、经营状况和管理目标，进行详细的需求分析，以确定本单位安装实施网络财务软件、构建网络财务体系所要达到的目标和要求。例如，某用户根据自身业务种类繁多，经营发展迅速，财务需要集中监控的特点，确定自身应用网络财务软件所要达到的要求：①实行集团集中财务监控。②使财务管理和业务管理紧密配合，全面实现财务业务管理一体化。③支持电子商务，能提供方便的网上应用，并可以同时使用浏览器界面和GUI界面。④具有良好的可扩展性和融合性，以适应迅速发展的业务需要。总之，有必要进行详细的需求分析，以帮助用户进行有效的选择或开发相关的网络财务软件。

（3）确定符合实力的网络技术方案。

①网络方案的技术超前性。做网络方案都要具有一定的超前性，今年设计或建成的网络明年就需要做重大变动，这样的方案是失败的。但是对方案要求过于超前也是不切实际的，因此，为了能够使网络经得起时间考验，应该从以下几个方面考虑：

如果网络方案实施建设需在一两年后开始，则网络方案不应该过细。规划中仅需对协议、软硬件体系等做出规定，而对布线系统则应提出目前所能达到尽可能高的要求。

在具体实施网络方案时，应结合最新的技术和产品发展。企业应用最新发展和最新业务需求，制定相应的步骤，而对远期目标或对分布解决方案中后续阶段的网络方案只需制定出相应的规划。

在每一步的实施过程中，不要追求技术上高、新、难，应避免使用不成熟的产品。建网要面向应用，面向需求，照顾到前后步骤的衔接。既要充分利用现有资源，又要使现在的投入成为明天的有机组成部分。

②网型结构的选择。在当前的技术条件下，常用的高速网络技术包括：快速以太网、FDDI分布式光纤数据接口、ATM异步传输模式、千兆位以太网、宽带ADSL，前两种技术价格较低，性能也不错，适用一般企业；后两种技术性能远远超过前两种，但价格较高，投资大，适用于有实力的大型集团企业，如中国石油天然气集团公司就是应用ATM技术和千兆以太网技术。对于一般企业，就可以采用快速以太网或FDDI技术建立自己的局域网，远程子网可用DDN专线连接，移动用户可以用电话连接；现在发展起来的ADSL可谓是物美价廉，它的组网方式较为简单，而且成本低，是过渡到光纤组网的一种方式，适合很多中小型企业，不过安全性要加强，因ADSL走的是一般的电话线，容易受攻击，企业选择运营商的时候要货比三家，争取服务质量更好。

③选择服务器与工作站操作系统、数据库系统。随着分布式网络计算机技术的发展，计算机网络服务器一般分为数据库服务器、Web服务器、应用服务器、代理服务器等。网络财务一般需求两、三层C/S结构、B/S结构等，所以应根据网络软件体系结构购置网络

服务器和选择网络服务器操作系统。在通常情况下，可以在 Unix、Window 2003 或 Novell Netware 这三种网络操作系统之间作出选择。大型集团企业一般选用 Unix 作为主要的网络操作系统，它非常适合基于 Internet 的开发模型。一般中小型企业可以选择 Window2003 网络操作系统，它里面布置了对多种客户端操作系统的支持和对各种流行网络协议的支持，而且 Window 2003 相对来说较易维护和管理，尤其是在 Intranet 中。

工作站操作系统的选择主要是根据财务软件对运行平台的要求确定。一般来说，当今流行的工作站操作系统应该是 Window 系列的操作系统。

数据库系统分为服务器数据库系统和桌面数据库系统，服务器数据库系统主要有 Oracle、Sybase、Infomix、SQL Server 和 DB2 等。服务器数据库系统处理的数据最大，数据容错性和一致性控制性能较好，主要适合于大型集团企业。桌面数据库如 Access 等，处理的数据量小，安全性和一致性较差，容易操作，所以适合一般中小型企业。

### 5.2.2.2　实施条件

（1）设立机构。网络财务软件的实施可采用项目经理负责制。项目组由项目经理、实施咨询顾问、技术咨询顾问和软件开发工程师组成。用户方应建立相应的组织机构，共同组成项目实施小组。考虑到软件实施的难度以及它需要很多协调沟通以及资源的调配工作，用户方的项目经理要由具有决策权利的高层人员担任。其他的项目组成人员可由相关业务部门的业务骨干构成。根据项目大小、工作的难易程度及人员素质的情况，也可实行一人多岗。

（2）转换观念。在实施网络软件，实现网络财务系统的过程中，最大的阻力是来自领导和员工的固有观念和习惯作法。领导对网络财务系统的重视程度是决定其实施成功与否的重要因素。一方面，对于领导来说，实施网络财务系统将在很大程度上改变领导者多年来形成的固有的管理观念；另一方面，网络财务系统的实施是一项系统工程，不允许在任何一个环节上出现差错，这就要求领导必须给予各方面的充分支持（包括人员和资金等），才能保证网络财务软件的安装实施能顺利进行。

网络财务软件的实施，在使得网络财务系统得以建立的同时，也使应用单位的整个运作过程变得透明，任何一次差错、失误都有据可查，避免了暗箱操作，使每个人的责任更加明确。同时，由于网络财务软件的安装实施及运行质量不但取决于实施人员的专业水平，也取决于各层次员工的通力合作，为此，员工的素质水平必须满足网络财务软件安装实施、操作及维护要求。同时，用户也应培养自己的软件开发和维护力量，使系统更加适合本单位的实际情况，也使本单位网络财务系统的运行更加顺畅。

（3）安全传递。网络财务软件的实施促使原来单一会计电算化系统中封闭的会计信息变得相对开放起来，这就涉及用户的商业秘密问题。若因安装使用网络财务软件而导致商业机密的泄露，那就可谓得不偿失了。因此，软件的安全性成为备受用户关注的问题。在计算机技术日新月异的情况下，仅仅通过文件加密，还不能有效避免信息的泄露，所以，能否做到财务数据在网络上的安全传递，是用户在决定安装实施软件前必须考虑的前提。

（4）标准。计算机（计算机网络）硬件系统是网络财务软件运行的硬件平台。用户在决定安装实施已选定或已开发出的网络财务软件系统前，应考虑现有的硬件平台是否符合软件所要求的硬件环境标准。若不符合要求，则应根据自身实力改造或升级相应的硬件系统以满足软件运行的基本环境需要。近年来，许多国有企业举步维艰，在经营连年亏损、资金极其短缺的情况下，再要投入大量资金购买各种计算机硬件和网络设备进行作业和管理是不现实的。没有充足的资金，即使勉强建立起了网络财务软件系统，也难以应付其使用过程中所需的维护费用、技术费用等必需的开支，使网络财务软件的作用不能正常发挥，白白浪费了投资。

（5）有效的内控。在网络财务软件的安装和使用过程中，都需要有一套完整有效的管理制度来规范和控制各种行为，避免出现不应该出现的差错。因此，用户在安装软件之前，就应事先建立起一套行之有效的内部控制制度，为软件的顺利安装和使用提供制度保证。

网络财务系统的正式建立对用户来说是一项大的系统工程，涉及的面比较广。上述提到的几项条件只是安装实施网络财务软件时应该具备的必要条件。在实际中，用户还应结合自己的具体情况多方进行调研，参考成功者的经验，吸取失败者的教训，让网络财务软件系统的安装实施真正做到有的放矢，运行畅、见效快。

### 5.2.2.3　实施原则

除满足上述基本条件之外，用户在实施网络财务软件的过程中还须遵循以下原则：

（1）系统性原则。网络财务软件由许多子系统（模块）构成，用户在根据自身的需要选择了所需的子系统后，在进行安装实施时就会涉及相应的部门以及各项业务活动。因此，网络财务软件的安装实施是一项十分复杂的系统工程，需要对方方面面的要求运用系统工程的理论和方法进行统筹规划，合理安排有限的人力、财力和物力资源，使软件的实施得以井井有条地进行，避免混乱和差错，减少损失。

（2）可行性原则。网络财务软件的安装实施过程必然要耗费一定的人力、财力和物力等资源。用户在安装实施时应该考虑到现有的财力资源能否满足要求，经济上是否可行。此外还应充分考虑到所拥有的人力和物力是否符合安装实施所需的技术要求和管理要求，技术上是否可行。只有经济和技术两方面都可行后，才能保证软件的安装实施能够顺利实施。

（3）本质性原则。网络财务软件的实施是一项复杂的工作，在这个过程中难免会出现这样那样的问题。在解决和处理这些问题时，应避免急功近利、就事论事，而应该对问题的本质进行研究，以求从根源上杜绝此类情况的再次产生。否则，问题的本质尚未摸清就急于进行解决，类似的问题必然会越来越多，不但影响软件实施的进程，严重的还会导致整个系统的崩溃。此外，还必须注意网络财务软件实施的各步骤是紧密相关的，一个步骤没有做好，决不可操之过急进入下一个步骤，否则，只能是事倍功半。

（4）经济性原则。用户使用网络财务软件的目的是为了提高效率，获得更高的效益，在网络财务软件安装实施之前，应将实施软件所能带来的经济效益和必须付出的代价进行比较，作出是否安装实施软件的决策；其次，在网络财务软件的实施过程中，应坚持以自身的实际和实力为依据，尽力采用性价比高的方案，不搞形式主义。

### 5.2.2.4　实施步骤

一个典型的网络财务软件实施进程主要包括以下几个阶段，如图5.5所示。

#### 5.2.2.4.1　前期准备

前期准备是软件实施之前的阶段。这个阶段非常重要，关系到实施的成败，但又往往会在实际操作中被忽视。这个阶段的工作主要包括：咨询、领导层培训及网络财务软件培训、用户诊断、需求及软件选择等。

| 领导层培训 | 网络财务原理培训 | | 软件产品培训硬件及系统员培训 | 程序员培训 | | | | 持续扩大培训 |
|---|---|---|---|---|---|---|---|---|
| | 企业诊断 | 需求分析 | 选择软件 | 项目组织 | | | | |
| | | | | 数据准备 | | | | |
| | | | 系统安装测试 | 软件原型测试 | | | | |
| | | | | 模拟运行及用户化 | | | | |
| | | | | 工作准则与工作规程 | | 验收 | 分步切换运行 | |
| | | | | | | | | 业绩评价改进方案 |
| 前期工作 | | | 实施准备 | 模拟运行及用户化 | | | 切换运行 | 新系统运行 |

图 5.5　网络财务软件实施进程

（1）咨询。咨询的对象包括网络财务的管理部门和从事咨询业的单位。到财政部门的专业管理机构（会计电算化管理机构）进行咨询，主要了解有关的政策法规，以避免或减少人力、物力、财力的浪费；向具有咨询服务资格的中介机构咨询，以获得有关计算机硬件、网络、软件系统和商业软件的相关知识和安装实施的相关帮助。

咨询的对象还可以是网络财务软件实施搞得较早、较先进的单位，以吸取他人的经验，避免走弯路。

（2）领导层培训及网络财务软件原理的培训。培训的主要对象是用户高层领导及今后网络财务软件项目组人员，使他们掌握网络财务软件的基本原理和管理思想。这是网络财务软件系统应用成功的前提条件。

（3）用户诊断。由用户的高层领导和未来各项目组人员用网络财务软件的思想对用户现行的业务流程和存在的问题进行评议和诊断，找出问题，寻求解决方案，并用书面形式明确预期目标，规定评价实现目标的标准。

（4）需求分析。企业应根据自己的需求确定自己到底需要网络财务系统完成什么工作、要达到什么目标和要求。

①不同的企业有不同的需求，有些企业自己已经有了比较旧的财务信息系统，拥有了一些设备和技术，那么这类企业是否应该在原有的财务系统上加以改建、扩建，新系统的建设需要添加哪些设备，扩建的规模应该有多大，资金投入应该重点投入到软件方面还是硬件方面，人员的安排与培训。另外一种是，企业自己以前从未有过信息系统，没有实现会计电算化，没有这方面的经验，企业的网络财务系统建设完全是一个新的开始，则企业应该从经济可行性、技术可行性和环境可行性三方面着手。

②不同规模的企业对网络财务系统的要求是不一样，实现的目的也不一样。

一般中小型企业应用网络财务系统主要是为了使财务管理与业务工作一体化、支持电子商务、财务工作无纸化和财务人员移动办公等。而大型企业尤其是集团企业，网络财务才能真正把它的特点和优点发挥出来，所以集团公司要实现的主要功能包括：公司集中记账，资金集中调配；帮助集团总部对各分公司进行监管；良好的扩展性与业务关联；减少人工费用，降低成本。

系统分析员与会计工作人员共同协作，根据调查分析和结果出具一份需求报告书，并经领导审阅和修改。一份完整的报告书需要调查人员和分析人员不断的细化和重复，力求达到报告书和开发模型相一致。

（5）网络财务软件选择。

对于自行组织开发的：多方组成的软件人员参与业务需求调研、业务流程优化与重组，有利于业务流程优化与重组在具体软件中实现；从企业最需要信息化的环节出发，可以只进行必要功能模块的开发，使新系统更具针对性；充分考虑自身业务要求，而不必考虑作为通用软件而增加很复杂的设置与配置功能，从而软件更加切合企业发展需要，简单易操作；企业内部 IT 人员参与了会计信息系统开发的全过程，所以今后对软件维护起来就比较容易。不过这比较适合于集团公司自行开发，这种成本较高，针对性强，不适合一般中小型企业。

对于外购网络财务软件的：当前国内外网络财务软件提供厂商，国外的有 SAP、Oracle 等，其功能强大、应用复杂、实施周期长、价格高，能够提供跨地域、多法人、多业务部门的精细核算与管理；而国内比较成熟的有用友、金蝶，这几家厂商的软件功能大致相同，市场占有率高、技术支持网点多。企业选择哪一家厂商应该是更看重其提供的服务，比如对企业人员无偿培训，软件运行期间的维护，软件的二次开发等服务。总之，不管是自行开发还是外购，不但要考虑成本，还要适合本企业。

5.2.2.4.2　实施准备阶段（包括数据和各种参数的准备和设置）

（1）项目组织。网络财务软件的实施是一个大型的系统工程，需要组织上的保证，如果项目组织的组成人选不当、协调配合不好，将会直接影响项目的实施周期和成败。项目组一般由以下三个层次组成：

①领导小组。由用户的高层领导者组成。这里要注意的是人力资源的合理调配，像项目经理的任命、优秀人才的发现和启用等。

②项目实施小组。由项目经理和用户的主要业务部门的领导或业务骨干组成。

③业务组。这部分工作的好坏是网络财务软件实施能不能成功的关键所在。每个业务组必须有固定的人员，将平时业务处理中的所遇到的问题放入网络财务软件的应用中，寻求一种新的解决方案和运作方法，并用新的业务流程来验证，最后协同实施小组一起制定新的工作规程和准则。业务组还承担基层单位的培训工作。

（2）数据准备。在运行网络财务软件之前，要准备和录入一系列基础数据，即系统的初始化。这些数据是在运行软件系统之前没有或未明确规定的，故需要做大量的分析研究工作。包括一些产品、工艺、库存等信息，还包括了一些参数的设置，如系统安装调试所需信息、财务信息、需求信息等等。

（3）软件安装调试。在人员、基础数据已经准备好的基础上，就可以进行软件的安装和调试。

（4）网络财务软件原型测试。是对软件功能的原型测试，也称计算机模拟。由于网络财务软件系统是信息集成系统，所以在测试时，应当是全系统的测试，各个部门的人员都应该同时参与，这样才能理解各个数据、功能和流程之间相互的集成关系，找出不足的方面，提出解决用户管理问题的方案，以便接下来进行用户化或二次开发。

5.2.2.4.3　模拟运行及用户化阶段

（1）模拟运行及用户化。在基本掌握软件功能的基础上，选择代表产品，将各种必要的数据录入系统，带着用户日常工作中经常遇到的问题，组织项目小组在机房进行实战性模拟，提出解决方案。

（2）制定工作准则与工作规程。在进行了一段时间的测试和模拟运行之后，针对实施中出现的问题，项目小组会提出一些相应的解决方案，用户要将与之对应的工作准则与工作规程初步制定出来，并在以后的实践中不断完善。

（3）验收。在完成必要的用户化工作、进入现场运行之前还要经过用户最高领导的审批和验收通过，以确保网络财务软件的实施质量。

#### 5.2.2.4.4　切换运行

这要根据用户的条件来决定应采取的步骤，可以各模块平行一次性实施，也可以先实施一两个模块。在这个阶段，所有最终用户必须在自己的工作岗位上使用终端或客户机操作，处于真正应用状态，而不是集中于机房。

#### 5.2.2.4.5　正式投入运行和维护

网络财务软件被安装后，实施的工作其实并没有完全结束，而是将转入业绩评价和下一步的继续支持阶段。这是因为有必要对软件实施的结果做出总结和自我评价，以判断是否达到了最初的目标，从而在此基础上制定下一步的工作方向。由于市场竞争形势的发展，将会不断有新的需求提出，再加之软件的更新换代，主机技术的进步都会对原有软件系统构成新的挑战，因此，必须在巩固的基础上，通过自我业绩评价，制定下一目标，再进行改进，不断地巩固和提高。

需要要指出的是网络财务软件实施过程中，必须遵循稳健原则，一个阶段没有完成，就不能进行下一个阶段的工作。而且，在整个实施进程中，培训工作是贯彻始终的。除了第一个阶段的领导层培训和网络财务软件原理培训外，贯穿于实施准备、模拟运行及用户化、切换运行、新系统运行过程中的有关培训，如软件产品培训、硬件及系统员培训、程序员培训和持续扩大培训也都是至关重要的。

## 5.3　金蝶 K/3 系统的应用实施

### 5.3.1　金蝶 K/3 系统概述

#### 5.3.1.1　K/3 系统的产生

金蝶国际软件集团有限公司目前有三种 ERP 产品，分别为面向中小型企业的 K/3 和 KIS，以及面向中大型企业的 EAS，涵盖企业财务管理、供应链管理、客户关系管理、人力资源管理、知识管理、商业智能等，并能实现企业间的商务协作和电子商务的应用集成。

1999 年 5 月金蝶公司发布 K/3ERP 企业管理软件。K/3 系统是基于局域网、广域网范围的企业管理解决方案，它严格遵循微软 Windows DNA 框架结构，以三层结构技术为基石，结合先进的 Citrix 终端技术实现真正的分布式网络计算架构，从应用上将单一主体的会计核算转变成群体的财务管理，从分散的部门管理变为一体化的企业管理解决方案。

2010 年 3 月 2 日，金蝶国际软件集团隆重发布了以"中国智造 K/3 创造"为全新理念的金蝶 K/3 WISE 创新管理平台—面向制造业的一体化软件产品。该产品拥有紧密集成的 ERP、CRM、SCM、PLM 四大支柱信息管理系统，具有全面应用（Wide application）、完整协同（Integrated Collaboration）、敏捷制造（Smart manufacturing）、卓越模式（Excellent model）四大显著领先优势，为帮助中国制造型企业从价值链下游走向价值链上游，推动"中国制造"向"中国智造"转型，提供了一套完整的信息化工具和实践方法论。

### 5.3.1.2 K/3 的应用框架

金蝶 K/3 系统遵循微软 Windows DNA 框架结构，基于三层结构技术，支持网络数据库，支持 Microsoft/Citrix 终端应用，是真正面向网络的企业管理软件。

#### 5.3.1.2.1 数据库技术

企业管理软件应关注的是数据存放系统，即用来存储和管理企业数据工具。解决如何存储数据才不会丢失；如何存储才是最高效，处理最快及意外事件的数据自动恢复等问题。金蝶 K/3 系统采用大型网络数据库管理系统，支持大用户量的访问和海量的数据存储，支持主流大型数据库 MS SQL SERVER 2000/2005。

#### 5.3.1.2.2 三层结构技术

企业管理软件是典型的数据库应用，三层结构是一项先进且成熟的数据库应用结构。根据分布式计算原理，它将应用分为数据库端、中间层、客户端三个层次。

（1）数据库端即数据库服务器。采用市场流行的大型数据库管理系统，实现海量存储，支持 MS SQLSERVER 2000/2005，为企业数据提供有力的安全保障。

（2）中间层。包含了封装了系统业务逻辑的组件，应用系统的大部分的计算工作在此完成。首先，中间层同数据库打交道，维护同数据库的连接，采用"数据缓冲"和"代理连接"，保证只有较少数量的用户数据连接；接着，将数据按照一定的财务规则打包成业务对象数据，最后将其传向客户端。中间层拥有自己的内存和中央处理器，并且可根据不同应用需要进行分布式计算。所以能够提供较高性能的数据库应用。

（3）客户端。在三层结构中的客户端只是用户的界面外壳，不具有任何的复杂计算，它需要做的工作就是将中间层传入的业务对象数据放置在界面和控制用户的键盘鼠标操作。可以是本地客户端 GUI、也可以是远程的 Citrix 客户端。

#### 5.3.1.2.3 Citrix 终端技术

金蝶软件（中国）有限公司是思杰系统亚太有限公司正式授权的 Citrix 独立软件开发商，被授权可在中国内地，香港和台湾地区与金蝶应用软件系统一起捆绑销售 Citrix Metaframe Presentation Server。K/3 与 Citrix MPS 结合部署可以大大减少远程客户端的网络带宽占用、提高传输安全性，并且 K/3 在 MPS 上部署的客户端还具有免维护、集中管理、易于扩充等特性，能有效降低企业的系统管理成本。

#### 5.3.1.2.4 企业管理技术

包括战略管理、运营管理、财务管理、生产管理、质量管理等管理思想的融合，企业管理软件的业务规则以及数据处理的手段。金蝶 K/3 系统通过对企业物流、资金流、信息流的业务和财务管理，实现企业完善的"数据—信息—决策—控制"的企业管理解决方案。

金蝶 K/3 系统全面采用了组件技术，应用如"积木"般地搭建起来，这为用户和二次开发商提供了一个很好的开发平台，通过标准的接口，可以直接调用中间层组件进行数据操作，这样，用户能将金蝶 K/3 系统同其他应用系统有机地结合起来，将企业各个系统全面整合为一个完整的企业管理信息系统。

### 5.3.1.3 K/3 系统的安全性

企业通过 Internet，不仅要从异地取回重要数据，同时又要面临由于 Internet 的开放所带来的数据安全的新挑战，任何一家企业都不希望自己的技术和商业机密被他人获得，特别是财务数据，所以对于企业管理软件来说，安全性是一个十分重要的问题。

安全性问题包括恶意攻击和窃取、泄漏信息两种类型。为防止非法侵入，需要采用防火墙（Firewall）技术，它可以很好地把企业的内部网与 Internet 隔离开来，作为企业网的第一道安全防线。防火墙技术是用来保证对主机和应用安全访问及多种客户机和服务器的安全性，保护关键部门不受到来自内部和外部的攻击，为通过 Internet 进行远程通信的客户提供安全通道，用户可以根据自己的实际情况选择合适的防火墙产品，来保证企业站点的安全性。

金蝶 K/3 系统是运行在 Windows 2000/2003 网络上的应用系统，采用微软活动目录/域用户权限机制，是操作系统级别的用户识别，较之传统的企业管理软件输入用户名和口令的身份识别更加安全。Windows 2000/2003 具有极高的安全性，为账号管理和企业范围的网络认证提供了很好的安全服务，在 TCSEC（Trusted Computer System Evaluation Criteria 受信任电脑系统评价标准）标准下，Windows 2000/2003 获得了 E3/F－C2 级的安全认证，这是 NT 继从 C2 级安全认证后又一次安全级别的提升。TCSEC 标准是颇具权威的电脑系统安全标准之一。

金蝶 K/3 系统的数据传递由底层协议加密（SSL），此种方式不必改变应用层协议，也不必改变传输层协议，它是在应用层与传输层之间加一层安全加密协议，达到安全传输的目的。Secure Socket Layer（SSL）是由 Secure Channel（Schannel）安全提供程序实现的基于公众密钥加密的安全协议。如今，Internet 浏览器和服务器使用这些安全协议来做互认证，信息完整性以及保密性高。当提交服务器的证书作为 SSL 安全通道建立的一部分后，就由 Internet Explorer（客户机）来做 Internet 服务器的认证。客户机程序核实了服务器证书上加了密的签名，就接受这个证书和到几个已知的或设置 CA 的任何中间的 CA 证书。采用 SSL 协议能为传输数据提供较高的安全性。

金蝶 K/3 系统采用大型数据库管理系统作为数据存储方案，大型数据库对用户有一套严格的权限管理机制，这为企业数据又加了一道安全屏障。对大型数据库的用户、密码进行严格管理，定义用户的数据库角色，并且提供审计线索，能够保证数据的安全性。

有了上述四级安全防护的保证，金蝶 K/3 系统有条件在互联网上安全运行。

## 5.3.2 金蝶 K/3 系统配置策略

系统配置策略用以指导用户依据自身的业务规模，以及对性能、可靠性等方面的具体要求，来确定合适的系统配置和相应的安全策略。

### 5.3.2.1 基本系统配置

K/3 系统四个安装部分中，中间层和数据库对于任何应用模式都必须安装，客户端和 Web 系统则可以根据需要选择安装。K/3 系统的多层结构可以装在同一台机器上，但如果条件允许，应尽可能将各部分分别部署，以提升整个系统的性能。

下面关于 K/3WISE V12.3 系统各层次的配置均指安装单一部分时的常规配置，如果一台机器上安装了多个部分的程序，对配置将有更高的要求。

#### 5.3.2.1.1 中间层服务器

中间层的任务是运行 K/3 系统的业务组件，客户端通过访问中间层向数据库读写数据，从而完成各种复杂的业务操作。一个中间层服务器往往要为多个客户端（包括 Web）提供服务，因此对中间层机器的配置要求一般较高。安装需求如表5.1所示。

表5.1 中间层配置

| 组件 | | 基本配置 | 推荐配置 |
|---|---|---|---|
| 处理器 | 类型 | Intel Xeon 或 AMD Opteron | |
| | 速度 | 1.6GHz | 2.4GHz 及以上 |
| | 内核 | 2 | 4（200 并发以内）、8（200～400 并发） |
| 内存 | | 1GB | 2GB（200 并发以内）、4GB（200～400 并发） |
| 存储 | 类型 | SCSI | RAID1 或 RAID5 |
| | 空闲空间 | 10GB | 20GB |
| 网络 | 速率 | 100Mbps | 1000Mbps |
| | 延时 | < 20ms（以大小 1024 字节的测试数据包返回结果为准） | |
| | 丢包 | < 0.1%（以大小 1024 字节的测试数据包返回结果为准） | |
| 操作系统 | | Windows Server 2003 企业版/标准版 SP2<br>Windows Server 2008 企业版/标准版<br>Windows 2000 服务器/高级服务器 SP4 | |

### 5.3.2.1.2 数据库服务器

数据库服务器作为账套数据的存储平台，无论从性能还是可靠性方面都提出了很高的要求。可以通过增加内存和 CPU 来提升数据库服务器的性能，利用 RAID（独立冗余磁盘陈列）来存储数据可以提高数据的安全和可靠性，同时也会带来一定的 I/O 性能提升。安装需求如表5.2所示。

表5.2 数据库服务器配置

| 组件 | | 基本配置 | 推荐配置 |
|---|---|---|---|
| 处理器 | 类型 | Intel Xeon 或 AMD Opteron 或 Intel Itanium 2 | |
| | 速度 | 1.6GHz（Itanium 1.4GHz） | 2.4GHz（Itanium 1.6GHz）及以上 |
| | 内核 | 2 | 4（100 并发以内 或 数据库实体 10GB 以内）<br>8（100～200 并发 或 数据库实体 10～20GB）<br>16（200～400 并发 或 数据库实体 20～40GB） |
| 内存 | | 2GB | 4GB（100 并发以内 或 数据库实体 10GB 以内）、8GB（100～200 并发 或 数据库实体 10～20GB）、16GB（200～400 并发 或 数据库实体 20～40GB） |
| 存储 | 类型 | SCSI<br>并至少建立两个逻辑单元号（LUN）分别放置生产数据库与临时数据库（TempDB） | RAID10 |
| | 空闲空间 | 10GB | 50GB |

表5.2(续)

| 组件 | | 基本配置 | 推荐配置 |
|---|---|---|---|
| 网络 | 速率 | 100Mbps | 1000Mbps |
| | 延时 | < 20ms（以大小 1024 字节的测试数据包返回结果为准） | |
| | 丢包 | < 0.1%（以大小 1024 字节的测试数据包返回结果为准） | |
| 操作系统 | | Windows Server 2003 企业版/标准版 SP2<br>Windows Server 2008 企业版/标准版<br>Windows 2000 服务器/高级服务器 SP4 | |
| 数据库管理系统 | | SQL Server 2005 企业版/标准版 SP3<br>SQL Server 2008 企业版/标准版<br>SQL Server 2000 企业版 SP4 | |

### 5.3.2.1.3  Web 服务器

K/3 Web 系统需要安装在具有 IIS 5.0 及以上版本的机器上，客户端通过 IE 浏览器访问 Web 服务器上相应的虚拟目录来进行日常的业务处理，当确定 Web 服务器成为性能瓶颈的时候，可以考虑安装多台 Web 服务器，每台 Web 服务器上执行 Web 系统配置工具指向不同的中间层。条件许可的话，可以建立 Web 服务器网络负载（NLB）平衡群集以获得更好的效果。安装需求如表 5.3 所示。

表 5.3　　　　　　　　　　　　　　　Web 服务器配置

| 组件 | | 基本配置 | 推荐配置 |
|---|---|---|---|
| 处理器 | 类型 | Intel Xeon 或 AMD Opteron | |
| | 速度 | 1.6GHz | 2.4GHz 及以上 |
| | 内核 | 2 | 8 |
| 内存 | | 1GB | 4GB |
| 存储 | 类型 | SCSI | RAID1 或 RAID5 |
| | 空闲空间 | 10GB | 20GB |
| 网络 | 速率 | 100Mbps | 1000Mbps |
| | 延时 | < 20ms（以大小 1024 字节的测试数据包返回结果为准） | |
| | 丢包 | < 0.1%（以大小 1024 字节的测试数据包返回结果为准） | |
| 操作系统 | | Windows Server 2003 企业版/标准版 SP2<br>Windows Server 2008 企业版/标准版<br>Windows 2000 服务器/高级服务器 SP4 | |

### 5.3.2.1.4  客户端

如果客户端安装了 K/3 系统的全部模块，或者安装了许多其他的应用软件，会对系统的性能造成一定的影响。如果经常会同时打开多个应用系统，对系统资源也会提出更高的要求。如果以 Web 应用方式为主，只要能很好地运行浏览器软件就足够了。基本原则是如果系统运行很慢而且频繁地访问硬盘，就应该考虑提升系统配置了。安装需求如表 5.4 所示。

表 5.4                                    客户端配置

| 组件 | | 基本配置 | 推荐配置 |
|---|---|---|---|
| 处理器 | 类型 | Pentium 4 兼容处理器或速度更快的处理器 | |
| | 速度 | 单核 1.7GHz 双核 1.0GHz | 2 双核 2.0GHz 及以 |
| 内存 | | 512MB | 1GB |
| 存储 | 空闲空间 | 4GB | 8GB |
| 网络 | 速率 | 100Mbps | 1000Mbps |
| | 延时 | < 20ms（以大小 1024 字节的测试数据包返回结果为准） | |
| | 丢包 | < 0.1%（以大小 1024 字节的测试数据包返回结果为准） | |
| 操作系统 | | Windows XP 专业版 SP3<br>Windows Vista 旗舰版/商业版/企业版 SP1<br>Windows 7 家庭普通版/家庭高级版/专业版/旗舰版<br>Windows Server 2003 企业版/标准版 SP2<br>Windows 2000 专业版/服务器/高级服务器 SP4 | |

#### 5.3.2.1.5  网络环境

（1）局域网应用。在局域网的应用环境下，网络带宽一般不会成为性能瓶颈，在进行网络设计和部署时应遵循下面的一些原则：

①如果可能，将客户端、中间层尽量放在同一个子网里。这样可以减少客户端到服务器的 DCOM 调用开销。

②客户端和中间层之间连接应至少采用 100Mbps 交换。

③中间层和数据库端最好都连接在核心交换机上，并至少采用 1000Mbps 交换。由于中间层会非常频繁地访问数据库服务器，中间层可以采用双网卡，其中一块网卡和数据库在同一子网内，同时提供高速的连接带宽。

④因为客户端不会直接访问数据库，基于安全的考虑，可以将数据库和客户端隔离在不同的子网里，数据库服务器仅对所有的中间层服务器可见即可。

（2）广域网应用。广域网的应用比局域网应用复杂得多，因为整个系统往往需要跨越多个子网，网络带宽的不足往往成为系统的性能瓶颈。广域网下的应用应遵循下面一些原则：

①Web 服务器、中间层应尽可能部署在同一个子网里，同时保证高速的连接带宽，因为数据会在这些机器之间频繁地传输。

②提升带宽一般会明显提高系统的性能。

③可使用 Citrix 等终端模式以提高广域网 GUI 应用的性能，大大减小网络流量。

④可使用 VPN 技术提高广域网 GUI 应用连接的安全性，并提供较理想的跨越防火墙的部署方案。

#### 5.3.2.2  基本安全策略

K/3 系统是基于 Windows DNA 架构下的分布式应用，需要对三层应用系统分别进行安全设置，并在用户运行环境中积极采用推荐的安全技术，最终提高系统的抗攻击能力和可用性。

5.3.2.2.1  客户端的安全策略

金蝶 K/3 系统登录使用了三类认证方式：

（1）域用户登录方式。当使用域用户登录方式登录 K/3 系统时，系统会将当前域用户的账号信息传送到中间层组件，中间层组件验证账套数据库中是否有该用户信息。如果有该用户信息并且该用户是有效用户，则进入 K/3 系统，否则，提示用户登录失败。

（2）命名身份登录方式。

①传统登录方式：用户输入用户名和密码，K/3 系统把用户名和密码通过网络传送到 K/3 中间层服务器，K/3 中间层服务器组件根据用户名从账套数据库服务器中取出该用户的密码，验证与用户输入的密码是否相同，如果相同，则进入 K/3 系统，否则，提示用户登录失败。

②动态密码锁（ActivCard）登录方式：用户输入用户名和动态密码，K/3 系统把当前账套名，用户名和动态密码通过网络传送到 K/3 中间层服务器，K/3 中间层服务器组件将账套名，用户名和动态密码传送给动态密码锁的认证组件，该组件从动态密码锁数据库中取出该用户的加密因子并以相同的算法计算出密码，如果这个密码和用户输入的密码相同，则进入 K/3 系统，否则，提示用户登录失败。由于密码是每次使用动态密码锁时动态产生的，用过之后自动失效，因此，密码即使泄露，也只能即时有效，数秒钟之后即失效，不会造成安全影响。动态密码锁本身也需要密码才能进入，取得动态密码。

③智能钥匙（eKey）认证方式：用户在 K/3 客户端主机的 USB 接口上插入智能钥匙，输入用户名和智能钥匙 PIN 码，K/3 系统客户端组件调用智能钥匙的客户端组件传入 PIN 码访问当前的 Ekey。如果 PIN 码错误，则系统提示登录失败。否则，eKey 客户端组件用自己的私钥签名用户名，得到用户签名（Client Signature），并发送到 K/3 中间层服务器，K/3 中间层服务器组件把用户签名，及相关信息传送到智能钥匙的服务器端组件，服务器端组件以用户名在智能钥匙数据库中检索该用户名所对应的公钥并以该公钥验证用户签名。如果验证通过，则进入 K/3 系统，否则，提示用户登录失败。

④自定义登录方式：自定义认证方式就是用户自己进行接口开发，像动态密码卡或 USBkey 之类，这种方式需要装驱动程序。

（3）单点登录方式。当用户使用单点身份登录时，用户将门户登录名称和密码信息提交单点登录请求，成功后系统则检测该用户是否能够登录 K3，如能，则实现单点登录，前提是门户和 K3 的用户要先建立关联关系。

5.3.2.2.2  中间层的安全策略

K/3 系统的中间层根据子系统划分成多个应用程序（包），组件服务管理提供了可以针对应用程序级以及组件级的安全设置。

对于应用程序级的安全设置，系统可以设置对调用者的身份验证的级别，在最高的安全级别下，数据将会在网络上加密传送，但这会导致一定的性能损失。还可以设置该应用程序以特定的账号来运行，进而限制其资源访问权利，如只给该账号可以运行这些组件必要的权限，包括对数据库的访问权限。

系统还可以为组件指定基于角色的安全机制，但这种方式下，首先在应用程序（包）一级定义一些角色，然后给每个角色指定一个或者多个成员（成员可以是域用户或者用户组），最后将组件的安全设置指定为强制进行安全检查，同时选定可以访问该组件的角色。

##### 5.3.2.2.3 数据库端的安全策略

对于数据库端，系统主要从连接验证的角度来提高安全性，并不建议设计针对数据表等实体级的安全策略，因为 K/3 系统有自己的针对数据的安全机制。再者，在三层结构机制下，所有对数据库的访问，默认都是以中间层所在机器上的当前用户身份来进行的，显然难以通过这种方法来实现针对当前客户端操作用户的安全策略。

SQL Server 中的 sa 用户是一个超级用户，建议一定要给 sa 用户设定一个密码，最好将 SQL Server 的认证方式改为只接受 Windows 验证，且只允许特定的域账号访问，在中间层则以该域账号登录或者将中间层组件指定在该特定的账号下运行。这样，客户端没有办法可以直接访问数据库，只有中间层组件才有这个权力，从而提高了数据的安全性。

### 5.3.3 金蝶 K/3 系统的安装与配置

#### 5.3.3.1 安装前的环境检测

K/3 系统的正常运行需要很多第三方组件的支持，所以在安装 K/3 系统前用户要对安装目标机器做一次系统环境检测，以保证这些必需组件在目标机器上都具备并且运作正常。

目标机器没有或者运作不正常的组件，在环境检测过程中会自动从 K/3 资源光盘中安装。K/3 资源光盘是 K/3 安装光盘的组成部分，分别对应简体、繁体、英文操作系统环境，环境检测过程中需对应用户的操作系统放入正确的资源光盘。

（1）根据操作系统语言放入对应的 K/3 资源光盘，通过光盘自动运行功能或者手工运行光盘上的 setup.exe 进入金蝶 K/3 安装程序主界面，如图 5.7 所示。

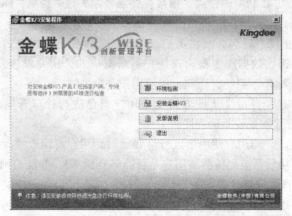

图 5.7 金蝶 K/3 安程程序主界面

（2）单击"环境检测"程序，选择需要安装的金蝶 K/3 系统部件，如图 5.8 所示。

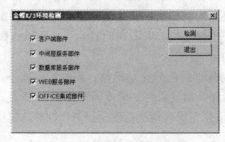

图 5.8 选择检测部件内容

（3）如果用户选择检测的部件环境与推荐系统环境有重大差别，检测程序也会给出相应提示，一般这类提示只具有提醒作用，如图 5.9 所示。如果用户确定要在现有系统上安装相应的部件，虽然效能上可能达不到最优，但仍然是允许的，如图 5.10 所示。

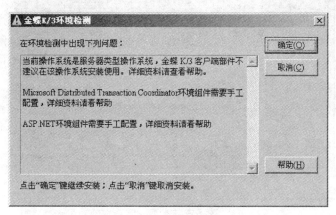

图 5.9　环境检测出现问题

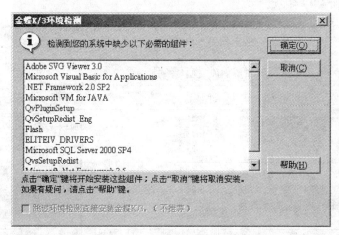

图 5.10　必须部件的检测结果

（4）按照系统所检测提示的该系统缺少的必需组件逐项进行安装。安装完毕后，如果符合，系统会给出符合安装环境的提示。此时，用户就可以进行金蝶 K/3 产品的安装了。

### 5.3.3.2　系统的安装过程

（1）环境检测成功之后，用户可以根据实际需要进行所需服务部件的安装。放入 K/3 系统安装光盘，通过光盘自动运行功能或者手工运行安装光盘上的 setup.exe，可以开启安装主界面，如图 5.7 所示。

（2）单击"安装金蝶 K/3"即启动 K/3 的安装向导，按照系统提示，逐步完成安装。如果目标机器在之前没有安装过 K/3，安装开始后会进入选择安装类型的界面，如图 5.11 所示。

（3）根据目标机器在 K/3 部署中的角色，选择安装一个或者全部部件。如果需要安装一个以上的部分部件，需选择"自定义安装"，这样可以选择多个部件组合安装。然后，用户可以根据业务需要选择不同业务领域的组件进行安装，暂不安装不使用的业务系统可以

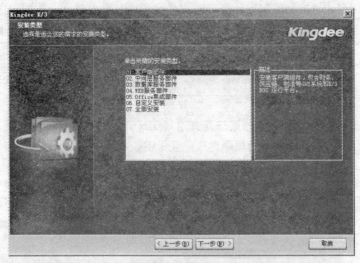

图 5.11　选择安装类型—客户端部件

缩短安装时间，如 5.12 所示。

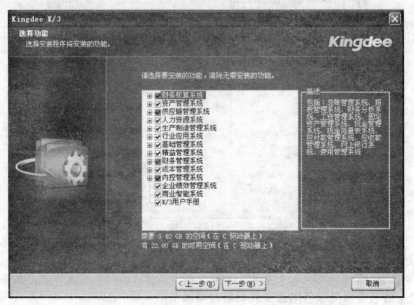

图 5.12　选择需要安装的功能—客户端部件

（4）安装完成后通常会要求用户进行重启操作，否则 K/3 不能正常运行。重启后可能仍会有一段注册组件的过程，需要耐心等待。

（5）如果选择安装的部件中包括中间层服务部件，安装完成后将会有一个安装中间层组件的过程，它将更新操作系统的 COM + 组件包，如图 5.13 所示。中间层组件的注册也是一个较长的过程。

（6）如果选择安装的部件中包括 WEB 服务部件，安装完成后还将会有一个安装 WEB 系统配置工具的过程，它将进行 WEB 服务器的配置，如图 5.14 所示。

（7）如果操作系统以前安装过旧的 K/3 系统，安装程序将会提示用户先自动卸载掉旧

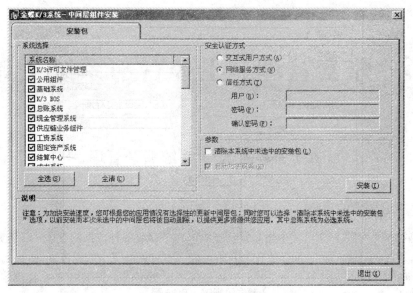

图 5.13　中间层组件安装

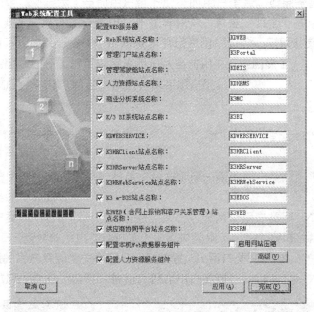

图 5.14　Web 系统配置工具

版软件才能继续安装新版本系统。如果操作系统已经安装过现有版本的 K/3 系统，则会出现修改、修复、删除现有版本 K/3 系统的选项。

# 6 账套管理、主控台与系统工具

## 6.1 金蝶 K/3 系统账套管理

### 6.1.1 账套管理的功能

账套在整个金蝶 K/3 系统中是非常重要的，它是存放各种数据的载体，各种财务数据、业务数据、一些辅助信息等都存放在账套中。账套本身就是一个数据库文件。

账套管理系统为系统管理员维护和管理各种不同类型的金蝶 K/3 账套提供了一个方便的操作平台，它是围绕着金蝶 K/3 账套来进行组织的。

#### 6.1.1.1 账套管理登录

（1）单击"开始—程序—金蝶 K3 WISE 创新管理平台—金蝶 K3 服务器配置工具—账套管理"，打开"金蝶 K/3 系统登录"界面，如图 6.1 所示。

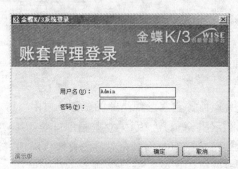

图 6.1 金蝶 K/3 系统登录—账套管理登录

（2）在"账套管理登录"界面中输入用户名（系统默认用户名为 Admin）和密码（初始密码默认为空），就可以登录到"金蝶 K/3 账套管理"界面，如图 6.2 所示。

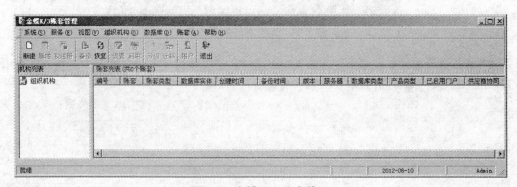

图 6.2 金蝶 K/3 账套管理

### 6.1.1.2　账套管理登录密码的修改

（1）在"金蝶 K/3 账套管理"界面中，单击菜单"系统—修改密码"；

（2）在弹出的"更改密码"界面中，输入旧密码（此时系统默认为空）、新密码和确认密码；

（3）单击"确定"按钮，就修改完毕。

下次登录账套管理时，就必须以用户 Admin 和修改后的密码进行登录了。

### 6.1.1.3　账套管理的操作功能

在账套管理中，可以进行组织机构管理、数据库管理、账套管理、系统管理、正版验证和证书升级等功能。

进入到账套管理系统之后，由于此时系统中还没有账套，因此很多功能都是灰色，不能使用。

其中需要注意的是：

（1）新建组织机构：组织机构在系统中不是必需的，也可以不新建组织机构，直接新建账套。

（2）新建账套：用户需根据实际情况，选择合适的账套类型，目前 K/3 的账套类型大致分为：

①标准供应链解决方案（适用于工业、工商一体化的企业供应链、生产制造、人力资源和标准财务管理）

②商业企业通用解决方案（适用于商业企业供应链、人力资源和标准财务管理）

③标准财务解决方案（适用于除合并账务系统、合并报表系统之外的纯财务业务）

④集团财务解决方案（适用于纯财务业务）

⑤行政事业管理解决方案（适用于行政、事业单位纯财务业务）

⑥战略人力资源解决方案（适用于人力资源业务）

⑦房地产行业解决方案（适用于房地产及项目开发业务）

⑧医药制造行业解决方案（适用于工业医药企业供应链、生产制造、GMP 和标准财务管理）

⑧医药流通行业解决方案（适用于商业医药企业供应链、GSP 和标准财务管理）

（3）属性设置与启用账套：在设置属性时，需小心，因为账套一旦启用，这些属性就不能更改了。

（4）用户管理：为确保数据的安全性，对不同的用户应该进行不同的权限设置。

（5）远程组件配置：该功能不是账套管理中的功能，它是金蝶 K/3 客户端的一个系统工具。登录金蝶 K/3 客户端之前，用户必须先选择好中间层，进行组件配置后才可以登录。

## 6.1.2　组织机构管理

系统中允许存在多个账套，为了便于对多个账套进行管理，用户可以按组织机构对各种账套进行分类管理。

### 6.1.2.1　新建组织机构

（1）在"金蝶 K/3 账套管理"界面中，选择菜单"组织机构—添加机构"，打开"添加机构"对话框。

（2）输入组织机构的代码和名称，单击"确定"按钮加以保存。此时在"金蝶 K/3 账套管理"界面的左边显示出了新建的组织机构，用户可在这个组织机构下建立账套信息。

（3）如果在机构属性里设置了密码，则在进入金蝶 K/3 系统主控台时，如果选择了该组织机构，系统首先要求用户输入该机构的密码，如果密码错误，就不会显示该机构下的账套信息。

### 6.1.2.2　修改组织机构属性

（1）在"金蝶 K/3 账套管理"界面中，选中一个存在的组织机构；

（2）选择菜单"组织机构—编辑机构属性"，打开"编辑机构属性"对话框，就可以修改组织机构属性；

（3）单击"确定"按钮，加以保存。

### 6.1.2.3　删除组织机构

（1）在"金蝶 K/3 账套管理"界面中，选中一个存在的组织机构；

（2）选择菜单"组织机构—删除机构"；

（3）单击"确定"按钮，即可删除。

如果组织机构下存在账套，这个组织机构是不允许删除的。必须先将组织机构下的所有账套都删除之后，才能够删除这个组织机构。

## 6.1.3　建立账套

### 6.1.3.1　新建账套

（1）在"金蝶 K/3 账套管理"界面中，选择菜单"数据库—新建账套"，打开"新建账套"界面，如图6.3 所示，输入必要的各种账套信息，如表6.1 所示。

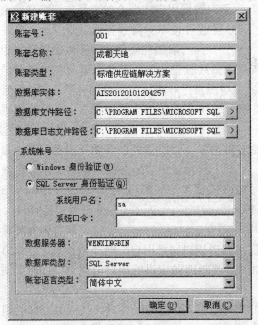

图6.3　新建账套

表 6.1                                                    新建账套属性

| 数据项 | 说明 |
| --- | --- |
| 账套号 | 账套在系统中的编号。用于标识账套具体属于哪个组织机构。 |
| 账套名称 | 已存在的账套名称，不允许新建账套或修改账套信息时再使用。 |
| 账套类型 | 系统中存在 8 种账套类型。金蝶 K/3 系统根据不同的企业需求设置不同的解决方案。在新建账套时，在账套类型中选择不同的解决方案，系统会自动根据解决方案新建相关的内容。 |
| 数据库实体 | 账套在 SQL Server 数据库服务器中的唯一标识。新建账套时，系统会自动产生一个数据实体，也可以手工更改。 |
| 数据库文件路径 | 账套保存的路径。该路径是指数据服务器上的路径，由选择的数据库服务器决定。 |
| 数据库日志文件路径 | |
| 系统账号 | 新建账套所要登录的数据服务器名称、登录数据服务器方式、登录用户名和密码。 |

（2）所有信息都输入正确之后，单击"确定"按钮，系统就会开始自动进行账套的创建过程了，系统完成账套创建后在如图 6.2 所示"账套列表"中会形成一条记录。

### 6.1.3.2　修改账套属性

账套新建后，允许用户修改账套的编号和名称。账套名称可以不同于用户的单位名称，它是用来区分单位内部不同的账套。

（1）在如图 6.2 所示的"账套列表"中，选择一个要修改的账套；

（2）单击菜单"数据库—账套属性"，打开"账套属性"对话框；

（3）在"账套属性"对话框中，修改账套的编号和名称；

（4）单击"确定"按钮，保存即可。

## 6.1.4　删除账套

删除账套有两种方法：一是一次删除一个账套；二是批量删除，即一次删除多个账套。用户可以根据实际情况选用。

### 6.1.4.1　删除单个账套

（1）在如图 6.2 所示的"账套列表"中，选择一个要删除的账套；

（2）单击菜单"数据库—删除账套"，打开"确认要删除账套"的对话框；

（3）单击"是"按钮，打开"删除前是否备份该账套"的对话框，如果要备份，就选择"是"按钮，否则就选择"否"按钮，该账套就被删除。

### 6.1.4.2　账套批量删除

（1）在"金蝶 K/3 账套管理"界面中，选择菜单"数据库—账套批量删除"，打开"账套批量删除工具"界面，如图 6.4 所示，界面中显示了系统中存在的所有合法账套。

（2）选择需要进行删除的账套，也就是在该账套的"是否删除"栏处打"√"。如果被删除的账套需要进行备份，则在该账套的"是否备份"栏处打"√"，并选择或输入备份路径。如果需要删除该账套在当前中间层服务器中的其他注册信息，则选中"同步删除

图 6.4　账套批量删除工具

账套的其他注册信息"复选框。

（3）单击"删除"按钮，系统就会从中删除选中的账套。

### 6.1.5　账套备份与恢复

对于账套的备份和恢复操作，系统提供了三种方式供选择，这与 SQL SERVER 提供的数据库备份与恢复方式是一致的。

#### 6.1.5.1　备份方式

（1）完全备份。执行完整数据库备份，也就是为账套中的所有数据建立一个副本。备份后，生成完全备份文件。如果是第一次备份，则必须采用此方式。

（2）增量备份。记录自上次完整数据库备份后对数据库数据所做的更改，也就是为上次完整数据库备份后发生变动的数据建立一个副本。备份后，生成增量备份文件。增量备份比完全备份小而且备份速度快，因此可以更经常地备份，经常备份将减少丢失数据的危险。

增量备份是基于完全备份之上的。因此在增量备份之前，必须先做完全备份。

（3）日志备份。事务日志是自上次备份事务日志后对数据库执行的所有事务的一系列记录。可以使用事务日志备份和恢复可以将账套恢复到特定的即时点（如输入多余数据前的那一点）或恢复到故障点。一般情况下，事务日志备份比数据库备份使用的资源少。因此可以比数据库备份更经常地创建事务日志备份。经常备份将减少丢失数据的危险。

事务日志备份有时比数据库备份大。例如，数据库的事务率很高，从而导致事务日志迅速增大。在这种情况下，应更经常地创建事务日志备份。

#### 6.1.5.2　账套恢复方式

（1）通过完全备份文件恢复账套。通过已有的完全备份文件，将账套恢复到上次完全备份点。

（2）通过增量备份文件恢复账套。通过已有的增量备份文件和完全备份文件，将账套恢复到上次增量备份点。在该种恢复方式下，需要使用到的备份文件包括：账套增加备份文件和账套完全备份文件（必需）。

上述这两种方式都不能将数据库还原到故障点或特定的即时点。若要还原到这些点，请选择通过日志文件恢复的功能。

（3）通过日志备份文件恢复账套。提供将账套恢复到故障点或特定即时点的功能。在该种恢复方式下，需要的备份文件包括：账套日志备份文件、账套完全备份文件和账套增量备份文件（非必需）。

在通过日志备份文件恢复账套的情况下，账套增量备份文件不一定是必需的。如果日志备份前做了增量备份，则进行日志恢复时，增量备份文件是必需的，否则就不是必需的。

如果存在多个日志备份，则恢复时，日志备份文件必需要根据时间先后顺序都列在恢复文件列表中。

### 6.1.5.3  账套备份操作

备份账套有两种方法：一是一次备份一个账套，二是自动批量备份，即一次备份多个账套，而且备份工作在后台定时执行，不用手工干预。

（1）单个账套的备份。

①在如图 6.2 所示的"账套列表"中，选择一个要备份的账套；

②单击菜单"数据库—账套备份"，打开"账套备份"界面，如图 6.5 所示。

图 6.5　账套备份

根据实际情况，选择"选择备份方式"（完全备份、增量备份、日志备份）和"备份路径"（选中账套所在数据库服务器端的路径；其他机器上的共享路径，并且这个共享路径有"可写"的权限）。

③单击"确定"按钮，系统就会进行账套的备份，备份完成后，系统会给出备份成功的提示，生成 *. DBB 和 *. BAK 两个文件。

（2）账套自动批量备份。

这种方式的好处是：一次可以备份多个账套；一旦设置之后，系统就会根据设置的时间定时在后台定时、自动进行备份，无须手工干预；提供了账套备份情况的日志记录功能，可以方便的查看到账套备份的执行情况；提供了方案维护的功能，即可以将对于账套备份所做的设置以方案的形式保存下来，以后需要执行时，直接选择这个方案进行执行。具体操作方法是：

①新建一个批量备份方案。在"金蝶 K/3 账套管理"界面中，选择菜单"数据库—账套自动批量备份"，打开"账套批量自动备份工具"界面，如图 6.6 所示，界面中显示了系统中存在的所有合法账套。

选择自动备份的开始时间、结束时间。结束时间应大于开始时间。

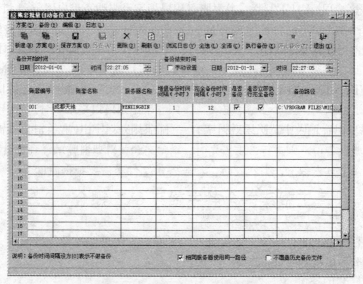

图 6.6　账套批量自动备份工具

选择需要进行备份的账套，将需要进行备份账套"是否备份"栏处打"√"。

选择备份路径。

输入完全备份和增量备份的间隔时间。由于完全备份比较耗费时间，所有间隔的时间可以长一些，增量备份由于耗时相对较少，间隔时间可以考虑设置的短一些。

如果希望对某个账套立即开始执行账套的完全备份，则在该账套"是否立即执行完全备份"栏处打"√"。

单击菜单"方案—保存方案"，弹出"方案保存"对话框，输入方案名称后，单击"确定"按钮即可。

②执行账套批量备份。打开一个备份方案或者新建一个批量备份方案后，单击菜单"备份—执行备份"，系统就自动根据设置，对所有选中的账套定时进行完全备份和增量备份。

当账套批量自动备份工具运行时，计算机正常关机时会有系统弹出提示"选择退出工具后，会停止所有账套的备份，确定要退出吗"，这时不要按"是"，否则下次开机后备份工具将不会定时自动备份。

③删除账套备份方案。单击菜单"方案—删除"，弹出"账套批量自动备份方案"列表框，从中选择一个方案，单击"删除"按钮即可。

### 6.1.5.4　账套恢复操作

（1）在"金蝶 K/3 账套管理"界面中，选择菜单"数据库—恢复账套"，打开"选择数据库服务器"界面，如图 6.7 所示。

（2）输入数据服务器名称或 IP 地址、选择数据服务器的登录方式。如果采用 SQL Server 身份认证方式，则必须输入登录该数据服务器的用户名和密码。

（3）单击"确定"按钮，打开"恢复账套"对话框，如图 6.8 所示。

图6.7 选择数据库服务器

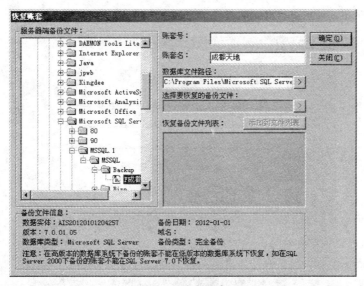

图6.8 恢复账套

(4) 在"账套号"和"账套名"处输入拟新建账套的账套编号和名称、编号和名称不允许同系统中已有账套的名称或者编号重复。

(5) 在"数据库文件路径"处输入拟新建账套的生成路径。也可以单击右边的">"按钮,从打开的连接数据库服务器上的所有文件路径列表中选择一个需要的路径。

(6) 在"服务器端备份路径"下选择一个备份文件。系统会自动根据选择的备份文件来决定恢复的方式。

①如果选择的是一个完全备份文件面,此时直接单击"确定"按钮,系统就会根据输入的"账套号"和"账套名"开始执行恢复账套,然后在"数据库文件路径"指定的路径下生成一个新的账套,并且这个账套信息在中间层账套列表中显示出来。

②如果选择的是一个增量备份文件,单击"选择要恢复的备份文件列表"右边的">"按钮,打开"选择数据库文件路径"窗口。在该窗口指定的路径下找到完全备份文件,单击"确定"按钮,返回"恢复账套"窗口。

由于选择增量备份文件进行账套恢复,必须要一个完全备份文件。所以,必须要指定完全备份文件。

单击"添加到文件列表"按钮，将"选择要恢复的文件列表"中的完全备份文件及其路径信息添加到"恢复备份文件列表"下；单击"确定"按钮，系统就会根据输入的"账套号"和"账套名"开始执行恢复账套，然后在"数据库文件路径"指定的路径下生成一个新的账套，并且这个账套信息在中间层账套列表中显示出来。

### 6.1.6　账套的启用

账套新建之后，必须经过启用后，在客户端才能够使用。

#### 6.1.6.1　账套属性设置

在"金蝶 K/3 账套管理"界面中，选择一个新建的账套，单击菜单"账套—属性设置"，打开"属性设置"对话框，如图 6.9、6.10、6.11 所示。设置好相关内容后，单击"保存修改"按钮，然后再单击"确认"按钮即可。

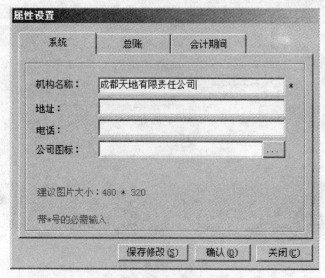

图 6.9　属性设置—系统

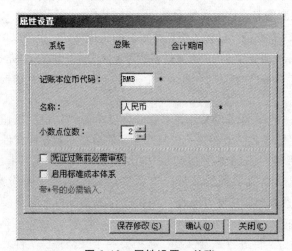

图 6.10　属性设置—总账

图 6.11　属性设置—会计期间

相关内容如表 6.2 所示。

表 6.2　　　　　　　　　　　　　　属性设置内容

| 数据项 | 说明 | 是否必填 |
|---|---|---|
| 机构名称 | 组织机构的名称。 | 是 |
| 地址 | 组织机构的地址信息。 | 否 |
| 电话 | 组织机构的联系电话。 | 否 |
| 记账本位币代码 | 记账本位币的代码。 | 是 |
| 名称 | 记账本位币的名称。 | 是 |
| 小数点位数 | 记账本位币的小数点位数。 | 是 |
| 会计期间 | 账套启用的时间，主要是启用时的会计年度和会计期间的设置。 | 是 |

#### 6.1.6.2　启用账套

用户可以在账套"属性设置"后直接启用，也可以单击菜单"账套—启用账套"来启用。

当账套启用后，各项设置则不能再进行修改，因此在启用前务必检查各项设置是否正确。

### 6.1.7　用户管理

#### 6.1.7.1　进入用户管理

用户管理是对具体账套的用户管理，即对用户使用某一个具体账套的权限进行控制，它可以控制哪些用户可以登录到指定的账套中，对账套中的哪些子系统或者哪些模块有使用或者管理的权限等。

用户管理的功能包括对用户（组）的新建、删除，功能权限、字段权限和数据权限的管理、浏览和设置等内容。

进入用户管理的操作是：在"金蝶 K/3 账套管理"界面中，选择一个账套后，单击菜单"账套—用户管理"，进入"用户管理"界面，如图 6.12 所示。其中显示的是系统预设的用户和用户组，可以直接使用，如表 6.3 所示。

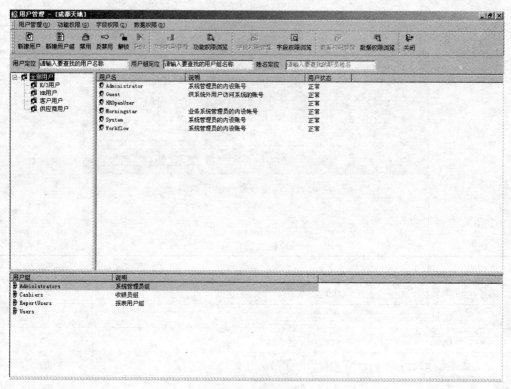

图 6.12　用户管理

表 6.3　　　　　　　　　　　系统预设用户（组）

| 用户（组） | 说　　　明 |
| --- | --- |
| Guest | 供外部用户访问系统的账号。可以修改 Guest 的用户组信息和权限。 |
| morningstar | 业务系统管理员的账号。拥有系统的所有权限。可以修改其所有属性和权限。 |
| Administrator | 系统管理员的内设账号。拥有系统的所有权限。不允许修改用户组信息和权限。 |
| Users | 默认用户组，没有任何权限。不能修改其权限。 |
| Administrators | 系统管理员组，拥有使用系统的所有权限。不能修改其权限。 |

### 6.1.7.2　新增用户

（1）操作

在"用户管理"界面，单击菜单"用户管理—新建用户"，打开如图 6.13 所示的"新

增用户"界面，输入用户信息、选择认证方式、权限属性，并选择一个用户组后，单击
"确定"按钮即可。

图 6.13　新增用户—用户

（2）用户

①用户姓名：登录账套管理时所用的名称，在同一个账套中应该是唯一的，长度不超
过 30 个字符。

②用户说明：帮助区分用户的说明信息，长度不超过 100 个字符。

③用户类别：指定用户所属的用户类别。

④对应门户用户：指定用户所关联门户用户的用户名，实现用户与门户用户的关联操
作。当关联门户用户后，可以在主控台登录界面采用单点登录方式登录该账套。

⑤对应客户：K/3 用户与客户用户建立对应关系。

⑥对应供应商：K/3 用户与供应商用户建立关联（只在供应商协同类型账套界面可
见）。

⑦对应 IM 用户：K/3 用户与即时通信用户建立关联。

⑧用户有效日期：用户在设置的时间范围内才生效，默认用户始终有效。当到达用户
有效日期时，用户无法登录 K/3 主控台。

⑨密码有效日期：密码在设置的时间范围内才生效，默认密码始终有效。无效的密码
不允许登录系统。

（3）认证方式。认证方式主要记录与用户密码有关的信息，如图 6.14 所示。

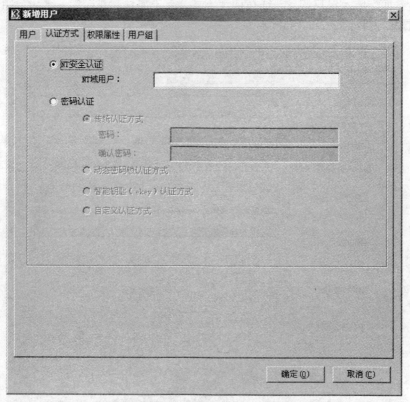

图 6.14　新增用户—认证方式

①NT 安全认证：需要填写完整的域用户账号，采用"域名\用户名"方式。

②密码认证：依靠用户密码识别用户的合法性，密码论证方式如表 6.4 所示。

表 6.4　　　　　　　　　　　　　　密码论证方式

| 密码论证方式 | 说明 |
| --- | --- |
| 传统认证方式 | 密码保存用户登录的密码信息，长度不超过 15 位。 |
| 动态密码锁认证方式 | 密码由用户手中持有的动态密码卡动态产生。 |
| 智能钥匙（ekey）认证方式 | 密码为用户手中持有的智能钥匙的密码。 |
| 自定义认证 | 密码为用户手中持有的动态密码卡动态产生或者持有的智能钥匙的密码。 |

（4）权限属性。授权用户可以通过设置用户权限属性使其他用户具有用户管理和权限管理功能，如图 6.15 所示，各权限属性项如表 6.5 所示。

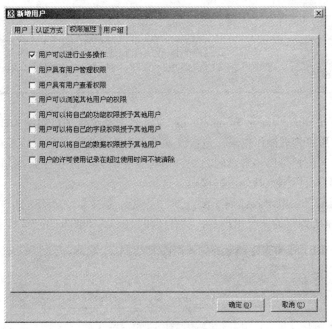

图 6.15 新增用户—权限属性

表 6.5 权限属性项

| 权限属性 | 说明 | 默认值 |
|---|---|---|
| 用户可以进行业务操作 | 不选中，该用户只能进行用户管理操作（用户需拥有用户管理权限）；选中，该用户可以进行具有权限的业务功能操作。 | 选中 |
| 用户具有用户管理权限 | 不选中，该用户无法进行用户管理操作；选中，该用户具有用户管理操作权限，包括：新建、修改、删除用户（用户组、用户类别），将用户加入用户组的操作权限以及设置用户权限属性。 | 不选中 |
| 用户具有用户查看权限 | 不选中，该用户无法进行用户查看操作；选中，该用户具有用户查看操作权限。 | 不选中 |
| 用户可以浏览其他用户权限 | 不选中，该用户无法进行权限浏览操作；选中，该用户可以在用户管理中浏览其他用户的权限。 | 不选中 |
| 用户可以将自己的功能权限授予其他用户 | 不选中，该用户无法功能权限管理操作；选中，该用户可以在用户管理中进行功能权限管理操作，权限管理的范围为该用户自身具有的功能权限。 | 不选中 |
| 用户可以将自己的数据权限授予其他用户 | 不选中，该用户无法进行数据权限管理操作；选中，该用户可以在用户管理中进行数据权限管理操作，权限管理的范围为该用户自身具有的数据权限。 | 不选中 |
| 用户可以将自己的字段权限授予其他用户 | 不选中，该用户无法进行字段权限管理操作；选中，该用户可以在用户管理中进行字段权限管理操作，权限管理的范围为该用户自身具有的字段权限。 | 不选中 |

表6.5（续）

| 权限属性 | 说明 | 默认值 |
|---|---|---|
| 用户的许可使用记录在超过使用时间不被清除 | 不选中，该用户的许可使用记录在超过使用时间后被清除；选中，该用户的许可使用记录在超过使用时间不被清除。 | 不选中 |

系统管理员（Administrator/Morningstar）或隶属于系统管理员组（Administrators）的用户默认具有所有用户管理操作权限，包括设置用户权限属性。

当用户选中"用户可以将自己的功能（数据、字段）权限授予其他用户"选项时，系统自动选中"用户可以浏览其他用户权限"选项。

（5）用户组信息：用户具体属于哪一个用户组。系统默认新建的用户都是属于 Users 组（Users 组是系统预设的一个用户组，没有任何权限），如图 6.16 所示。

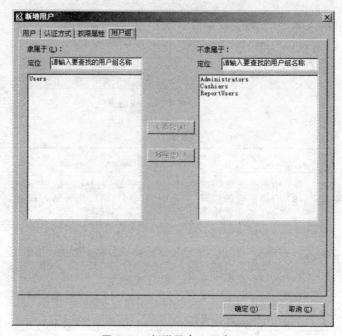

图 6.16　新增用户—用户组

如果用户属于多个用户组，那么用户的默认权限是这些用户组权限的并集，也即默认拥有这些用户组权限的加总。

### 6.1.7.3　新增用户组

用户组的作用是主要是方便对多个用户进行集中授权。用户组中包含的信息如表 6.5 所示。

（1）在"用户管理"界面，单击菜单"用户管理—新建用户组"，打开如图 6.17 所示的"新增用户组"界面。

①用户组名称：同一个账套中用户组的名称是唯一的，不能为空。

②说明：记录用户组的其他补充说明信息，可以不填。

③用户成员：用户组下包含的用户。

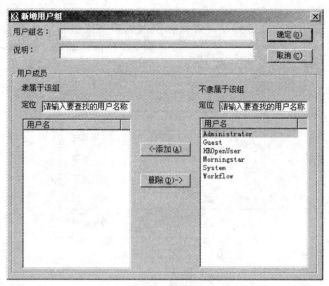

图 6.17　新增用户组

④ "隶属于该组"下显示了当前用户组下所有的用户信息。如果需要将一个新的用户加到该用户组下，则从"不隶属于该组"下选择用户，单击"添加"按钮，就可以将该用户加到当前用户组下。如果要将一个用户从当前用户组中删除，则从"隶属于该组"下选择用户，单击"删除"按钮，就可以将该用户从当前用户组中删除了。

（2）设置完成后，单击"确定"按钮，保存用户组。

### 6.1.7.4　新增用户类别

用户类别用于对用户进行分组，选中用户类别节点时，用户管理浏览界面中只显示当前用户类别下的用户。

（1）在"用户管理"界面，单击菜单"用户管理—新建用户类别"，打开如图 6.18 所示的"新增用户类别"界面。

（2）输入用户类别的名称以及组别信息。系统内置两个用户类别 K/3 用户和 HR 用户是不允许删除的。HR 新增的用户自动放置 HR 用户类别下，K/3 新增的用户自动放置 K/3 用户类别下。升级的用户只判断关联职员的则放置 HR 用户类别下。

（3）设置完成后，单击"确定"按钮，保存用户类别。

### 6.1.7.5　用户禁用与反禁用

如果用户信息以后不打算使用了，但是又不想删除这个用户信息，则可以使用禁用功能将这个用户禁用。

（1）在"用户管理"界面，选择一个或多个用户，单击菜单"用户管理—属性"，打开"用户属性"界面。

（2）在"用户"选项卡中，选中"此账号是否禁用"复选框。

（3）单击"确定"按钮。

这样这个用户就被禁用了，也就不能以这个用户登录账套了，同时这个用户的用户状态显示为禁用。

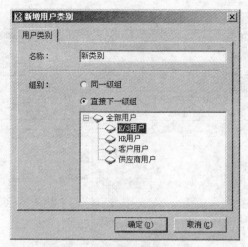

图 6.18　新增用户类别

已禁用的用户，可以通过取消选中"此账号是否禁用"复选框来反禁用。

也可以通过菜单"用户管理—禁用/反禁用"功能来实现。

#### 6.1.7.6　用户与职员的对应关系

（1）单击菜单"开始—程序—金蝶 K/3 WISE 创新管理平台—金蝶 K/3 WISE 创新管理平台"，登录进入金蝶 K/3 主控台。

（2）选择主控台上"系统设置—用户管理"，进入"基础平台—用户管理"界面。

（3）单击菜单"用户管理—新建用户"，进入"新增用户"界面，单击"用户姓名"文本框后的"打开"按钮，可以弹出基础资料"核算项目—职员"的信息供用户选择录入。

（4）单击"确定"按钮，用户与系统的职员就建立起了对应关系。

如果是对已存在的用户名需要与职员建立关联，系统会提示"是否以职员名称替换用户名称？"，确认"是"后，原用户名自动替换成选中的职员名称。

用户与职员的对应关系的功能只在客户端显示，在中间层没有此功能，即在账套管理中的"用户管理"里看不到此功能。

### 6.1.8　权限管理

K/3 权限管理提供了功能授权、数据授权、字段授权等多种授权方式，以满足不同组织机构对用户的不同要求。

#### 6.1.8.1　功能权限

功能权限是指对各子系统中功能模块的功能操作权限，当用户拥有了子系统的功能模块的功能权限时，才能进行对应模块的功能操作。

（1）功能权限管理。功能权限管理指对子系统的每一个具体功能进行授权，允许用户可以进入哪些子系统使用哪些功能。具体操作步骤如下：

①在"用户管理"界面，选择一个用户，然后单击菜单"功能权限—功能权限管理"，打开"用户管理—权限管理"界面，如图 6.19 所示。在这里可以对各功能模块的权限进行

初步设置。

查询权：只允许用户查看系统中的数据。

管理权：则允许用户不仅可以查看，还可以新增、修改、删除系统的数据。

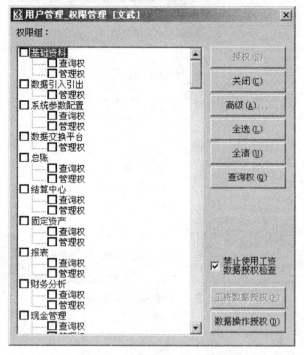

图 6.19 用户管理—权限管理

在"用户管理—功能权限管理"界面的授权是一种快捷的授权方式，如果不想进行明细的授权可以在此处授权，如想进行明细授权可以直接在"用户权限"界面授权。

②在"用户管理—功能权限管理"界面单击"高级"按钮，打开"用户权限"界面，如图 6.20 所示，此界面可以进行明细功能授权，是对功能授权的进一步细化，允许用户对各种功能进行更细的授权。

③在"基础资料—核算项目"这一项下的自定义核算项目和其他系统预设的核算项目一样都可以进行单独的授权，所有的核算项目都显示在"用户权限"界面中，自定义核算项目权限控制对象的增加是一个动态增加的过程，用户在基础资料中新增一个核算项目，"用户权限"界面就新增一个核算项目权限控制对象。

④对于自定义核算项目的权限也和其他系统预设的核算项目一样有查看、详细信息、新增、修改、删除五种权限设置。

（2）功能权限浏览

①在"用户管理"界面，授权用户点击菜单"功能权限—功能权限浏览"，出现功能权限浏览"过滤条件"界面。

②选择"按用户方式浏览"，用于浏览指定用户具有指定系统中的那些功能权限，即浏览用户具有的权限；选择"按系统方式浏览"，用于浏览指定系统中的功能权限被那些用户所拥有，即浏览系统中功能可被那些用户进行操作。

③单击"确定"按钮，即可显示"用户功能权限列表"。

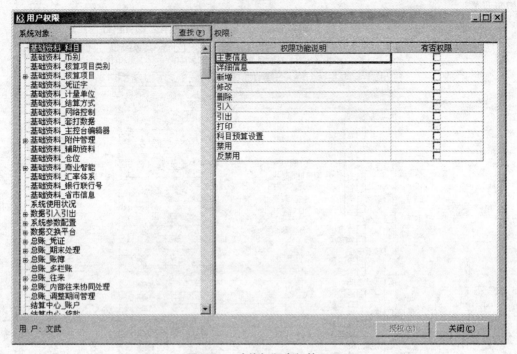

图 6.20　功能权限高级管理

### 6.1.8.2　数据权限

数据权限是指对系统中具体数据的操作权限，分为数据查询权、数据修改权、数据删除权。用户可以根据业务需要给不同的用户授予不同的数据权限用于满足业务的不同需要，这种应用在对于数据安全和管理要求严格的企业中应用比较广泛。

（1）设置数据权限控制。系统默认所有数据均不进行数据权限控制，用户拥有数据类别的功能操作权限就可以进行该类别下所有数据的操作。

数据权限控制范围包括基本信息管理系统、现金管理系统、生产设备管理系统、系统管理、资源中心、质量管理系统、零售门店管理系统等子系统中的基础资料。

具体操作步骤：授权用户在"用户管理"界面中单击菜单"数据权限—设置数据权限控制"，进入"设置数据权限控制"界面，如图 6.21 所示；选择"子系统"下拉列表框中的某一子系统，系统则显示该子系统下所有的数据类别；单击指定的数据类别后"启用数据权限控制"复选框，然后单击"应用"按钮保存设置结果。

①系统管理员（administrator、morningstar）和属于系统管理组的用户默认具有所有数据的所有数据操作权限，只有系统管理员（administrator、morningstar）和属于系统管理组的用户可以进行"设置数据权限控制"。

②只有当授权用户在设置了该数据类型"启用数据权限控制"后才进行数据权限检查，这时只有同时拥有该数据类别的功能操作权限和指定的明细数据相应的数据权限才能对该数据进行相应的操作。

③在"设置数据权限控制"中对某数据类别"启用数据授权"后，所有用户默认具有该数据类别下所有数据的所有数据操作权限。

④数据操作所需的功能权限及数据权限如表 6.6 所示。

图6.21  设置数据权限控制—基本信息管理系统—客户

表6.6                                              数据操作所需的功能权限及数据权限

| 数据操作 | 功能权限 | 数据权限 |
|---|---|---|
| 查询数据 | 该类数据的查询功能权限 | 指定数据的查询权限 |
| 禁用（启用）数据 | 该类数据的禁用（启用）功能权限 | 指定数据的查询权限 |
| 审核（反审核）数据 | 该类数据的审核（反审核）功能权限 | 指定数据的查询权限 |
| 修改（批改）数据 | 该类数据的修改功能权限 | 指定数据的修改权限 |
| 删除数据 | 该类数据的删除功能权限 | 指定数据的删除数据 |

（2）数据权限管理。当对某数据类别启用数据权限控制后，就可对系统中的用户进行该类别数据进行数据授权操作。具体操作步骤如下：

①在"用户管理"界面下的菜单"数据权限—数据权限管理"，进入"数据授权"界面。

②取消当前用户"拥有当前数据类型的全部数据权限"复选框，根据系统提示可以选择清除当前数据的权限或保留当前数据的权限。

③选择"数据类型"后，用户可以选择"按照明细数据授权"或"按照上级组授权"进行数据授权。

④单击"授予查询权""授予修改权"或"授予删除权"按钮，出现当前数据类型的F7选择界面，可以通过F7界面浏览或搜索选择需要进行数据授权的数据。当用户选中数据后，系统立即授予当前用户相应的权限，并将选择的数据具有的数据权限在权限浏览界面中显示，如图6.22所示。

⑤用户可以在权限浏览界面上修改数据相应的数据权限，并通过单击"保存权限"按钮保存授权用户所修改的权限。用户可以批量选中多个数据进行授权操作。

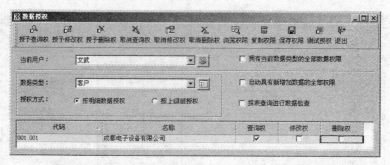

图 6.22　采用"按明细数据授权"方式授予用户查询权

⑥用户可以通过"取消查询权"、"取消修改权"或"取消删除权"按钮，同样出现当前数据类型的 F7 选择界面，用户通过 F7 界面浏览或搜索选择需要取消的数据权限。

⑦用户可以使用"浏览权限"按钮浏览当前用户具有的当前类别的数据权限（仅为当前用户的数据权限，不包括该用户继承的用户组权限，主要用于授权用户查询当前用户已授予的数据权限）。

⑧用户还可以通过"复制权限"按钮将当前用户具有的当前类别的所有数据权限转授给其他用户。

（3）数据权限浏览。

①在"用户管理"界面，单击菜单"数据权限—数据权限浏览"，出现数据权限浏览过滤条件。

②可以选择"按照用户方式浏览"或"按照系统方式浏览"方式浏览用户数据权限，系统根据用户选择显示数据权限结果。

### 6.1.8.3　字段权限

字段权限是指对各子系统中某数据类别的字段操作权限，默认系统不进行字段权限检查。当授权用户对指定字段设置了字段权限控制后，用户进行该数据类别的指定字段进行操作时进行权限检查。只有当用户拥有了该字段的字段权限时，才能对该字段进行对应的操作。

（1）设置字段权限控制。

①在"用户管理"界面，单击菜单"字段权限—设置字段权限控制"，进入"设置字段权限控制"界面，如图 6.23 所示；

②选择某一子系统下的数据类别，系统显示该数据类别的所有可授权字段；

③用户可以根据需要设置指定的数据类别的字段"启用字段权限控制"，并单击"应用"按钮保存设置结果。

系统管理员（administrator、morningstar）和属于系统管理组的用户默认具有所有数据的所有字段操作权限，只有系统管理员组的用户可以进行字段权限设置。

（2）字段权限管理。

当对某数据类别"启用字段权限控制"后，可以通过"字段权限管理"对系统中的用户进行该类别数据进行字段授权操作。具体操作步骤如下：

①在"用户管理"界面，单击菜单"字段权限—字段权限管理"，进入"字段授权"界面，如图 6.24 所示。

图 6.23  设置字段权限控制

图 6.24  字段权限管理

②选择一个用户，并选择某一子系统下某一需要字段授权的数据类别，系统显示该数据类别下已启用字段权限控制的字段列表所具有的查询权和编辑权，并提示该字段是否属于必录项。

③用户可以在字段授权界面上进行字段授权操作，单击"应用"按钮保存授权用户所修改的字段权限。

注意：

①在"设置字段权限控制"中对某数据类别中指定字段"启用字段权限控制"后，所有用户（用户组）默认具有此数据类别下该字段的所有字段权限（字段查询权、字段修改权）。

②字段修改权限包括字段查询权限。

③系统预设 User 用户组不能进行字段权限管理操作，默认不具有任何字段权限。

（3）字段权限浏览。

①在"用户管理"界面，单击菜单"字段权限菜单—字段权限浏览"，出现字段权限浏览"过滤条件"界面。

②用户可以选择"按照用户方式浏览"或"按照系统方式浏览"方式浏览用户字段权限，系统根据用户选择显示字段权限结果。

如果字段没有进行"启用字段权限控制"，在字段权限浏览中为所有用户均具有该字段的所有权限（包括查看权和修改权）。

# 6.2 金蝶 K/3 系统主控台与系统工具

## 6.2.1 主控台

### 6.2.1.1 系统登录

（1）单击"开始—程序—金蝶 K3 WISE 创新管理平台—金蝶 K3 WISE 创新管理平台"，进入"金蝶 K/3 系统登录"界面，如图 6.25 所示。

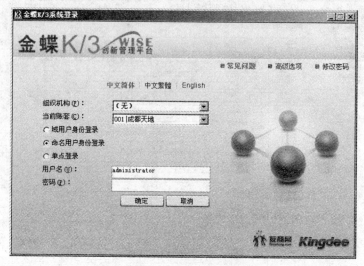

图 6.25 金蝶 K/3 系统登录

（2）选择"组织机构""当前账套"和相应的登录方式后，输入用户名和相应的密码后，单击"确定"按钮，即进入系统主控台，如图 6.26 所示，主控台是 K/3 所有功能的应用界面。

主控台界面共分为系统类、系统明细、子功能列表、明细功能列表四大部分。这四个部分是逐一展开的关系。

①系统类：主要是以标签页的形式将金蝶 K/3 ERP 产品划分为：财务会计、管理会计、资金管理、集团合并、供应链、成本管理、计划管理，生产管理、精益管理、资产管理、人力资源、企业绩效、移动商务、内控管理、系统设置共十五个模块。

②系统明细：对应的系统明细。在明细中选择某一标签，则在系统明细中显示所包含

图 6.26　金蝶 K/3 系统主控台

的系统。

③子功能列表：系统对应的子功能列表。在系统明细中选择某一系统，则该系统所包含的子功能模块将在子功能列表中列示。

④功能快速进入框：是快速打开一个功能界面的方法。系统对于所有的功能都提供一个助记码信息，当在此处输入了对应模块的助记码信息后，就可以打开相应的业务模块。

⑤常用功能：主控台提供"我的 K/3""更换操作员""K/3 流程图""信息中心""添加到我的 K/3""退出系统""K/3 网站""短信平台""IM 登录"等功能的链接。

### 6.2.1.2　主控台编辑器

主控台编辑器实现了用户对主控台个性化设置的要求。对于主控台上的各个功能菜单，可以根据用户的要求，进行调整显示；在主控台上挂接第三方应用程序，如可以将用户常用的应用程序（也可以是用户二次开发的程序）通过主控台编辑器，在 K/3 主控台上增加一个快捷方式，这样以后用户可以在主控台上直接打开自己的应用程序。

（1）选项设置。主要是控制对于主控台上各菜单项的操作方式。在主控台界面，单击菜单"系统—设置—选项设置"，进入"选项设置"界面，如图 6.27 所示。用户可自定义管理门户、人力资源系统、K3WEB、供应商协同平台站点名称。单击"确定"按钮后，设置生效。

选择系统时动态刷新下级菜单：影响的系统包括报表、销售管理、仓存管理、采购管理、万能报表。

选中子系统时动态刷新下级菜单：影响的子系统包括财务分析—自定义报表分析、财务分析—因素分析、基础资料—公共资料；这些选项仅对某一个具体的客户端有效，不影响其他客户端的设置。

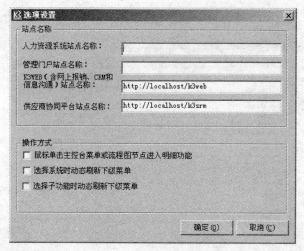

图 6.27　主控台—选项设置

（2）应用。在主控台界面，单击菜单"系统—设置—主控台编辑器"，进入"主控台编辑器"界面，如图 6.28 所示。

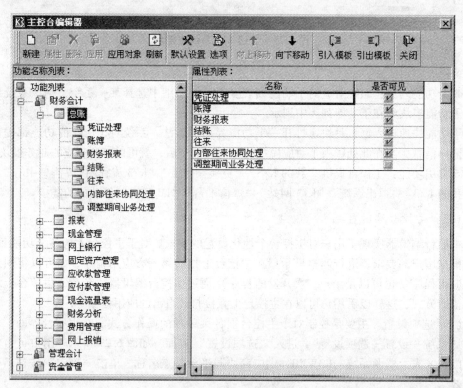

图 6.28　主控台编辑器

此处与 K/3 主控台界面上显示的内容是一致的。通过对主控台编辑器的一些相应设置，可以对 K/3 主控台界面进行一些个性化的设置。用户只能够编辑当前操作用户的主控台内容，无法修改其他用户的主控台内容。

①在"主控台编辑器"界面右边的"属性列表"中，双击需要重命名的项目，当光标闪烁在"名称"输入框时，可以重新输入目标名称；此时，工具栏中"应用"功能按钮被自动激活，单击该按钮来保存对项目名称所作的修改；如果用户没有及时通过"应用"按钮来保存修改，系统还会在用户操作"功能名称列表"内容时，弹出是否保存的提示框，单击"是"按钮，保存刚才的名称修改；反之，单击"否"按钮；最后单击工具栏"关闭"按钮，退出主控台编辑器，所作修改在主控台界面得到显示。

②通过同类项目间位置的"向上移动""向下移动"按钮，可以实现功能按日常应用实际的优先次序列示。

③通过新建自定义项目，可以实现在主控台上增加外挂第三方程序（创建快捷方式）的功能。如果"属性列表"界面列示的项目属于非明细功能，单击工具栏"新建"按钮，弹出"新建"对话框中只有"项目名称"输入框；如果"属性列表"界面列示的项目属于明细功能，单击工具栏"新建"按钮，弹出"新建"对话框，界面中有项目名称（当前功能项目在主控台上的显示名称）、助记码（可通过主控台右上角的快捷方式直接进入该项目的功能界面）和程序路径（指定该功能的程序路径）三项。

④如果选中的自定义项目属于明细功能类，则工具栏"属性"按钮被自动激活，单击"属性"按钮，在"属性"对话框中，可以对该项目的名称、助记码、程序路径进行重新设置；用户也可以通过在"属性列表"中，对该项目的名称、助记码、是否可见进行重新设置。如果选中的自定义项目属于非明细功能类，则只能在"属性列表"中，对项目名称、助记码进行重新设置。

⑤在"属性列表"中，用户选中将要删除的自定义项目，此时，工具栏"删除"按钮被自动激活。单击"删除"按钮，按提示操作即可。

⑥单击工具栏"应用"按钮，将主控台编辑的效果应用到本地机器；单击工具栏"应用对象"，将主控台编辑的效果应用到不同的对象。

⑦单击工具栏"选项"按钮，可以对系统登录界面进行设置。

⑧如果通过主控台编辑器设置后，用户认为主控台的显示还不够理想或者不够实用，可以通过主控台编辑器的"默认设置"按钮，来将用户的自定义设置恢复到系统默认设置（"主控台编辑"和"选项设置"）。

## 6.2.2 系统工具

### 6.2.2.1 主要内容

金蝶 K/3 客户端工具包收容了数据交换工具、传输工具、辅助工具、系统工具、单据套打工具，合并报表工具，BOS 平台和 Adapter 配置器等。具体内容分别为：

（1）数据交换工具包括销售发票引入引出、固定资产数据、科目转换工具、报表函数科目转换工具。

（2）传输工具包括报表后台自动重算定义、分销传输服务管理器、分销传输配置工具、分销管理单据自动传输。

（3）辅助工具包括代理服务、K/3 万能报表、单据自定义、网络检查工具。

（4）系统工具包括远程组件配置工具、络控制工具、通信平台服务器、后台服务、看板预警服务器、系统用户配置、CRM 定时更新设置、商业分析配置管理。

（5）单据套打工具包括财务单据套打、供应链单据套打等。

（6）合并报表工具包括项目数据备份工具、项目数据修改工具、远程登录设置工具、账套升级工具、抵消分录取数类型升级工具、共享项目检查工具。

（7）BOS 平台包括金蝶 K3 BOS 集成开发工具、BOS 万能报表工具、BOS 数据交换平台、BOS 远程数据传输工具。

（8）Adapter 配置器包括 K3 WebServices、企业元数据发现。

### 6.2.2.2　主界面

单击"开始—程序—金蝶 K3 WISE 创新管理平台—金蝶 K3 工具—客户端工具包"，或者在金蝶 K/3 主界面，单击菜单"系统—K/3 客户端工具包"，进入"金蝶 K/3 客户端"界面，如图 6.29 所示，然后选择相应功能进行操作。

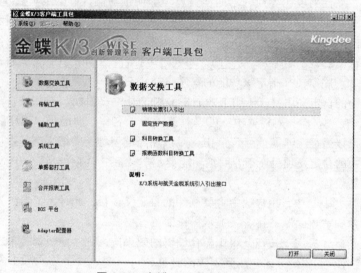

图 6.29　金蝶 K/3 客户端工具包

# 7  财务业务处理

金蝶财务会计系统包括总账系统、固定资产管理系统、工资管理、应收款管理和应付款管理，以及报表系统。金蝶 K/3 系统为了业务处理的方便，将工资管理集成到人力资源模块部分，但工资管理仍然是财务业务处理中非常重要的工作之一。财务会计工作的基本业务处理是涉及审核原始凭证、编制记账凭证，以及记账、对账、结账等一系列会计处理工作。此外，还涉及与客户相关联的应收款管理和与供应商相关联的应付款管理。本章将主要介绍金蝶 K/3 的总账、现金管理、工资管理以及固定资产等财务模块。

## 7.1  金蝶 K/3 总账系统

总账系统是财务会计系统中最核心的子系统，以凭证处理为中心，进行账簿报表的管理。可与各个业务系统无缝连接，实现数据共享。企业所有的核算最终在总账中体现。总账系统与其他系统接口如图 7.1 所示。

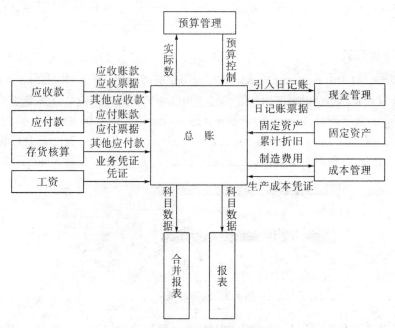

**图 7.1  总账系统与其他系统接口**

总账系统主要功能包括多重辅助核算、科目计息控制、科目预算控制、凭证分账制核算流程、强大的账簿报表查询、多币别核算的处理、往来业务的核算处理、精确计算账龄、与其他业务系统无缝链接；对业务系统生成的凭证提供明细管理功能、自动转账处理、期末调汇处理、期末损益结转；结账日控制和集团内部往来协同等。这些主要的功能则可以分为初始设置、日常处理、期末处理三个大的方面的工作。如图7.2所示。

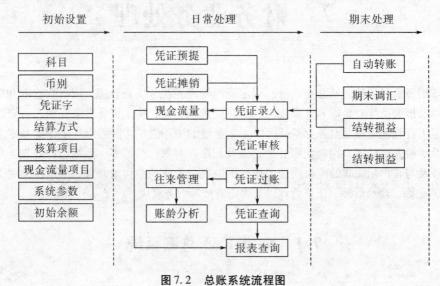

图 7.2　总账系统流程图

### 7.1.1　总账系统初始化

总账系统的初始化涉及的基本流程包括系统设置、基础资料设置、初始数据录入、结束初始化。

#### 7.1.1.1　系统设置

（1）单击"开始—程序—金蝶 K3 WISE 创新管理平台"，进入"金蝶 K3 WISE 创新管理平台"登录界面，选择组织结构、账套名，并以命名用户的身份登录 K/3 客户端，也可以使用内设的系统管理员 Administrator 登录，进入"金蝶 K/3 系统主控台"界面。

（2）在金蝶 K/3 系统主控台界面，选择"系统设置—基础资料—公共资料—科目"，单击菜单"文件—从模板中引入科目"功能，打开"科目模板"界面，如图7.3所示。

图 7.3　科目模板引入

用户可以根据需要来选择"行业"科目体系，然后单击"引入"按钮，打开"引入科目"界面，如图7.4所示。用户选择全部或部分科目，单击"确定"按钮，完成科目引入。

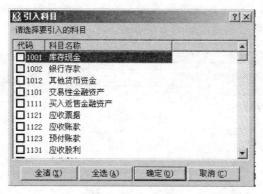

图 7.4　引入科目

（3）在金蝶 K/3 系统主控台界面，单击"系统设置—总账—系统参数"，弹出系统参数对话框，可以进行"系统""总账""会计期间"3 类系统参数设置，如图 7.5 所示。

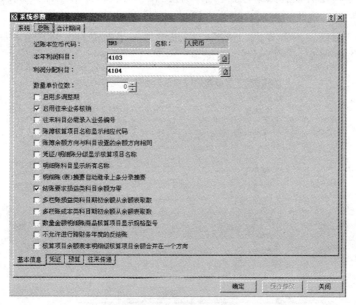

图 7.5　系统参数—总账

其中，"系统"标签页即为"设置账套属性"中的"系统"标签页的内容，可在此处修改。"会计期间"标签页在此处只是浏览和查看，因为它已在新建账套中确定，不能修改。"总账"标签页下面又包括"基本信息""凭证""预算"和"往来传递"四个信息页。

### 7.1.1.2　基础资料设置

基础资料中的公共资料不仅是总账系统的基础数据，也是为其他财务会计子系统或者说整个 K/3 系统所共同使用，是整个系统不可缺少的资料。公共资料可以分为两大类，一类包括科目、币别、凭证字、计量单位、结算方式、客户和供应商等几项基本公共资料；另一类是核算项目，系统提供了客户、职员、供应商、物料、仓库、部门、分支机构和现金流量项目等组别。核算项目与科目连用，其功能类似于明细科目，但弥补了明细会计科目设置过多不利于系统运行等缺陷。

（1）币别。在金蝶 K/3 系统主控台界面，选择"系统设置—基础资料—公共资料—币别"，进入"币别—新增"界面，如图 7.6 所示。

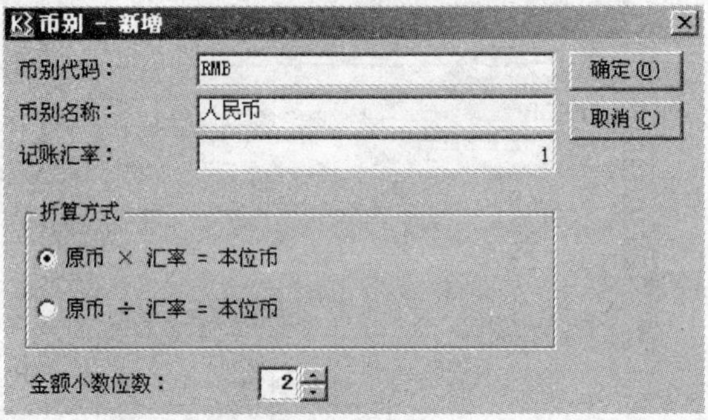

图 7.6　币别—新增

（2）凭证字。常有设置方案包括：第一种：收、付、转；第二种：现收、现付、银收、银付、转；第三种：现收、现付、银收、银付、转、特；第四种：记。

在金蝶 K/3 系统主控台界面，选择"系统设置—基础资料—公共资料—凭证字"，进入"凭证字—新增"界面，如图 7.7 所示。

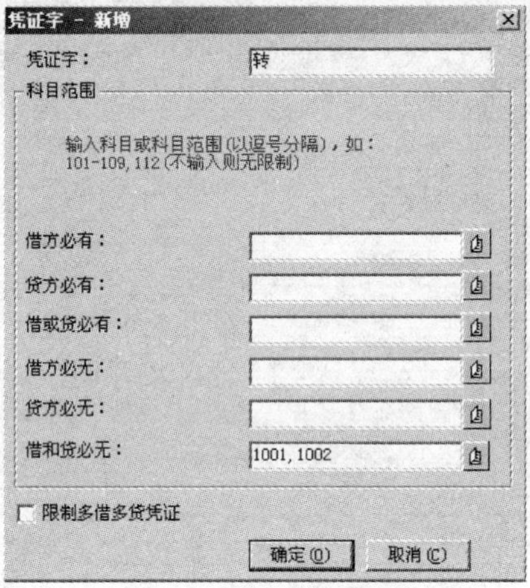

图 7.7　凭证字—新增

在会计上只要是一级科目相同的科目就视同为同一科目，一级科目不同则不视为多个科目。限制多借多贷凭证即在总账系统进行凭证录入时，如果选择了限制多借多贷的凭证字，则系统将对当前凭证进行判断，对多借多贷凭证不允许保存。对于一借一贷、一借多贷、多借一贷的凭证系统不作上述限制。

（3）计量单位。由于有些物料的计量单位可能会有几个，一个为主计量单位，其他为辅助计量单位，为了能够体现该物料多种计量方法及这些计量单位之间的运算关系，所以本系统将其设置成一个一个的计量单位组，在组中各计量单位是主计量单位和辅助计量单位的关系。因此一个计量单位组系统只默认一个计量单位，默认计量单位的系数为 1。此计量单位组中其他的计量单位都为辅助计量单位，辅助计量单位的系数为计量单位的倍数。

对物料的设置会涉及计量单位。在本系统中对计量单位进行设置，首先要设置计量单位组，再在组中设置计量单位。

在金蝶 K/3 系统主控台界面，选择"系统设置—基础资料—公共资料—计量单位"，进入"计量单位—新增"界面，如图 7.8 所示。

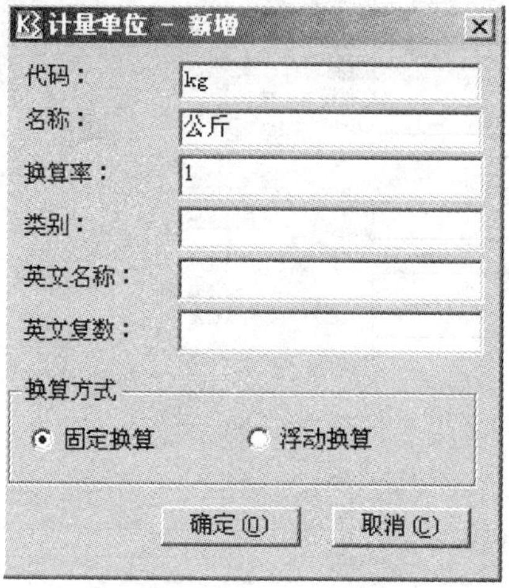

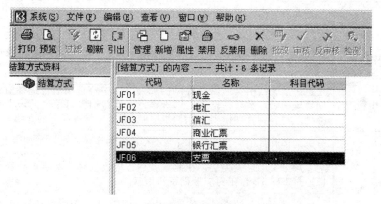

图 7.8　计量单位—新增

（4）结算方式。结算方式是企业往来业务中的结款方式，如现金结算。在凭证中应用"银行存款"科目时可以进行选择录入。也可应用于供应链和应收应付系统中的单据。

在金蝶 K/3 系统主控台界面，选择"系统设置—基础资料—公共资料—结算方式"，如图 7.9 所示。

图 7.9　结算方式

（5）客户和供应商。可以分别与对应的会计科目相连参与财务账务处理，同时也是应付账款系统、采购系统、仓存系统和存货核算系统中各种单据的内容。

客户资料提供管理存货流转的消费者信息的功能。客户是企业购销业务流程的终点，也是企业执行生产经营业务的直接外因，设置客户管理不仅是销售管理的重要组成部分，同时也是应收款管理、信用管理、价格管理所不可或缺的基本要素，因此用户应对客户资料的设置给予高度重视。

在金蝶 K/3 系统主控台界面，选择"系统设置—基础资料—公共资料—客户"，如图 7.10 所示。客户资料的详细说明如表 7.1 所示。

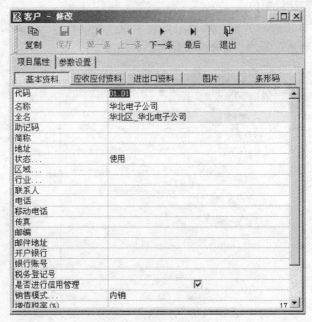

图 7.10    客户资料录入

表 7.1                                客户资料

| 数据项 | 说明 |
| --- | --- |
| 代码 | 即客户的编号，在金蝶 K/3 系统中一个代码标识了一个客户。 |
| 名称和全名 | 都是客户名称，前者是本客户的具体名称，类似短代码，由用户手工录入；后者是包括上级名称在内的客户名称，类似长代码，由系统自动给出。 |
| 助记码 | 帮助记忆客户的编码。在单据录入客户时，为了提高录入的速度可以用助记码进行录入 |
| 是否进行信用管理 | 是销售系统信用管理需要控制的属性，选中该选项后，选择资料维护—信用管理中确定参数并完善信用资料，才能在销售订单、销售发票等相关业务处理时起到管理作用。具体功能可参考信用管理部分的介绍。 |
| 销售模式 | 分为内销和外销两类，只有外销类型的客户可以在出口管理中录入单据 |
| 客户分类 | 对客户分类的隶属类别，在此设置后，可以按客户类别进行特价管理。可以通过 F7、F8 带出对应辅助资料信息。 |
| 销售方式 | 与客户进行业务的交易方式。可以通过 F7、F8 带出对应辅助资料信息 |
| 代管仓 | 在此设置代管虚仓，在可以进行代管业务。对于已经发生业务的客户，不能修改但可以增加此属性的设置。 |

供应商资料的设置和客户资料的设置非常类似，此处就不再赘述。

（6）部门。部门资料用来记录企业的组织结构的构成情况。用户可以根据实际情况来决定部门的级次结构。各个部门可以与会计科目相连参与财务账务处理，同时也是采购销售系统、仓存系统和存货核算系统中各种单据的组成部分。

在金蝶 K/3 系统主控台界面，选择"系统设置—基础资料—公共资料—部门"，如图 7.11 所示。

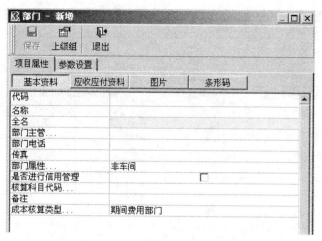

图 7.11　部门资料录入—明细

（7）职员。职员可以与会计科目相连参与财务账务处理，在工资系统中地位重要，同时也是采购销售系统、仓存系统和存货核算系统中各种单据的组成部分，应用最为广泛。

在金蝶 K/3 系统主控台界面，选择"系统设置—基础资料—公共资料—职员"，如图7.12 所示。

图 7.12　职员资料录入

（8）新增核算项目类别。K/3 系统已经预设了核算类别：客户、部门、职员、物料、仓库、供应商等。用户不要对预设类别进行删除操作，但可以根据自己的需要增设核算项目类别。

在金蝶 K/3 系统主控台界面，选择"系统设置—基础资料—公共资料—核算项目管理"，如图 7.13 所示。

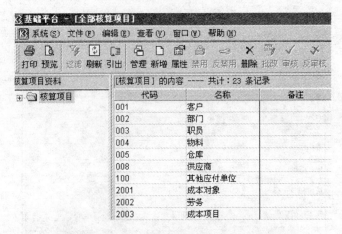

（a）列表

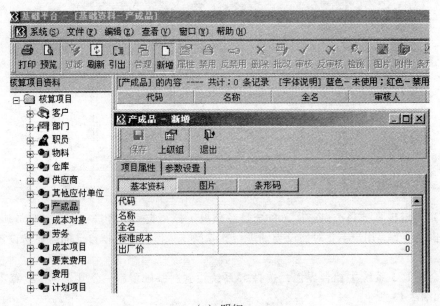

（b）类别

（c）明细

图 7.13　核算项目录入

（9）科目。系统将会计科目分为资产、负债、共同、权益、成本、损益、表外七大类，每组科目下面又进行了再次分类，科目分组目前分了两级，在前面的类别下又再分了一个类别，如资产分为流动资产和长期资产，在科目设置中必须选择某一个具体的科目类别。在本系统中会计科目可以引入，但引入的只是一级科目和少数会计科目体系有规定的二级科目，用户可以根据自身的需要新增二级科目和其他的级别明细科目，并对会计科目属性进行维护。会计科目的设置涉及物流系统核算以及财务入账等关键操作，用户要慎重设置。

在金蝶 K/3 系统主控台界面，选择"系统设置—基础资料—公共资料—科目"，如图7.14 所示。

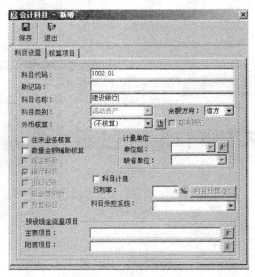

图 7.14　新增科目

如果要设置科目的相关辅助核算，则需要在科目设置界面进行核算项目的操作，如应收账款科目要求设置为客户辅助核算。如图 7.15 所示。各项目的详细说明如表 7.2 所示。

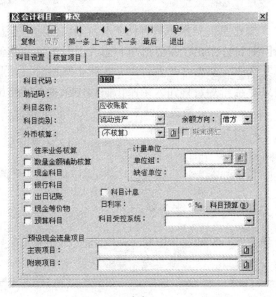

（a）

（b）

图 7.15  科目核算项目设置—核算项目类别

表 7.2                                          科目设置

| 数据项 | 说明 |
| --- | --- |
| 科目代码 | 科目的代码。在系统中必须唯一。科目代码必须由上级至下级逐级增加：即必须首先增加上级科目代码，只有上级科目代码存在后才能增加下级科目代码。科目代码由"上级科目代码＋本级科目代码"组成，中间用小数点进行分隔。 |
| 助记码 | 帮助记忆科目的编码。在录入凭证时，为了提高科目录入的速度可以用助记码进行科目录入。例如：将"现金"科目的助记码输为"xj"，则在输入现金科目时输入"xj"，系统将会自动找到"现金"科目。 |
| 科目名称 | 科目名称是该科目的文字标识。在命名科目名称时只需命名本级科目名称，不必带上级科目名称。输入的科目名称一般为汉字和字符。 |
| 科目类别 | 科目类别用于对科目的属性进行定义。科目的属性系统都已作了设定，共分五大类：资产类、负债类、共同类、所有者权益类、成本类、损益类。系统中损益类科目的特殊处理主要体现在两个方面：第一，在执行"结转本期损益"功能时，所有定义为"损益类"的科目的本期实际发生额都将全部自动结转；第二，在自定义报表中设置取数公式时，设定为"损益类"科目便可取出其实际发生额。 |
| 余额方向 | 余额方向是指该科目的余额默认的余额方向。一般资产类科目的余额方向在借方，负债类科目的余额方向在贷方。科目的这项属性对于账簿或报表输出的数据有直接影响，系统将根据科目的默认余额方向来反映输出的数值。例如：如果将"现金"科目的余额方向改为"贷方"，则其借方余额在自定义报表中就会反映为负数。 |

表7.2(续)

| 数据项 | 说明 |
|---|---|
| 外币核算 | 指定该科目外币核算的类型。具体核算方式分三种：①不核算外币（不进行外币核算，只核算本位币）；②核算所有外币（对本账套中设定的所有货币进行核算）；③核算单一外币（只对本账套中某一种外币进行核算）。若选择核算单一外币，要求选择一种进行核算的外币的名称。系统在处理核算外币的会时，会自动默认在"币别"功能中输入的汇率。 |
| 期末调汇 | 确定是否在期末进行汇率调整。只有科目进行了外币核算，此选项才可用。如选择期末调汇则在期末执行"期末调汇"功能时对此科目进行调汇。 |
| 往来业务核算 | 选择该选项，科目核算往来业务中，凭证录入时要求录入往来业务编号，适用于往来核销模块。此项选择将影响到《往来对账单》和《账龄分析表》的输出。 |
| 数量金额核算 | 确定是否进行数量金额辅助核算。若进行数量金额辅助核算，要求选择核算的计量单位。 |
| 计量单位 | 选择科目的计量单位组及缺省的计量单位。只有科目进行了数量金额核算，此项目才可使用。 |
| 现金科目 | 选中，则将科目指定为现金类科目。现金日记账和现金流量使用。 |
| 银行科目 | 选中，则将科目指定为银行科目。银行日记账和现金流量使用。 |
| 出日记账 | 选中，则在明细分类账中按日统计金额。 |
| 现金等价物 | 该选项供现金流量表取数使用。 |
| 科目计息 | 选中，则该科目参与利息的计算。 |
| 日利率 | 输入科目的日利率。只有选择了科目计息，日利率才可用。 |
| 科目受控系统 | 用户可以给明细的科目指定一个对应的受控系统。提供针对应收应付系统的控制。在用户录入应收应付模块中的收付款等单据时，系统将只允许使用那些被指定为受控于应收应付系统的科目。 |
| 核算项目 | 多项目核算，可全方位、多角度地反映企业的财务信息，并且科目设置多项目核算比设置明细科目更直观、更简洁、处理速度更快。例如，企业的往来客户单位有1000个以上，如果将往来客户设置成明细科目，那么，应收账款的二级明细科目至少达到1000多条，如果将往来客户设置成应收账款的核算项目，只要应收账款一个一级科目就可以了。每一科目可实现1024个核算项目的处理。 |

（10）物料设置。物料是原材料、半成品、产成品等企业生产经营资料的总称，是企业经营运作、生存获利的物质保障，物料资料的设置也成为设置系统基本业务资料的最基本、也是最重要的内容。

物料设置提供了物料资料的增加、修改、删除、复制、自定义属性、查询、引入引出、打印等功能，对企业所使用物料的资料进行集中、分级管理，其作用是标识和描述每个物料及其详细信息。同其他核算项目一样，物料可以分级设置，用户可以从第一级到最明细级逐级设置。

物料设置内容包括：基本资料、物流资料、计划资料、设计资料、标准数据、质量资料和进出口资料。每一个标签页分别保存与某一个主题相关的信息。比如说，物流资料标签页用于保存物流管理各系统需要使用到的物料资料，计划资料标签页用于保存生产管理

各系统需要使用到的物料资料

在金蝶 K/3 系统主控台界面，选择"系统设置—基础资料—公共资料—物料"，如图 7.16 所示。

图 7.16　物料录入

### 7.1.1.3　初始数据录入

当各项资料输入完毕后，接下来就可以开始初始数据的录入工作了。除非是无初始余额及累计发生额，否则所有用户都要进行初始余额设置。初始余额的录入分两种情况进行处理：一是账套的启用时间是会计年度的第一个会计期间，只需录入各个会计科目的初始余额；另一种情况是账套的启用时间非会计年度的第一个会计期间，此时需录入截止到账套启用期间的各个会计科目的本年累计借、贷方发生额、损益的实际发生额、各科目的初始余额。根据以上情况，在初始数据录入中要输入全部本位币、外币、数量金额账及辅助账、各核算项目的本年累计发生额及期初余额。

在金蝶 K/3 系统主控台界面，选择"系统设置—初始化—总账—科目初始数据录入"，进入"初始余额录入"窗口进行录入操作。如图 7.17 所示。

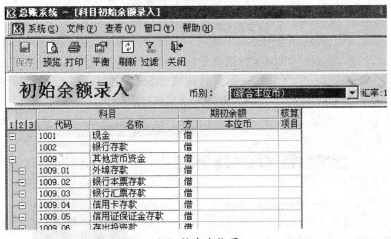

(a) 人民币

(b) 综合本位币

(c) 试算借贷平衡

**图 7.17 科目初始余额录入**

在"初始余额录入"窗口的"币别"下拉列表框中，可选择不同的货币币种进行录入。选择非本位币的其他币种时，所有的数据项目都会分为原币和折合本位币两项，在输入完原币数额后，系统会根据预设的汇率自动将原币折算为本位币，系统会将输入的各个币种的折合本位币汇总为综合本位币进行试算平衡。

在数据的录入过程中，系统提供了自动识别的功能：如果科目是数量金额核算，当光标移到该科目时，系统自动弹出"数量"栏供用户录入；如果科目是损益类科目，当光标移到该科目时，系统会自动弹出"损益类本年实际发生额"供用户录入；余额可分为借贷方两栏显示。当然，所有这些操作，应该在"过滤"工具栏中作出相应的选择。如果科目设置了核算项目，系统在初始数据录入的时候，会在科目的核算项目栏中做一标记"√"，单击"√"，系统自动切换到核算的初始余额录入界面，每录完一笔，系统会自动新增一行，当然，也可以单击鼠标右键增加新的一行来录入数据。如果科目设置了核算项目辅助核算，核算项目初始明细数据录入时，可以按F10批量选择需要录入的核算项目明细范围，系统将根据所选的核算项目范围生成表格分录，便于用户直接录入初始明细数据。

在"初始数据录入"界面中系统以不同的颜色来标识不同的数据：白色区域表示可以直接录入的账务数据资料，它们是最明细级普通科目的账务数据；黄色区域表示为非最明细科目的账务数据，这里的数据是系统根据最明细级科目的账务数据或核算项目数据自动汇总计算出来的；绿色区域系统预设或文本状态，此处的数据不能直接输入。最左边的小的数字按钮1、2、3表示科目的级次，选择不同的数字，可以录入不同级次科目的初始数据，也可以在初始余额的录入界面，单击"过滤"图标，选择"科目"标签进行相关的设置。

上述数据输入无误后，单击平衡或选择菜单"查看—试算平衡"，系统会弹出"试算平衡表"界面对数据进行试算平衡。

系统进行试算平衡时是将所有的账务数据合计在一起进行的，因此只有将所有的本位币、外币、核算项目账、数量金额账等全部数据录入完毕之后才能够进行总账数据的试算平衡。试算平衡表中会显示出所有一级科目的年初借方、年初贷方、累计借方、累计贷方、期初借方、期初贷方各项数值。在币别处选择某一币别时，单击"平衡"按键或选择菜单"查看—试算平衡"，显示的试算平衡表是该币别的试算平衡，选择"币别"为"综合本位币"，显示的试算平衡表是所有币别折合为综合本位币后的试算平衡，只要在综合本位币状态下试算平衡，系统就允许用户结束初始化，否则就不能结束初始化。

如果账套数据是平衡的，系统在界面的左下方以蓝字显示"试算结果平衡"的字样，借、贷方的差额为零；如果账套数据不平衡，系统会在界面的左下方以红字显示"试算结果不平衡"的字样，并显示借、贷方的差额数据，提示用户账务数据不正确，需要检查修改。用户可以在试算平衡表中仔细核对用户的账务数据，以确保账套初始数据准确无误。

初始数据录入工作可以和日常单据录入工作同时进行，只要在期末处理前关闭初始化即可。本业务系统提供了反初始化的功能，如果系统已经进行了期末处理，必须先反期末处理到账套启用期间后才能进行反初始化操作。这种操作，只有系统管理员才有权限。

### 7.1.2  总账日常业务管理

总账系统适用于各类企业、行政事业单位进行凭证处理、账簿查询、账务结转、损益调整、往来管理、系统维护等各种操作。此系统是一切财务数据的收集点，是K/3系统各个模块之间联系的交点。总账系统日常业务处理流程，如图7.18所示。

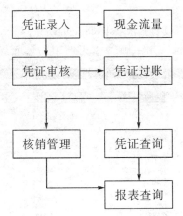

图 7.18　总账日常业务处理流程

### 7.1.2.1　凭证业务

会计凭证是整个会计核算系统的主要数据来源，是整个核算系统的基础，会计凭证的正确性将直接影响到整个会计信息系统的真实性、可靠性，因此系统必须要确保会计凭证录入数据的正确性。K/3 总账系统提供了十分安全、可靠、准确、快捷的会计凭证处理功能。

（1）凭证录入。在金蝶 K/3 系统主控台界面，选择"财务会计—总账—凭证处理—凭证录入"，在凭证上点击旁的下拉箭头，调出日历，单击某个日期即可选择财务日期；然后录入或选择摘要、科目、金额等内容，保存凭证即可。如图 7.19 所示。

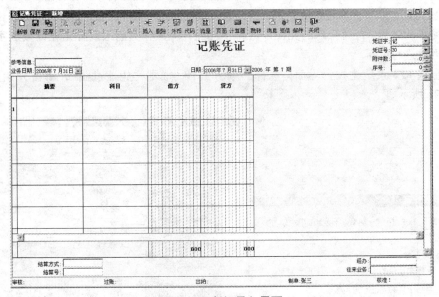

图 7.19　凭证录入界面

（2）凭证修改和删除。在金蝶 K/3 系统主控台界面，选择"财务会计—总账—凭证处理—凭证查询"，进入"会计分录序时簿"窗口。如图 7.20 所示。将光标定位于要修改的凭证上，单击工具条中相应的"修改"按钮。系统会显示记账凭证修改界面，修改后重新保存即可。

## 会计分录序时簿

| 日期 | 会计期间 | 凭证字号 | 分录号 | 摘要 | 科目代码 | 科目名称 | 币别 | 属 |
|---|---|---|---|---|---|---|---|---|
| 2006-07-01 | 2006.7 | 记 - 1 | 1 | 提现 | 1001 | 现金 | 人民币 | 1 |
| | | | 2 | 提现 | 1002.01 | 银行存款 - 建设银行 | 人民币 | 1 |
| 2006-07-01 | 2006.7 | 记 - 26 | 1 | 收到应收票据 | 1111 | 应收票据 | 人民币 | 1 |
| | | | 2 | 收到应收票据 | 1111 | 应收票据 | 人民币 | 1 |
| | | | 3 | | 1131 | 应收账款 | 人民币 | 1 |
| | | | 4 | | 1131 | 应收账款 | 人民币 | |
| 2006-07-02 | 2006.7 | 记 - 20 | 1 | 预收单 | 1002.01 | 银行存款 - 建设银行 | 人民币 | |
| | | | 2 | 预收单 | 2131 | 预收账款 | 人民币 | |
| 2006-07-05 | 2006.7 | 记 - 2 | 1 | 收个人欠款 | 1001 | 现金 | 人民币 | |
| | | | 2 | 收个人欠款 | 1133 | 其他应收款 | 人民币 | |
| 2006-07-10 | 2006.7 | 记 - 3 | 1 | 购物 | 1231.02 | 低值易耗品 - 空白光盘 | 人民币 | |
| | | | 2 | 购物 | 1002.01 | 银行存款 - 建设银行 | 人民币 | |
| 2006-07-15 | 2006.7 | 记 - 4 | 1 | 接收投资 | 1002.02 | 银行存款 - 中国银行 | 美元 | 2 |
| | | | 2 | 接收投资 | 3101 | 实收资本（或股本） | 人民币 | 18 |
| 2006-07-20 | 2006.7 | 记 - 5 | 1 | 报销通讯费 | 5502.03 | 管理费用 - 通讯费 | 人民币 | |
| | | | 2 | 报销通讯费 | 1001 | 现金 | 人民币 | |

图 7.20　凭证查询界面

（3）凭证审核。凭证审核是对凭证正确性的审查。凭证审核分为"审核"和"成批审核"两种。

在"会计分录序时簿"中将光标定位于需要审核的凭证上，然后在工具条中单击审核按钮，系统进入记账凭证窗口，在此窗口可以对记账凭证进行检查，然后单击工具条中审核按钮即表示审核通过，系统会在审核人处进行签章。

选择菜单"编辑—成批审核"选项，进入"成批审核凭证"界面，如图 7.21 所示，选择"审核未审核的凭证"选项后，单击"确定"按键，则会将会计序时簿中所有的凭证成批审核。

（4）凭证过账。凭证过账就是系统将已录入的记账凭证根据其会计可以登记到相关的明细账簿中的过程。经过记账的凭证以后将不再允许修改，只能采取补充凭证或红字冲销凭证的方式进行更新。

在金蝶 K/3 系统主控台界面，选择"财务会计—总账—凭证过账"，单击开始过账，如图 7.22 所示。

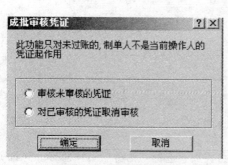

图 7.21　凭证审核界面

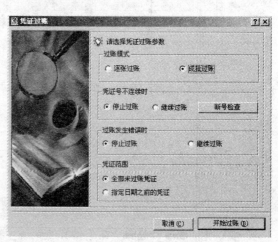

图 7.22　凭证过账界面

（5）凭证汇总。在金蝶 K/3 系统主控台界面，选择"财务会计—总账—凭证处理—凭证汇总"，如图 7.23 所示。

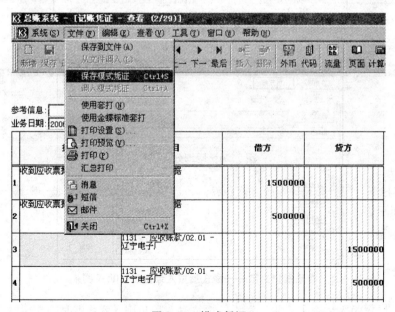

| 科目代码 | 科目名称 | 借方金额 | 贷方金额 |
|---|---|---|---|
| 1001 | 现金 | 23,000.00 | 23,100.00 |
| 1002 | 银行存款 | 119,822.08 | 20,200.00 |
| 1111 | 应收票据 | 20,000.00 | 79,300.00 |
| 1131 | 应收账款 | 89,300.00 | 60,000.00 |
| 1133 | 其他应收款 | 13,000.00 | 9,000.00 |
| 1141 | 坏账准备 | 7,700.00 | 5,000.00 |
| 1231 | 低值易耗品 | 200.00 | |
| 1501 | 固定资产 | 10,000.00 | 223,000.00 |
| 1502 | 累计折旧 | 21,784.64 | 3,367.97 |
| 1701 | 固定资产清理 | 201,215.36 | |
| 2121 | 应付账款 | 5,000.00 | |
| 2131 | 预收账款 | 5,000.00 | 5,000.00 |
| 2151 | 应付工资 | | 22,800.00 |
| 3101 | 实收资本（或股本） | | 161,000.00 |
| 3131 | 本年利润 | 20,850.00 | 100,000.00 |
| 4101 | 生产成本 | 10,000.00 | |
| 4105 | 制造费用 | 11,784.64 | 10,000.00 |
| 5102 | 其他业务收入 | 100,000.00 | 100,000.00 |
| 5502 | 管理费用 | 24,483.33 | 24,600.00 |
| 5503 | 财务费用 | 177.92 | |
| | 合计 | 683,317.97 | 846,367.97 |

凭证汇总表 凭证字：全部 汇总张数：29
日期：2006-7-1 至 2006-7-31 币别：人民币 附件

图 7.23 凭证汇总表

（6）模式凭证。在金蝶 K/3 系统主控台界面，选择"财务会计—总账—凭证查询—文件—保存模式凭证"，如图 7.24 所示。

图 7.24 模式凭证

### 7.1.2.2 常用账簿

（1）总分类账。在金蝶 K/3 系统主控台界面，选择"财务会计—总账—账簿—总分类账"，如图 7.25 所示。

| 科目代码 | 科目名称 | 期间 | 摘要 | 借方 | 贷方 | | 余额 |
|---|---|---|---|---|---|---|---|
| 1001 | 现金 | 7 | 期初余额 | | | 借 | 37,400.00 |
| | | 7 | 本期合计 | 23,000.00 | 23,100.00 | 借 | 37,300.00 |
| | | 7 | 本年累计 | 43,000.00 | 53,100.00 | 借 | 37,300.00 |
| 1002 | 银行存款 | 7 | 期初余额 | | | 借 | 923,800.00 |
| | | 7 | 本期合计 | 119,822.08 | 20,200.00 | 借 | 1,023,422.08 |
| | | 7 | 本年累计 | 204,222.08 | 70,200.00 | 借 | 1,023,422.08 |
| 1111 | 应收票据 | 7 | 期初余额 | | | 借 | 64,300.00 |
| | | 7 | 本期合计 | 20,000.00 | 79,300.00 | 借 | 5,000.00 |
| | | 7 | 本年累计 | 84,300.00 | 79,300.00 | 借 | 5,000.00 |
| 1131 | 应收账款 | 7 | 期初余额 | | | 借 | 60,000.00 |
| | | 7 | 本期合计 | 89,300.00 | 60,000.00 | 借 | 89,300.00 |
| | | 7 | 本年累计 | 109,300.00 | 60,000.00 | 借 | 89,300.00 |
| 1133 | 其他应收款 | 7 | 期初余额 | | | 借 | 3,000.00 |
| | | 7 | 本期合计 | 13,000.00 | 9,000.00 | 借 | 7,000.00 |
| | | 7 | 本年累计 | 16,000.00 | 9,000.00 | 借 | 7,000.00 |
| 1141 | 坏账准备 | 7 | 期初余额 | | | 贷 | 3,000.00 |
| | | 7 | 本期合计 | 7,700.00 | 5,000.00 | 贷 | 300.00 |
| | | 7 | 本年累计 | 7,700.00 | 5,000.00 | 贷 | 300.00 |
| 1231 | 低值易耗品 | 7 | 期初余额 | | | 借 | 20.00 |
| | | 7 | 本期合计 | 200.00 | | 借 | 220.00 |
| | | 7 | 本年累计 | 200.00 | | 借 | 220.00 |

图 7.25  总分类账

（2）明细分类账。在金蝶 K/3 系统主控台界面，选择"财务会计—总账—账簿—明细分类账"，如图 7.26 所示。

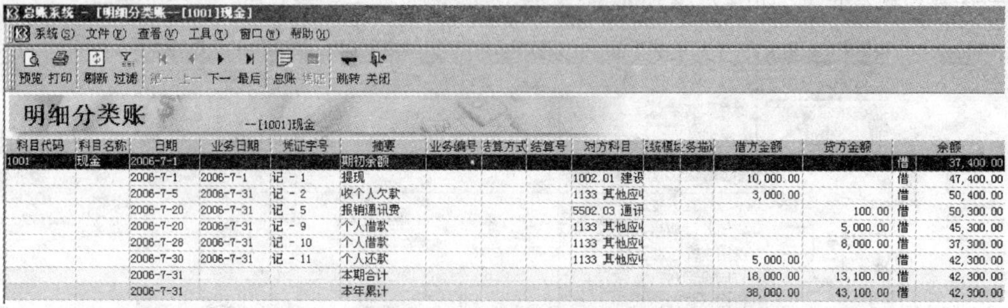

| 科目代码 | 科目名称 | 日期 | 业务日期 | 凭证字号 | 摘要 | 业务编号 | 结算方式 | 结算号 | 对方科目 | 借方金额 | 贷方金额 | | 余额 |
|---|---|---|---|---|---|---|---|---|---|---|---|---|---|
| 1001 | 现金 | 2006-7-1 | | | 期初余额 | | | | | | | 借 | 37,400.00 |
| | | 2006-7-1 | 2006-7-1 | 记－1 | 提现 | | | | 1002.01 建设 | 10,000.00 | | 借 | 47,400.00 |
| | | 2006-7-5 | 2006-7-31 | 记－2 | 收个人欠款 | | | | 1133 其他应收 | 3,000.00 | | 借 | 50,400.00 |
| | | 2006-7-20 | 2006-7-31 | 记－5 | 报销通讯费 | | | | 5502.03 通讯 | | 100.00 | 借 | 50,300.00 |
| | | 2006-7-20 | 2006-7-31 | 记－9 | 个人借款 | | | | 1133 其他应收 | | 5,000.00 | 借 | 45,300.00 |
| | | 2006-7-28 | 2006-7-31 | 记－10 | 个人借款 | | | | 1133 其他应收 | | 8,000.00 | 借 | 37,300.00 |
| | | 2006-7-30 | 2006-7-31 | 记－11 | 个人还款 | | | | 1133 其他应收 | 5,000.00 | | 借 | 42,300.00 |
| | | 2006-7-31 | | | 本期合计 | | | | | 18,000.00 | 13,100.00 | 借 | 42,300.00 |
| | | 2006-7-31 | | | 本年累计 | | | | | 38,000.00 | 43,100.00 | 借 | 42,300.00 |

图 7.26  明细分类账

（3）多栏账。在金蝶 K/3 系统主控台界面，选择"财务会计—总账—账簿—多栏账"，如图 7.27 所示。

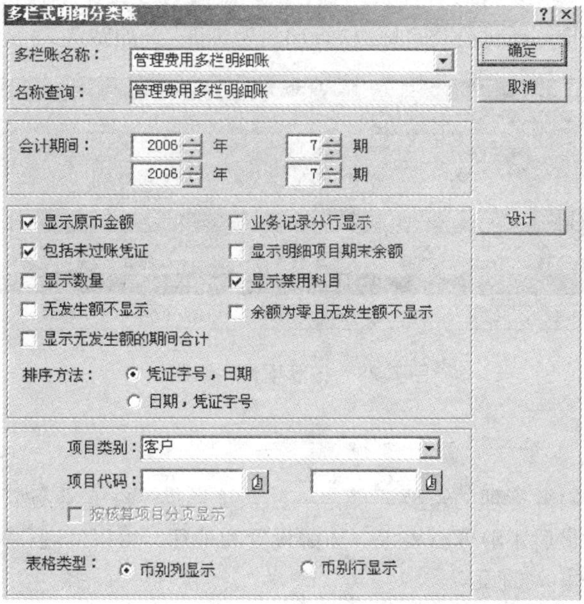

（a）过滤

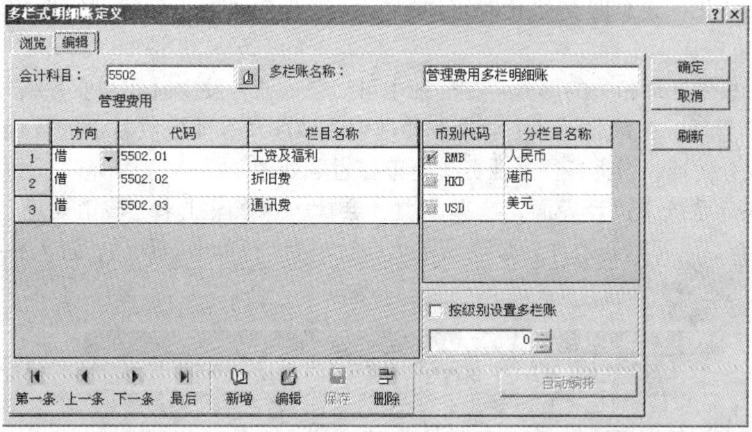

（b）定义

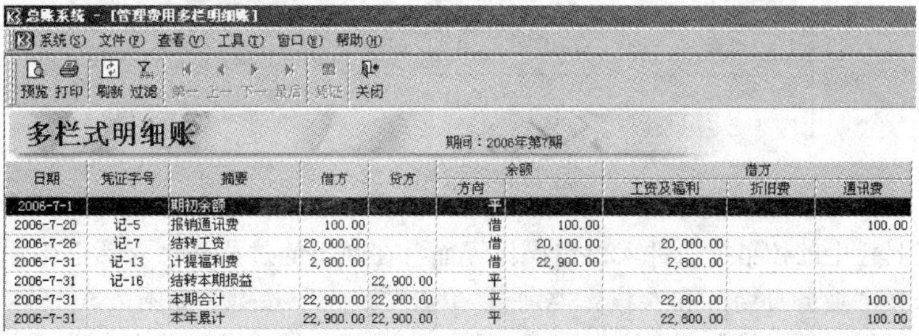

（c）列表

图 7.27  多栏账

（4）核算项目分类总账和核算项目明细账。在金蝶 K/3 系统主控台界面，选择"财务会计—总账—账簿—核算项目分类总账/核算项目明细账"，如图 7.28 所示。

图 7.28　核算项目明细账

### 7.1.2.3　往来核算

往来业务管理是财务管理的重要职能之一，系统提供了往来业务管理的功能。通过设置、核销、对账单，最后账龄分析表等一体的设置和处理，可以实现往来业务的管理。

（1）与往来业务相关的设置。

①系统参数的设置：启用往来业务核销；往来业务必须录入业务编号。

②科目设置中选择"往来业务核算"。

③业务初始化：在总账初始化时可以录入每笔业务的发生额情况、发生时间、业务编号。

④凭证与核销处理相关的部分：在凭证中可以录入业务发生时间和业务编号。

（2）核销管理。在日常所有往来业务处理中，如涉及其他应收款、应收账款、应付账款等科目的业务凭证，须将各往来业务进行审核过账处理。

在金蝶 K/3 系统主控台界面，选择"财务会计—总账—往来—核销处理"，在弹出的"过滤条件"窗口选择筛选条件，必须录入"会计科目"；单击确认后，进入核销日志。如图 7.29 所示。

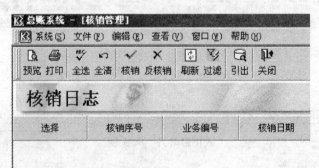

图 7.29　核销日志

单击工具栏中的核销按钮进入核销操作界面。在弹出的过滤条件对话框中输入筛选条件，注意选择"业务日期"和"核算类别"，单击"确定"按键。如图 7.30 所示。

选择带核销记录，单击核销按钮实现对业务记录的核销，或者单击自动，由系统根据业务编号执行自动核销，如图 7.31 所示。

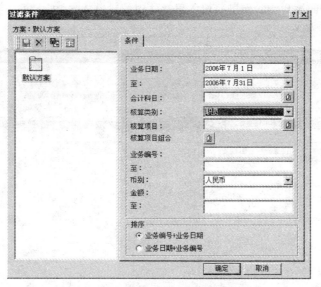

图 7.30　核销处理过滤条件界面

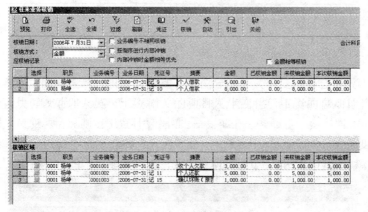

图 7.31　核销处理界面

（3）往来对账单。往来业务管理在企业的财务管理中占有重要的地位，往来业务资料的准确与否直接关系到财务工作的各个方面，及时进行往来业务的对账可有效地对往来业务进行管理。

在金蝶 K/3 系统主控台界面，选择"财务会计—总账—往来—往来对账单"，在弹出的"过滤条件"窗口选择筛选条件，点击确定后，显示该客户往来情况。如图 7.32 所示。

建议进行往来业务核销的业务处理之后，再查询往来对账单，对往来对账单的查询可以按业务编号进行汇总，以查询出未核销的资料。

（4）确认坏账。在金蝶 K/3 系统主控台界面，选择"财务会计—总账—往来—往来对账单"，选中往来对账单的明细数据，单击"确认坏账"，系统弹出界面要求确认坏账金额、坏账原因、审核人、坏账准备科目等信息后，生成一张确认坏账的凭证。

可进行坏账确认的前提条件：①系统已经启用往来业务核销；②选择"未核销"的过滤方式进入往来对账单；③可进行坏账确认的凭证必须是已经过账的凭证。

| 业务日期 | 凭证日期 | 期间 | 凭证 | 摘要 | 业务编号 | 借方 | 贷方 | | 余额 |
|---|---|---|---|---|---|---|---|---|---|
| 2006-7-31 | 2006-7-5 | 2006.7 | 记 - 2 | 收个人欠款 | 0001001 | | 3,000.00 | 借 | -3,000.00 |
| | | | | 小计 | 0001001 | | 3,000.00 | 借 | -3,000.00 |
| 2006-7-31 | 2006-7-20 | 2006.7 | 记 - 9 | 个人借款 | 0001002 | 5,000.00 | | 借 | 5,000.00 |
| 2006-7-31 | 2006-7-30 | 2006.7 | 记 - 11 | 个人还款 | 0001002 | | 5,000.00 | 平 | |
| | | | | 小计 | 0001002 | 5,000.00 | 5,000.00 | 平 | |
| 2006-7-31 | 2006-7-28 | 2006.7 | 记 - 10 | 个人借款 | 0001003 | 8,000.00 | | 借 | 8,000.00 |
| 2006-7-31 | 2006-7-31 | 2006.7 | 记 - 15 | 确认坏账（原因 | 0001003 | | 1,000.00 | 借 | 7,000.00 |
| | | | | 小计 | 0001003 | 8,000.00 | 1,000.00 | 借 | 7,000.00 |
| | | | | 总计 | | 13,000.00 | 9,000.00 | 借 | 4,000.00 |

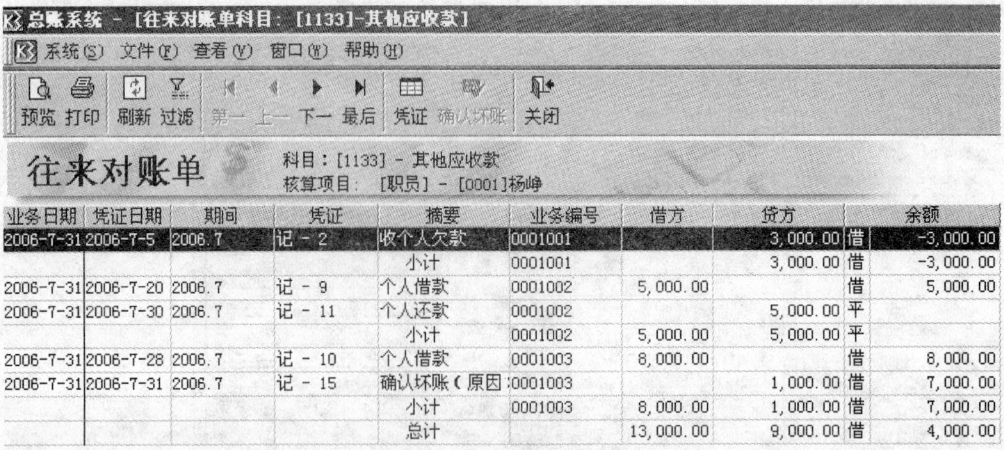

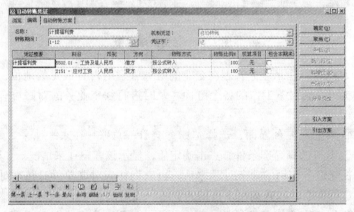

图 7.32　往来对账单

另外，对初始化金额进行坏账确认时，还需要在过滤条件中选择“显示初始化余额明细”才可进行。

（5）账龄分析表。账龄分析表主要是用于对往来核算科目的往来款项余额的时间分布进行分析。进行了往来业务核销后，系统可以精确的计算账龄。

在金蝶 K/3 系统主控台界面，选择“财务会计—总账—往来—账龄分析表”，在过滤条件中选择项目类别，单击确定进入即可。

#### 7.1.2.4　期末处理

当所有当期日常业务录入完毕后，就要进行期末的账务处理的结账，其工作主要有汇率调整、结转本期损益、自动转账和期末结账四个方面的工作。

（1）自动转账。在金蝶 K/3 系统主控台界面，选择“财务会计—总账—结账—自动结转—编辑—新增”，在过滤条件中选择项目类别，单击确定进入即可。如图 7.33 所示。

图 7.33　自动转账

在编辑自定义转账凭证时，转账方式有六种：“转入”指该会计科目属于转入科目；“按比例转出余额”指按该科目余额的百分比例转出；“按比例转出贷方发生额”指按该科目的贷方发生额的比例转出；“按比例转出借方发生额”指按该科目的借方发生额的比例转出；"按公式转出"指根据后面的"公式定义"中的公式取数转出；"按公式转入"指根据后面的"公式定义"中的公式取数转入。具体设置内容的说明如表7.3所示。如果涉及公式，这需要对公式进行定义，如图7.34所示。

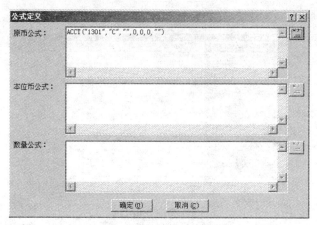

图 7.34　自动转账公式设置

表 7.3　　　　　　　　　　　　　　自动转账设置

| 数据项 | 说明 |
| --- | --- |
| 转账期间 | 系统提供了 1～12 个会计期间，根据本需要可全选。 |
| 凭证字 | 选择生成凭证的凭证字。 |
| 凭证摘要 | 手工录入正确的意思表达。 |
| 科目 | 双击后会自动弹出"科目"对话框，用户可以选择需要的会计科目。选择科目时必须注意要选择科目的最明细一级，如是非明细科目则只能转出。 |
| 币别 | 显示币别。 |
| 方向 | 会计分录的借贷方向，可以根据转账方式"自动判断"，除非确定，否则建议用户选择"自动判断"。 |
| 转账方式 | 科目的"余额""借方发生额""贷方发生额"等转出的金额和方式，共有六种。 |
| 转账比例 | 用于选择了比例转入（出）的转账方式，直接录入百分比例。 |
| 核算项目 | 如果会计科目下还下挂核算项目，则在此选择相应的核算项目。 |
| 包含本期未过账凭证 | 选择"包含"和"不包含"二者之一。 |
| 公式定义 | 当"转出方式"选择"按公式转入或转出"，则在此定义公式，根据科目是否下设外币及数量，可以录入原币取数公式、本位币取数公式、数量取数公式。公式设置可以按 F7 或点按工具条中"获取"按钮进入公式向导辅助输入，公式的语法与自定义报表完全相同，通过取数公式可取到账上任意的数据。另外，在公式中还可录入常数。 |
| 机制凭证 | 提供了自动转账凭证的一些控制参数，如期末调汇、结转损益、自动转账等。 |

（2）期末调汇。主要用于对外币核算的账户在期末自动计算汇兑损益，生成汇兑损益转账凭证及期末汇率调整表。只有在会计科目中设定了"期末调汇"的科目才会进行期末调汇处理。在结账处理窗口中，单击期末调汇按钮，系统会进入期末调汇向导窗口，根据

向导的提示生成转账凭证，并同时生成一张调汇表。

在金蝶 K/3 系统主控台界面，选择"财务会计—总账—结账—期末调汇"，在此处录入期末汇率，即调整汇率，单击下一步，选择一个损益科目，单击完成即可生成一张调汇凭证。审核凭证并过账。如图 7.35 所示。

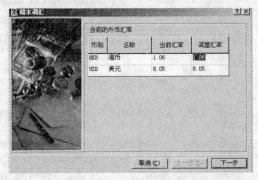

（a）当前外币汇率

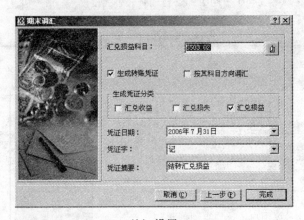

（b）设置

图 7.35　期末调汇

（3）结账损益。主要是将所有损益类科目的本期余额全部自动转入本年利润科目，自动生成结转损益记账凭证。

在金蝶 K/3 系统主控台界面，选择"财务会计—总账—结账—结转损益"，如图 7.36 所示。

注意：用户切勿忘记要将"结转损益"生成的转账凭证审核过账，否则无法结账。

（4）期末结账。在本期所有的会计业务全部处理完毕之后，就可以进行期末结账了。系统的数据处理都是针对于本期的，要进行下一期间的处理，必须将本期的账务全部进行结账处理，系统才能进入下一期间。

在金蝶 K/3 系统主控台界面，选择"财务会计—总账—结账—期末结账"，如图 7.37 所示。

图 7.36　结转损益

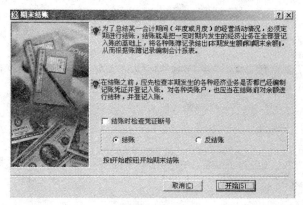

图 7.37　期末结账

## 7.2　金蝶 K/3 现金管理

现金管理系统是基于三层结构体系开发的管理子系统，是金蝶 K/3 系统的组成部分之一。它既可同总账系统联合起来使用，也可单独提供给出纳人员使用。现金管理系统能处理企业中的日常出纳业务，包括现金业务、银行业务、票据管理及其相关报表、系统维护等内容，同时会计人员能在该系统中根据出纳录入的收付款信息生成凭证并传递到总账系统。图 7.38 给出了现金管理系统与其他系统之间的关系。

### 7.2.1　现金管理系统初始化

现金管理系统包括单位的银行日记账、现金日记账的初始余额的引入，银行未达账、企业未达账初始数据的录入，余额调节表的初始设置。

#### 7.2.1.1　引入科目及科目金额数据

在金蝶 K/3 系统主控台界面，选择"系统管理—初始化—现金管理—初始数据录入"，系统进入初始数据录入状态。单击编辑菜单中从总账引入科目选项，系统将从总账系统中导入设置好的科目，如图 7.39 所示。

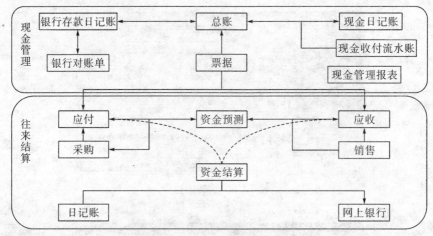

图 7.38　现金管理数据接口

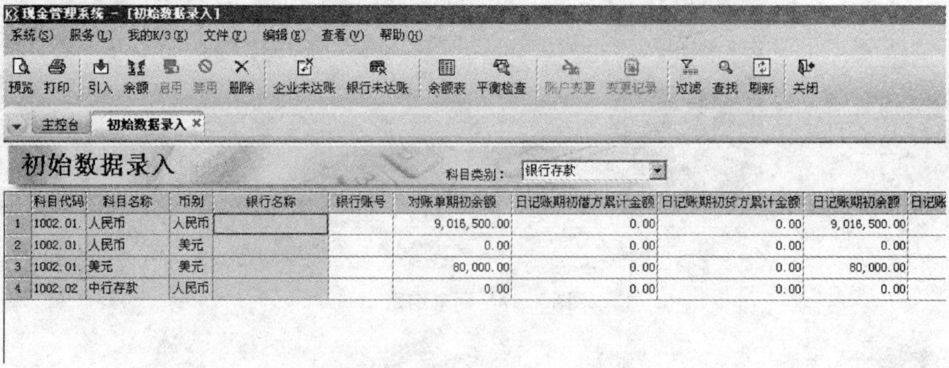

图 7.39　初始数据录入

（1）从总账引入的科目属性必须是"科目设置"中的现金科目或银行科目，否则科目将不被引入，并且，只引入总账的明细科目。

（2）在执行"从总账引入科目"后，初始数据中"银行对账单"默认为企业日记账期初余额，用户需要根据实际的对账单金额进行修改。

### 7.2.1.2　录入未达账项

企业的未达账包括银行未达账和企业未达账两大类。

在金蝶 K/3 系统主控台界面，选择"系统管理—初始化—现金管理—初始数据录入"，选择编辑菜单下的企业未达/银行未达，新增录入未达账项。如图 7.40 所示。

所谓未达账项，就是结算凭证在企业与银行之间（包括收付双方的企业及双方的开户银行）流转时，一方已经收到结算凭证作了银行存款的收入或支出账务处理，而另一方尚未收到结算凭证尚未入账的账项。归纳起来，未达账项有四种类型：第一种是银行已收，企业未收；录入的是"贷方金额"。第二种是银行已付，企业未付；录入的是"借方金额"。第三种是企业已收，银行未收；录入的是"借方金额"。第四种是企业已付，银行未付；录入的是"贷方金额"。

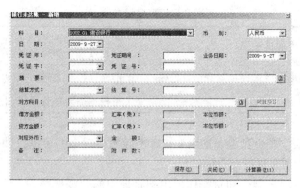

图 7.40 未达账项

### 7.2.1.3 结束初始化

当所有的初始数据均录入，所有的未达账项都调整完毕，余额调节表反映的企业银行存款日记账的余额和银行对账单的余额相等，则可以结束初始化，启用系统。

单击"编辑"菜单下选择结束初始化选项后，将结束初始化设置，启用系统进入日常业务阶段，注意要录入正确的启用期间。

## 7.2.2 系统参数设置

在金蝶 K/3 系统主控台界面，选择"系统设置—现金管理—系统参数"，主要设置"现金管理"标签类中的各种参数，保存即可。如图 7.41 所示。

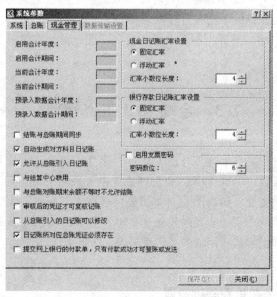

图 7.41 现金管理系统参数

## 7.2.3 现金日常业务处理

（1）现金日记账登记。现金日记账的登记有三种方法，如表 7.4 所示。

**表 7.4** 　　　　　　　　　　现金日记账登记方法

| 直接从总账引入现金类凭证记录 | 可按日或期间引入日记账；能选择按对方科目或现金类科目进行引入。 |
|---|---|
| 通过复核记账的方式逐笔或选择批量登记日记账 | 能选择按对方科目或现金类科目进行登账。 |
| 直接逐笔新增日记账 | 可根据需要单行录入和多行输入。 |

（2）现金盘点表。现金盘点表是用来管理实际库存现金的单据，即是指出纳人员在每天业务终了以后，对现金进行盘点的结果。

（3）现金对账。现金盘点和对账体现出纳管理中的"账账核对"与"账实核对"。这里的账账核对是指现金管理系统中的日记账与总账系统现金分类账的核对，账实核对是指现金管理系统现金日记账和库存现金实际盘点数据的核对。

### 7.2.4　银行存款日常业务处理

（1）银行日记账登记。银行日记账的登记有三种方法，同"现金日记账"。

（2）银行对账单。银行对账单是用来录入企业在银行传递过来的银行存款记录。银行对账单录入要注意的问题是：银行对账单中的借贷方向与账簿刚好相反，银行存款增加在银行对账单中数据要录入到贷方金额中，反之减少要在借方金额中录入。

（3）银行存款对账。银行存款对账指的是银行存款日记账同银行存款对账单的核对，为生成余额调节表做准备。

（4）余额调节表。对账完毕，为检查对账结果是否正确、查询对账结果，应编制银行存款余额调节表。系统提供的编制银行存款余额调节表功能就是自动完成本工作的。

在金蝶 K/3 主控台中，选择"财务会计—现金管理—银行存款—余额调节表"进入该处理过程。

# 7.3　金蝶 K/3 工资管理

工资系统中的各种核算和管理工作的基础是，建立正确的基础资料、根据企业自身实际需要设置相应系统参数。金蝶 K/3 工资管理系统由于采用了多类别管理，可进行多工资库的处理，可适应各类企业、科研单位与集团公司进行工资核算、工资发放、工资费用分配、银行代发等。工资管理系统能及时反映工资动态变化，实现完备而灵活的个人所得税计算与申报功能，并提供丰富实用的各类管理报表。图 7.42 给出了工资系统的业务处理流程图。

### 7.3.1　工资管理系统初始和基础设置

#### 7.3.1.1　工作类别设置

K/3 工资管理系统是按工资类别进行工资的核算及发放管理的，按类别进行处理，能满足企业按不同标准分工处理和集权管理，资料相对独立于其他系统，依据不同权限进行不同类别操作，保证财务信息的安全性。企业可分类分不同时期对工资进行处理（如正式

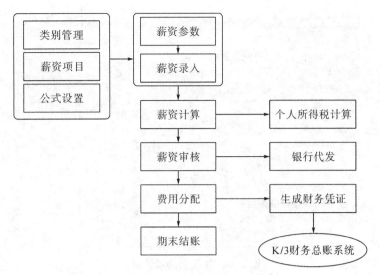

图 7.42　工资系统业务流程

职工、合同工、退休职工分不同类别处理，计算标准可不同）。

　　在金蝶 K/3 系统主控台界面，选择"人力资源—工资管理—类别管理—新建类别"，选择类别向导，弹出如图 7.43 所示窗口，录入类别名称。

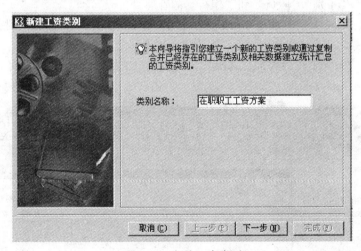

图 7.43　新建工资类别

### 7.3.1.2　系统参数设置

　　在金蝶 K/3 系统主控台界面，选择"系统设置—工资管理—系统参数"，如图 7.44 所示窗口。

　　在"系统参数"中的"系统"页中，有账套所属公司名称、地址、电话三项内容的显示，在中间层中新建账套时，必须录入"公司名称"这一项，地址和电话是非必录项。在系统维护中可以对公司名称、地址、电话的内容进行修改。公司名称在系统的状态栏中会显示出来。在"系统参数"中的"工资"页中，除可以查看工资管理系统当前所选择的工资类别以及起始会计年度、会计期间及当前会计年度及期间等内容，还提供了工资管理系

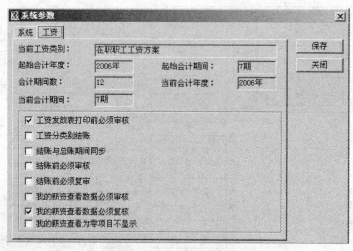

图 7.44　工资管理系统参数

统中的各种控制的参数。

### 7.3.1.3　基础资料设置

基础资料设置是工资系统核算的基础，其设置关系到工资类别的分类、费用的分配。主要有"部门""币别""职员"和"银行"的管理。

（1）部门管理。部门管理主要用来建立企业下属部门的相关信息，同时作为以后工资费用分配的依据之一，可以根据企业情况设置不同的部门。

在金蝶 K/3 系统主控台界面，选择"人力资源—工资管理—设置—部门管理"，如图 7.45 所示窗口。

图 7.45　部门管理

（2）币别管理。币别管理即可设定工资支付时所使用的不同货币，如人民币、美元、港币等各种不同的币别，在发放工资和计提个人所得税时可以选取不同的币种。

在金蝶 K/3 系统主控台界面，选择"人力资源—工资管理—设置—币别"。

工资管理的币别数据已和公共资料中的币别数据作为一个统一的整体使用，如果已经在公共资料中已增加，则在工资系统同步显示。

（3）银行管理。在金蝶 K/3 系统主控台界面，选择"人力资源—工资管理—设置—银行管理"。

（4）职员管理。职员管理主要用来建立企业下属部门的职员的相关信息，同时作为以后工资录入时最明细的载体，可以根据企业部门情况设置具体的职员。

在金蝶 K/3 系统主控台界面，选择"人力资源—工资管理—设置—职员管理"，如图7.46 所示窗口。

图 7.46  职员管理

单击工具栏的"导入"按钮，在弹出的窗口中单击工资管理。在选择需导入的数据列表中，可以使用键盘的"Ctrl"或"Shift"键进行多选，批量选择需要导入的数据。

### 7.3.1.4  项目设置

有了部门及职员等这些基础数据，工资系统定义核算方法是企业进行工资核算的基础，核算方法包括设置工作项目和定义工资计算方法。系统已经预设了一些基本的工资项目，如应发合计、扣款合计等，可以根据需要增加一些系统中未预设的工资项目。

在金蝶 K/3 系统主控台界面，选择"人力资源—工资管理—设置—项目设置"，如图7.47 所示窗口。然后再单击新增按钮，在弹出的窗口中录入工资项目的相关信息，具体项目设置说明如表 7.5 所示。

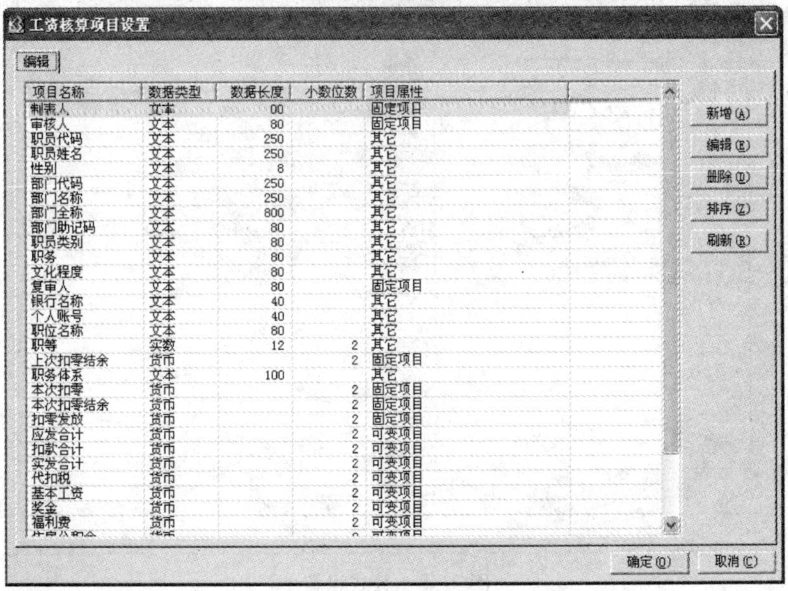

图 7.47  项目设置

表7.5                                     项目设置说明

| 数据项 | 说明 |
|---|---|
| 项目名称 | 工资项目的名称。 |
| 数据类型 | 设定工资项目的数据类型，有逻辑型、日期型、整数型、实数型、货币型、文本型。其中数值型的工资项目只能输入数字，并可以参加计算；文本型的工资项目不能参加运算，它可以输入字符和数字；实数型、货币型与整数型数字也可参加计算，只是运算数据范围与结果有所区别；日期型数据主要以日期数字格式反映不同日期；逻辑型数据反映数据结果为真或假。 |
| 数据长度 | 定义工资项目的数据长度，仅有两种类型的项目需要定义数据长度：实数型和文本型。当项目为实数型时，在数据长度中输入的数字表示此实数型工资项目所允许输入的最大数据位数，包括小数位数。 |
| 小数位数 | 实数型与货币型工资项目所允许输入数据的最大小数位数。货币型的小数位数是4位（数据库决定），实数型的小数位放开到8位，数据总长度为18位（包括小数点），在8位小数范围内，由用户自己定义工资项目具体的小数位数。 |
| 项目属性 | 提供固定项目与可变项目两个可选项。固定项目为一般工资计算所需用的基本要素，不需要进行改变，其内容可以直接带入到下一次工资计算，如预设的职员姓名项等。可变项目为可根据需要进行选用或不用的项目，其内容随工资计算发生改变，如预设的应发合计项等。 |

### 7.3.1.5 公式设置

公式设置即建立工资计算公式，计算公式是建立中工作项目的基础上，可以通过判断条件或者简单的加、减、乘、除来计算某工资项目的值来实现工资计算自动化。

在金蝶K/3系统主控台界面，选择"人力资源—工资管理—设置—公式设置"，在弹出的窗口中新增按钮才能激活计算公式的编辑窗口，输入"公式名称"，在"计算方法"栏中，可以手动输入或者通过右侧的项目或条件等设置相应的内容。如图7.48所示。

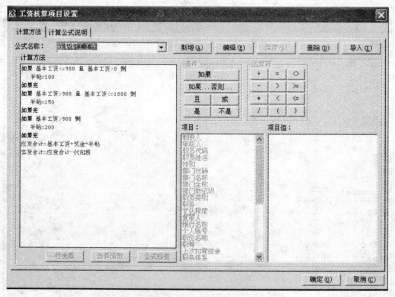

图7.48 公式设置

### 7.3.2 工资系统日常操作

在企业中，工资核算时一项工作量大、正确性要求高、涉及面广的一项工作。每月计算工资、编制工资报表工作耗费了会计人员大量的时间和精力。金蝶企业级财务软件提供了多工资库处理功能，可以进行分工操作与集权控制，自动进行工资费用分配，自动计提福利费、工会经费，并自动生成转账凭证，同时自动计提个人所得税，进行银行代发，大大减轻会计人员的工作量。

#### 7.3.2.1 数据录入

在工资项目及工资计算公式这些相对固定的基础数据设定后，工资系统的日常业务便是工资数据的录入及计算。

在金蝶 K/3 系统主控台界面，选择"人力资源—工资管理—工资业务—工资录入"，当第一次进行"工资录入"时，系统要求首先建立一个过滤方案。如图 7.49 和 7.50 所示。

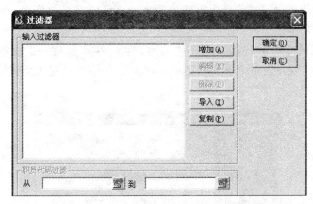

图 7.49　工资录入过滤方案——过滤器

图 7.50　工资录入过滤方案——定义过滤条件

如果已经定义好过滤方案，则可以选择对应的方案，进入工资录入的窗口，录入职工的工资数据。如图 7.51 所示。

工资数据录入-[在职人员工资]----(年份:2008 期间: 2 次数: 1) 人数: 8
文件(F) 编辑(E) 查看(V) 选项(O)
保存 修改 引出 引入 计算 基金 过滤 刷新 定位 计算器 所得税 扣零 发放 设置 复制 同步 审核 反审核 区选 清除 关闭

| 职员代码 | 职员姓名 | 部门名称 | 应发合计 | 实发合计 | 基本工资 | 奖金 | 补贴 | 代扣税 |
|---|---|---|---|---|---|---|---|---|
| 001 | 王飞 | 行政部 | | | | | | |
| 002 | 李明 | 采购部 | | | | | | |
| 003 | 黄平 | 采购部 | | | | | | |
| 004 | 赵立 | 销售部 | | | | | | |
| 005 | 张恒 | 生产一部 | | | | | | |
| 006 | 陈力 | 仓管部 | | | | | | |
| 007 | 吴天 | 销售部 | | | | | | |
| 008 | 王和 | 生产二部 | | | | | | |
| 合计 | | | 0.00 | 0.00 | 0.00 | 0.00 | 0.00 | 0.00 |

图 7.51 工资数据录入

### 7.3.2.2 工资计算

在工资录入时便可以通过菜单中重新计算来计算已定义好的公式,同时系统提供专门的工资计算的明细功能。

在金蝶 K/3 系统主控台界面,选择"人力资源—工资管理—工资业务—工资计算",选择工资录入中所定义的过滤方案,再单击"下一步"便可以完成公式的计算。如图 7.52 和 7.53 所示。

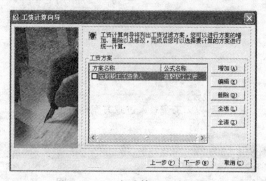

图 7.52 工资计算—工资方案

工资数据录入-[在职人员工资]----(年份:2008 期间: 2 次数: 1) 人数: 8
文件(F) 编辑(E) 查看(V) 选项(V)
修改 引出 引入 计算 基金 过滤 刷新 定位 计算器 所得税 扣零 发放 设置 复制 同步 审核 反审核 区选 清除 关闭

| 职员代码 | 职员姓名 | 部门名称 | 应发合计 | 实发合计 | 基本工资 | 奖金 | 补贴 | 代扣税 |
|---|---|---|---|---|---|---|---|---|
| 001 | 王飞 | 行政部 | 1,900.00 | 1,900.00 | 1,100.00 | 600.00 | 200.00 | |
| 002 | 李明 | 采购部 | 1,490.00 | 1,490.00 | 890.00 | 500.00 | 100.00 | |
| 003 | 黄平 | 采购部 | 1,350.00 | 1,350.00 | 870.00 | 380.00 | 100.00 | |
| 004 | 赵立 | 销售部 | 1,350.00 | 1,350.00 | 870.00 | 380.00 | 100.00 | |
| 005 | 张恒 | 生产一部 | 1,180.00 | 1,180.00 | 800.00 | 280.00 | 100.00 | |
| 006 | 陈力 | 仓管部 | 1,505.00 | 1,505.00 | 900.00 | 505.00 | 100.00 | |
| 007 | 吴天 | 销售部 | 1,580.00 | 1,580.00 | 910.00 | 470.00 | 200.00 | |
| 008 | 王和 | 生产二部 | 2,310.00 | 2,310.00 | 1,400.00 | 710.00 | 200.00 | |
| 合计 | | | 12,665.00 | 12,665.00 | 7,740.00 | 3,825.00 | 1100.00 | 0.00 |

图 7.53 工资计算—工资数据录入

### 7.3.2.3 所得税设置及计算

K/3 工资系统提供了单独的个人所得税计算与申报功能,通过所得税计算设置,可以实现对公司员工的个人所得收入进行所得税的计算。

在金蝶 K/3 系统主控台界面，选择"人力资源—工资管理—工资业务—所得税计算"，在弹出的过滤方案中进行编辑，加入过滤条件。

选择相应的过滤条件后，就会显示满足过滤条件的人员的信息，并进入"个人所得税的录入"窗口，如图 7.54 所示。

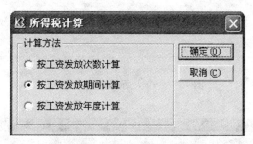

**图 7.54　个人所得税录入**

如果是第一次进行个人所得税处理，需要对个人所得税的参数方法进行初始设置。操作方法为：单击图 7.54 中工具栏的"方法"按钮，将弹出如图 7.55 所示窗口。

**图 7.55　所得税计算方法设置**

"按工资发放次数计算"即以本次工资计算数据为基础进行所得税计算。"按工资发放期间进行计算"，指如果按照月份来计税，且一月多次发放工资时，存在一个汇缴的差额；按期间汇缴时，系统将所选期间中各次发放的工资（计税项目）进行相加，根据所属的税率的范围来进行计算，计算后保存。如果一月只发一次工资，则直接计算次和月都是一样的结果。

另外，初次进行个人所得税的计算，需要定义的内容有：税率类别、税率项目、所得计算、基本扣除、所得期间、外币币别等。如图 7.56 所示。

设置完以上项目，确定后系统会提示是否开始计算工资数据，确定计算后则返回工资数据，进一步确定是否开始计税，计算完毕后返回如图 7.57 所示窗口数据。

所得税计算完毕、保存后，再进入工资业务—工资录入中引入数据。先用鼠标选定待引入的工资项目，如"代扣税"这一列，再选择"编辑"菜单中的"引入所得税"，将前面计算的所得税额引入至该列，引入后保存。如图 7.58 所示。

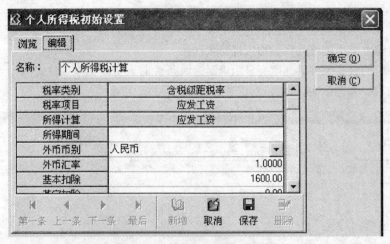

图 7.56　个人所得税初始设置

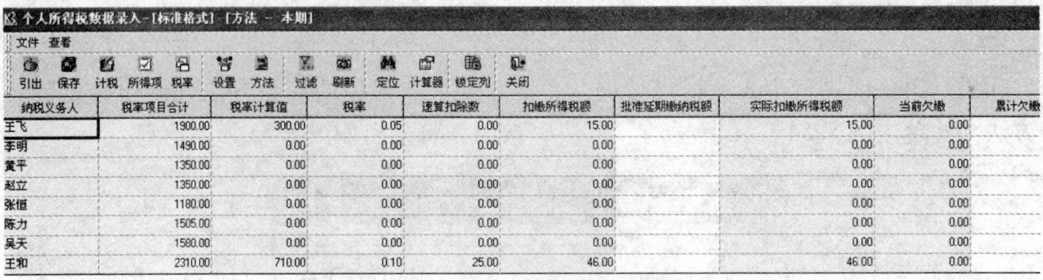

| 纳税义务人 | 税率项目合计 | 税率计算值 | 税率 | 速算扣除数 | 扣缴所得税额 | 批准延期缴纳税额 | 实际扣缴所得税额 | 当前欠缴 | 累计欠缴 |
|---|---|---|---|---|---|---|---|---|---|
| 王飞 | 1900.00 | 300.00 | 0.05 | 0.00 | 15.00 | | 15.00 | 0.00 | |
| 李明 | 1490.00 | 0.00 | 0.00 | 0.00 | 0.00 | | 0.00 | 0.00 | |
| 黄平 | 1350.00 | 0.00 | 0.00 | 0.00 | 0.00 | | 0.00 | 0.00 | |
| 赵立 | 1350.00 | 0.00 | 0.00 | 0.00 | 0.00 | | 0.00 | 0.00 | |
| 张恒 | 1180.00 | 0.00 | 0.00 | 0.00 | 0.00 | | 0.00 | 0.00 | |
| 陈力 | 1505.00 | 0.00 | 0.00 | 0.00 | 0.00 | | 0.00 | 0.00 | |
| 吴天 | 1580.00 | 0.00 | 0.00 | 0.00 | 0.00 | | 0.00 | 0.00 | |
| 王和 | 2310.00 | 710.00 | 0.10 | 25.00 | 46.00 | | 46.00 | 0.00 | |

图 7.57　个人所得税数据录入

| 职员代码 | 职员姓名 | 部门名称 | 应发合计 | 实发合计 | 基本工资 | 奖金 | 补贴 | 代扣税 |
|---|---|---|---|---|---|---|---|---|
| 001 | 王飞 | 行政部 | 1,900.00 | 1,900.00 | 1,100.00 | 600.00 | 200.00 | 15.00 |
| 002 | 李明 | 采购部 | 1,490.00 | 1,490.00 | 890.00 | 500.00 | 100.00 | 0.00 |
| 003 | 黄平 | 采购部 | 1,350.00 | 1,350.00 | 870.00 | 380.00 | 100.00 | 0.00 |
| 004 | 赵立 | 销售部 | 1,350.00 | 1,350.00 | 870.00 | 380.00 | 100.00 | 0.00 |
| 005 | 张恒 | 生产一部 | 1,180.00 | 1,180.00 | 800.00 | 280.00 | 100.00 | 0.00 |
| 006 | 陈力 | 仓管部 | 1,505.00 | 1,505.00 | 900.00 | 505.00 | 100.00 | 0.00 |
| 007 | 吴天 | 销售部 | 1,580.00 | 1,580.00 | 910.00 | 470.00 | 200.00 | 0.00 |
| 008 | 王和 | 生产二部 | 2,310.00 | 2,310.00 | 1,400.00 | 710.00 | 200.00 | 46.00 |
| 合计 | | | 12,665.00 | 12,665.00 | 7,740.00 | 3,825.00 | 1100.00 | 0.00 |

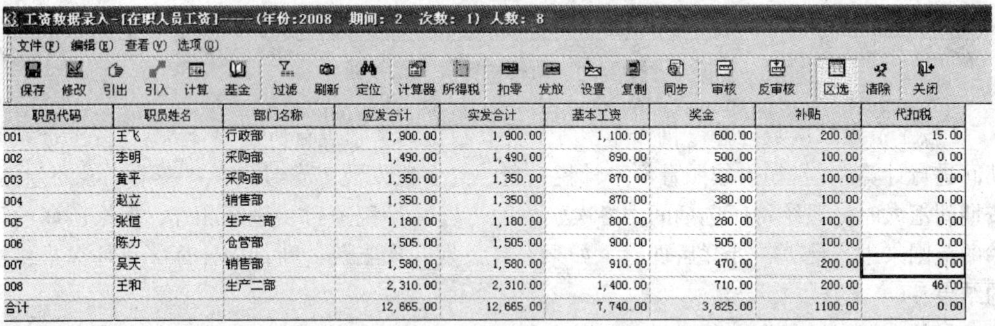

图 7.58　代扣税引入

#### 7.3.2.4　费用分配

在完成工资数据录入后，便可以将工资数据进行费用分配。费用分配是把工资数据按部门汇总，生成相应的费用凭证到金蝶的财务系统总账模块中，如果工资系统没有使用财务总账模块则可以略过此步骤。

在金蝶 K/3 系统主控台界面，选择“人力资源—工资管理—工资业务—费用分配”，在弹出的窗口中选择编辑页签，单击新增按钮后，激活费用分配的编辑窗口，确定相应的凭证字、分配比例、部门、类别及科目等内容，单击保存完成分配方案的设置。如图 7.59 所示。

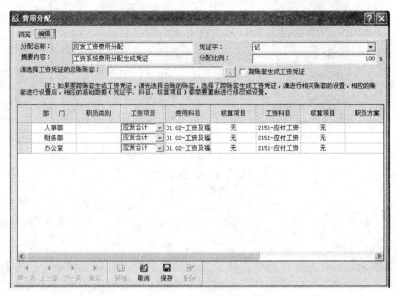

图 7.59　费用分配

### 7.3.2.5　人员变动

企业人员部门之间的流动、职称的变动、职位异动等人事变动都会造成工资需要从新区分计算。本模块可以处理人员与工资相关的项目发生变化后工资的自动计算处理，方便财务人员根据人员变动情况制定工资计算标准。

在金蝶 K/3 系统主控台界面，选择"人力资源—工资管理—人员变动—人员变动处理"，弹出"职员变动"向导窗口，单击"新增"选择需要变动的职员，如图 7.60 所示。

图 7.60　人员变动

单击"下一步"，选择对应的变动属性项目及变动参数，如可以将职员的所属部门由人事部调整为财务部。如图 7.61 所示。

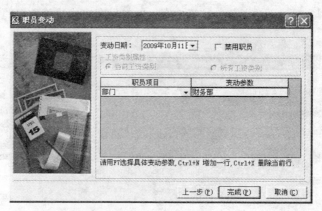

图 7.61　人员变动

### 7.3.3　工资报表

在工资报表中系统提供了工资管理所需用的一些统计分析报表,如工资发放表,工资汇总表,银行所需用的代发文件表等,通过这些报表,可以全面掌握企业工资总额、分部门水平构成、人员工龄、年龄结构等,为制定合理的工资管理体系提供详细的报表。系统提供的工资报表主要有以下报表:工资条、工资发放表、工资汇总表、工资统计表、银行代发表、职员台账表、工资费用分配表、个人所得税报表、人员结构分析等。

#### 7.3.3.1　工资条

工资条用于分条输出每位员工的工资数据信息。在金蝶 K/3 系统主控台界面,选择"人力资源—工资管理—工资报表—工资条"。设置好相应的过滤器后就可以进行工资条的打印。如图 7.62 所示。

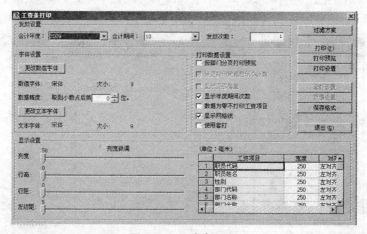

图 7.62　工资条打印

#### 7.3.3.2　工资发放表

在金蝶 K/3 系统主控台界面,选择"人力资源—工资管理—工资报表—工资发放表"。如图 7.63 所示。工资发放表可对工资发放表数据进行分页浏览、打印输出或引出。

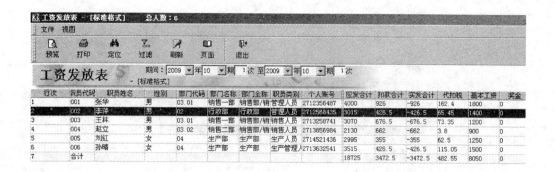

图 7.63　工资发放表

### 7.3.3.3　个人所得税报表

在金蝶 K/3 系统主控台界面，选择"人力资源—工资管理—工资报表—个人所得税报表"，如图 7.64 所示。个人所得税报表可输出纳税所需的个人所得税计算表，以适合纳税所用。

| 部门 | 纳税义务人 | 职员代码 | 所得项目 | 所得期间 | 收入人民币 | 人民币合计 | 减免用额 | 应纳税所得额 | 税率项目 | 税率项目合计 | 税率计算值 | 税率（%） | 速算扣 |
|------|-----------|---------|---------|---------|-----------|-----------|---------|-------------|---------|-------------|-----------|---------|-------|
| 销售一部 | 张华 | 001 | 应发工资 | 2009-10-1 | 3874 | 3,874.00 | 2,000.00 | 1,874.00 | 3,874.00 | 3,874.00 | 1,874.00 | 10.00 | |
| 行政部 | 李萍 | 002 | 应发工资 | 2009-10-1 | 2904.5 | 2,904.50 | 2,000.00 | 904.50 | 2,904.50 | 2,904.50 | 904.50 | 10.00 | |
| 销售一部 | 王林 | 003 | 应发工资 | 2009-10-1 | 2983.5 | 2,983.50 | 2,000.00 | 983.50 | 2,983.50 | 2,983.50 | 983.50 | 10.00 | |
| 销售二部 | 赵立 | 004 | 应发工资 | 2009-10-1 | 2076 | 2,076.00 | 2,000.00 | 76.00 | 2,076.00 | 2,076.00 | 76.00 | 5.00 | |
| 生产部 | 刘红 | 005 | 应发工资 | 2009-10-1 | 2875 | 2,875.00 | 2,000.00 | 875.00 | 2,875.00 | 2,875.00 | 875.00 | 10.00 | |
| 生产部 | 孙晴 | 006 | 应发工资 | 2009-10-1 | 3400.5 | 3,400.50 | 2,000.00 | 1,400.50 | 3,400.50 | 3,400.50 | 1,400.50 | 10.00 | |
| 合计 | 共6人 | | - | | 18113.5 | 18,113.50 | 12,000.00 | 6,113.50 | 18,113.50 | 18,113.50 | 6,113.50 | | |

图 7.64　个人所得税报表

### 7.3.3.4　工资费用分配表

在金蝶 K/3 系统主控台界面，选择"人力资源—工资管理—工资报表—个工资费用分配表"，如图 7.65 所示。工资费用分配表可查询并输出按不同分配方案进行工资费用分配的数据表，如福利费用提取表等，通过此表可以掌握按不同类别，部门标准进行分配的数据。

## 7.3.4　期末处理

金蝶 K/3 工资系统提供了按次、按期的结账方式。每月工资管理系统需要进行期末处理，结转当前会计期间，同时其他相关系统方能进行期末处理。

在金蝶 K/3 系统主控台界面，选择"人力资源—工资管理—工资业务—期末结账"。如图 7.66 所示。

| 职员类别 | 应发合计 | | | 合计 |
|---|---|---|---|---|
| | 费用科目代码 | 费用科目名称 | 金额 | |
| 财务部 | | | | |
| -管理人员 | 6602.01 | 工资及福利费 | 0 | 0 |
| 小　计 | | | 0 | 0 |
| 行政部 | | | | |
| -管理人员 | 6602.01 | 工资及福利费 | 3015 | 3015 |
| 小　计 | | | 3015 | 3015 |
| 销售一部 | | | | |
| -销售人员 | 6601 | 销售费用 | 3070 | 3070 |
| 小　计 | | | 3070 | 3070 |
| 销售二部 | | | | |
| -销售人员 | 6601 | 销售费用 | 2130 | 2130 |
| 小　计 | | | 2130 | 2130 |
| 生产部 | | | | |
| -生产人员 | 5001.01 | 工资及福利费 | 2995 | 2995 |
| -生产管理 | 5101.02 | 工资及福利费 | 3515 | 3515 |
| 小　计 | | | 6510 | 6510 |
| 总　计 | | | 14725 | 14725 |

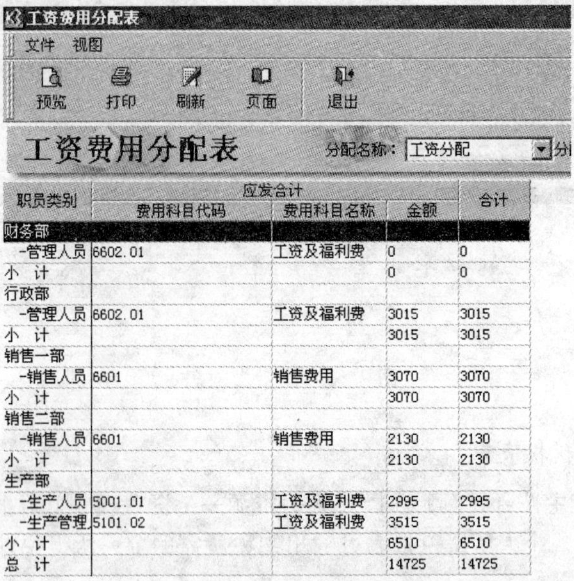

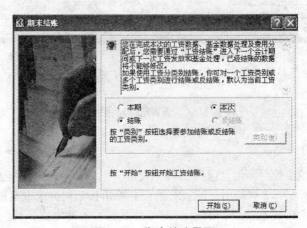

图 7.65　工资费用分配表

图 7.66　期末结账界面

# 7.4　金蝶 K/3 固定资产

金蝶 K/3 固定资产管理系统已固定资产卡片管理为基础，帮助企业实现对固定资产的全面管理，包括固定资产的新增、清理、变动，按国家会计准则的要求进行计提折旧，以及处理固定资产的账务核算工作。它能够帮助管理者全面掌握当前固定资产的数量与价值，追踪固定资产的使用状况，加强企业资产管理，提高资产利用率。金蝶 K/3 固定资产所涉及的业务可分为初始设置、日常处理和期末处理三个方面的工作。具体的流程图如图 7.67 所示。

图 7.67　固定资产流程图

## 7.4.1　系统参数设置

系统参数反映了企业管理固定资产的个性化需求，它的设置关系到以后系统的业务和流程处理，用户在设置前要根据企业的管理制度和要求全面考虑。

在金蝶 K/3 系统主控台界面，选择"系统设置—系统设置—资产管理—固定资产管理—系统参数"，在"基本设置"标签页上可查看和修改公司的名称和地址等信息，在"固定资产"标签页可以选择启用期间、是否折旧、折旧率等信息。如图 7.68 所示。

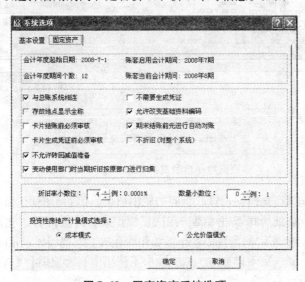

图 7.68　固定资产系统选项

### 7.4.2 基础资料录入

基础资料是系统运行的数据基础，在固定资产卡片上，既有固定资产的价值信息，如原值、净残值等等信息，还包括了大量的静态基本信息，如供应商、变动方式、存放地点等。对于这些静态的基本信息，不仅仅是一个简单的记录，与之相关的还会有很多的属性，决定了在系统中对相关业务的处理，例如不同变动方式将决定系统对卡片变动业务的处理。因此，需要在正式的固定资产卡片数据录入前，先进行基础资料的设置。

#### 7.4.2.1 变动方式类别

变动方式指固定资产发生新增、变动或减少的方式，是固定资产卡片上的属性资料，需要结合企业固定资产管理的需要事先进行设置，这样在进行固定资产业务处理时，可直接从已有的变动方式中选择。同时，系统已设置了增加、减少、其他等三大默认类别。增加类中包括固定资产购入、评估增值、融资租入、投资转入、自建、盘盈、其他增加等方式；减少类包括报废、评估减值、融资租出、投资转出、盘亏、其他减少等形式；其他类是与固定资产要素增减无关的变动，如：部门、地点、类别、使用状态、附属设备等的变动。各类别中的子类可以通过修改代码的方式，改变其所属类别。另外，系统支持变动方式的多级管理，并可以在生成报表的时候分级汇总，为固定资产的决策支持提供更丰富的数据。

在金蝶 K/3 系统主控台界面，选择"资产管理—固定资产管理—基础资料—变动方式类别"，单击新增按钮，在"变动方式类别—新增界面"中录入新的变动方式。如图 7.69 所示。

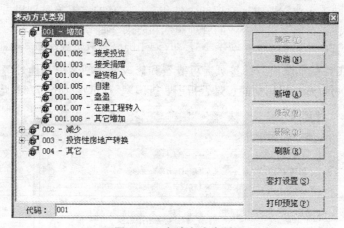

图 7.69 变动方式类别

#### 7.4.2.2 使用状态的类别

固定资产的使用状态是指固定资产当前的使用情况，比如：使用中、未使用、不需用、出租等等，固定资产的使用状态将可能决定固定资产是否计提折旧，一般在用的固定资产要计提折旧，未使用的固定资产不提折旧。也有特殊的，比如房屋及建筑，无论是否使用均要提取折旧，土地则一定不提折旧。系统预设了使用中、未使用、不需用三类使用状态，用户也可以根据本企业的实际情况定义自己的固定资产使用情况。

在金蝶 K/3 系统主控台界面，选择"资产管理—固定资产管理—基础资料—使用状态类别"，如图 7.70 所示。单击新增或修改按钮，新增使用状态类别或修改已有类别中的内容。

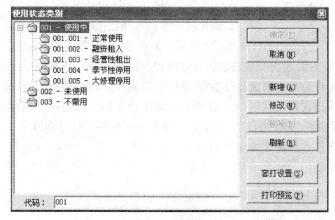

图 7.70　使用状态类别

### 7.4.2.3　折旧方式定义

固定资产系统为用户提供了自动计提折旧和分摊折旧费用的功能。为了实现自动计提折旧的功能，必须预先设置好要用的固定资产折旧方法。系统根据会计准则和会计学原理，共预设了九种折旧法，包括直线法和加速折旧法的静态方法和动态方法，能分别针对无变动的固定资产和变动折旧要素后的固定资产计提折旧。同时，为满足企业特殊的折旧处理要求，提供了自定义折旧方法的功能，用户可根据企业需要自定义公式或每期折旧率，系统同样可根据这些折旧方法实现自动计提折旧和费用分摊。

在金蝶 K/3 系统主控台界面，选择"资产管理—固定资产管理—基础资料—折旧方法定义"。

### 7.4.2.4　卡片类别设置

企业的固定资产可能会非常多，如果仅仅是按卡片一张一张进行管理，这些数据将非常庞杂零乱，因此系统提供固定资产卡片按类别的多级管理，用户可自定义分类规则，并将同一类别的相同属性在卡片类别上一次录入，在卡片录入时就可以自动携带出来，避免了大量重复工作。同时，用户可按卡片类别进行分级汇总查询。由于每个企业对卡片类别的划分原则不同，因此系统没有提供预设数据，在初始化过程中，需要用户在卡片类别管理中自行进行固定资产类别设置。

企业可参考以下分类标准设置固定资产类别：①按固定资产经济用途分类，可分为生产经营用和非生产经营用；②按固定资产所有权分类，可分为自有固定资产和租入固定资产；③按固定资产的形态和特征分类，可分为土地、房屋建筑、机械设备、办公用品、运输工具等。

在金蝶 K/3 系统主控台界面，选择"资产管理—固定资产管理—基础资料—卡片类别设置"。

### 7.4.2.5　存放地点设置

固定资产实物都有存放的地点，系统对存放地点进行了一系列的管理，辅助用户加强固定资产管理。

在金蝶 K/3 系统主控台界面，选择"资产管理—固定资产管理—基础资料—存放地点维护"。

### 7.4.3 历史卡片录入

在企业启用 K/3 固定资产系统前，通常有很多固定资产已经使用了若干期，企业已经有了手工的固定资产台账，因此为了保证数据的完整性，在正式启用系统前，需要将这些固定资产的历史数据在初始化时录入系统中。如果企业已有固定资产的电子文档，则可以在 Excel 中编辑固定资产卡片资料，再导入到账套中；如果是结转新账套，则可以从旧账套中导出标准卡片再导入到新账套中。

#### 7.4.3.1 基本信息

"基本信息"部分的数据主要记录固定资产静态的基础属性，反映出固定资产从哪里来，何时入账，在哪里、作何用，使用情况等。

在金蝶 K/3 系统主控台界面，选择"资产管理—固定资产管理—业务处理—新增卡片"。然后选择"基本信息"页签。如图 7.71 所示。

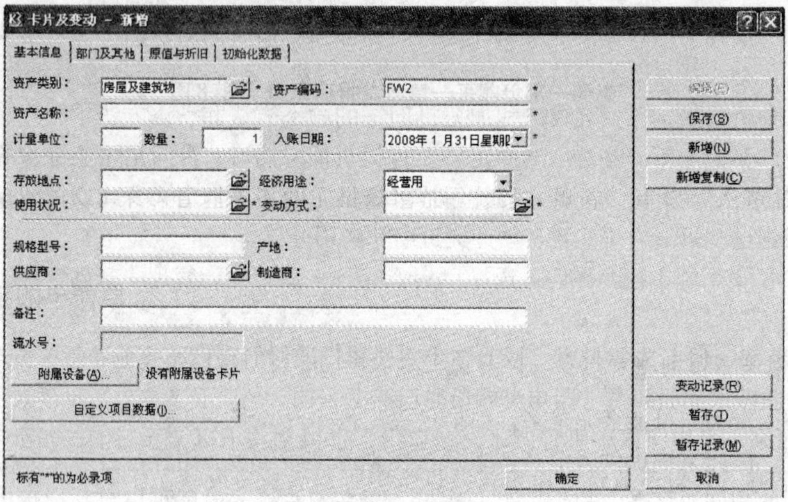

图 7.71 固定资产新增卡片

#### 7.4.3.2 部门及其他

此部分的信息主要是为固定资产计提折旧和进行费用分摊提供依据的，因此需要设置使用部门、固定资产及累计折旧的核算科目、折旧费用的核算科目等。这些信息都可以按 F7 进行选择录入。

在金蝶 K/3 系统主控台界面，选择"资产管理—固定资产管理—业务处理—新增卡片"。然后选择"部门及其他"页签。如图 7.72 所示。

#### 7.4.3.3 原值与折旧

《企业会计准则—固定资产》中规定"固定资产应当按其成本入账"，这里的成本指历史成本，同时考虑到固定资产价值较大，其价值会随着服务能力的下降而逐渐减少，因此还需要揭示固定资产的折余价值。因此，在固定资产卡片上的价值信息主要包括：固定资产原币金额、币别、汇率、净值、减值准备、净额、及购进原值、购进累计折旧等信息。

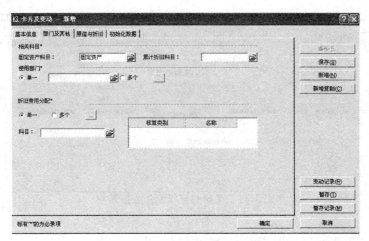

图 7.72　新增卡片部门及其他页签

其中："购进原值""购进累计折旧"为备注信息，反映资产在购入时的原始信息，例如：评估后的资产，原购进原值与评估后的原值不一致，就可以反映在"购进原值"项目里，备注信息不参与计算，属非必录项，系统默认与原币金额和累计折旧一致。

在金蝶 K/3 系统主控台界面，选择"资产管理—固定资产管理—业务处理—新增卡片"。然后选择"原值及折旧"页签。如图 7.73 所示。

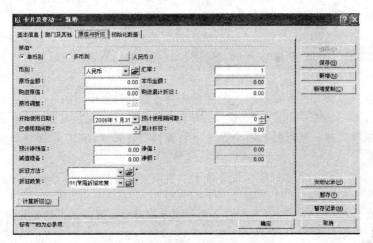

图 7.73　固定资产原值及折旧页签

### 7.4.3.4　初始化数据

初始化数据主要包括：本年原值调增、本年累计折旧调增、本年已提折旧等信息。以上这些项目应反映本年内固定资产数据方面的变动情况。通常是"本年已提折旧"会有数据，其他情况也会产生，比如：原值增加、累计折旧减少、甚至可能会有些固定资产已经退出而清理了，为保证数据的完整性，以及与总账的一致性，而必须对这些项目进行补充。

在金蝶 K/3 系统主控台界面，选择"资产管理—固定资产管理—业务处理—新增卡片"。然后选择"初始化数据"页签。如图 7.74 所示。

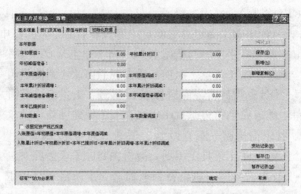

图 7.74　固定资产初始化数据页签

#### 7.4.3.5　传递初始数据

在固定资产系统初始化时，选择固定资产对应的固定资产、累计折旧、减值准备科目，在结束初始化之前，可以将固定资产、累计折旧、减值准备科目的数据传递到总账，可以重复传递，数据以最后一次传递为准。

在金蝶 K/3 系统主控台界面，选择"固定资产管理—业务处理—新增卡片"，在此卡片序时簿的工具菜单下可以看到"传递初始数据到总账"的功能，在此可以完成传递。如图 7.75 所示。

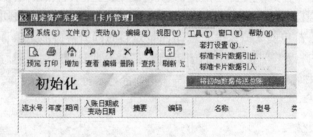

图 7.75　传递初始数据

#### 7.4.3.6　结束初始化

核对原值、累计折旧、减值准备的余额与账务相符后，可以结束初始化设置。

在金蝶 K/3 系统主控台界面，选择"系统设置—初始化—固定资产管理—初始化"，如图 7.76 所示。可以结束初始化，进入正常固定资产管理的业务处理。

图 7.76　结束初始化

### 7.4.4　固定资产日常业务处理

固定资产的业务包括对固定资产日常发生的各种业务进行管理和核算。固定资产的日常业务包括：固定资产的增加、固定资产的减少、固定资产的其他变动（如价值的变动和折旧方法的变动等）、计提折旧、生成凭证等。

#### 7.4.4.1　新增卡片

在金蝶 K/3 系统主控台界面，选择"固定资产管理—业务处理—卡片新增"，在此录入新增固定资产各项信息，并保存卡片即可。

在刚刚保存的新增卡片界面点击新增复制功能，可以快速新增一项资产，系统自动将资产编码顺序加 1，修改局部信息后，进行保存即可。

#### 7.4.4.2　资产清理

固定资产清理即固定资产减少，固定资产减少基本界面与变动处理相似，主要减少的原因有：固定资产的投资转出、报废、盘亏、清理等。

在金蝶 K/3 系统主控台界面，选择"固定资产管理—业务处理—变动处理"，选择需要清理的固定资产卡片，按清理快捷键，弹出固定资产清理界面，录入变动方式，系统生成相应的清理记录。

#### 7.4.4.3　其他固定资产变动

固定资产其他变动是指除卡片增加和清理之外的其他变动业务。具体包括：部门、类别、原值、累计折旧、自定义项目等所有卡片项目的变动。

在金蝶 K/3 系统主控台界面，选择"固定资产管理—业务处理—变动处理"，选择要变动的记录。单击变动，系统弹出卡片信息供选择，在卡片上直接修改需要变动的相关信息即可。

#### 7.4.4.4　生成凭证

金蝶 K/3 固定资产管理系统除了完成对固定资产的新增、减少和变动的业务处理，进行折旧计提和费用分摊外，还提供了凭证管理功能，依据会计制度和准则的规定，完成对前述业务的会计核算处理。固定资产管理系统生成的凭证将自动传递到总账系统，实现财务业务的一体化管理，保证固定资产管理系统和总账系统的数据相符。

在金蝶 K/3 系统主控台界面，选择"固定资产管理—凭证管理—凭证生成"，可以进行相应凭证生成的处理。

#### 7.4.4.5　凭证查询

生成凭证后，若要对凭证进行查询或编辑，需要进入会计分录序时簿。在金蝶 K/3 系统主控台界面，选择"固定资产管理—凭证管理—凭证查询"可进行处理。

### 7.4.5　固定资产报表查询

金蝶 K/3 固定资产管理系统还提供了丰富的统计报表和管理报表，帮助企业从多角度查询固定资产信息，进行资产统计分析及各种资产折旧费用和成本分析，并为企业进行固定资产投资、保养、修理等提供决策依据。系统提供的查询和报表包括卡片查询、固定资产清单、折旧费用分配表、固定资产明细账、折旧明细表折旧汇总表、资产构成表等。

#### 7.4.5.1 卡片查询

进入固定资产管理系统，单击"业务处理—卡片查询"，可以对固定资产卡片按多种条件进行查询，并可按指定的卡片项目进行排序。如图 7.77 所示。

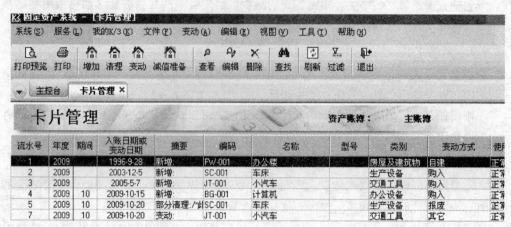

图 7.77　卡片管理

#### 7.4.5.2 固定资产清单

进入固定资产管理系统，单击"统计报表—固定资产清单"，过滤条件设置后，可查看到固定资产清单。如图 7.78 所示。固定资产清单提供对指定期间，企业各类固定资产信息的详细查询，并可按固定资产类别、资产组、使用部门、存放地点、经济用途、变动方式、使用状态等数据项进行多级汇总（要能进行多级汇总设置，必须要先设置按项目升序或降序排序）。

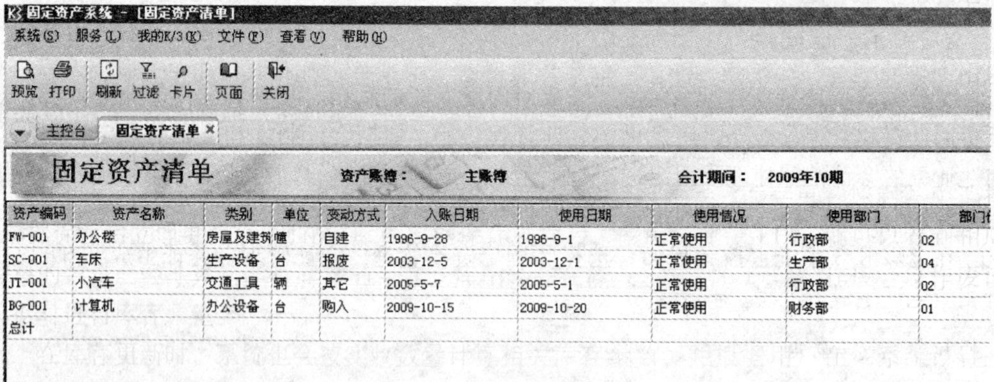

图 7.78　固定资产清单

#### 7.4.5.3 折旧费用分配表

进入固定资产管理系统，单击"管理报表—折旧费用分配表"，过滤条件设置后，可查看到折旧费用分配表。如图 7.79 所示。折旧费用分配表用于查询一个或多个会计期间，固定资产折旧计提后折旧费用分摊及核算的详细情况，可以按类别、使用部门、存放地点、经济用途、变动方式、使用状态等项目的指定级次汇总进行多级汇总。

图 7.79　固定资产折旧费用分配表

#### 7.4.5.4　资产构成表

进入固定资产管理系统，单击"管理报表—资产构成表"。如图 7.80 所示。进行过滤条件的设置后，可查看到资产构成表。资产构成表反映指定会计期间，固定资产按照不同项目（按类别、使用部门、存放地点、经济用途、变动方式、使用状态等）分类后，固定资产原值的构成比例，帮助企业掌握固定资产的价值分布。

图 7.82　资产构成表

### 7.4.6　期末处理

固定资产系统期末处理中主要包括计提折旧、期末对账、期末结账。

#### 7.4.6.1　工作量管理

在固定资产管理和核算的日常业务处理工作中，如何有用工作量计提折旧费用的固定资产，则应在计提折旧费用之前输入其本期完成的实际工作量。

在金蝶 K/3 系统主控台界面，选择"固定资产管理—期末处理—工作量管理"，录入本期工作量。

### 7.4.6.2　计提折旧

固定资产折旧费用的计提是会计核算工作的一项十分重要的日常业务，金蝶财务软件为用户提供了完全计提折旧费用的功能，能够实现自动计提固定资产本期折旧，并将折旧分别计入有关费用科目，自动生成计提折旧的转账凭证并传送到账务系统中去。

在金蝶 K/3 系统主控台界面，选择"固定资产管理—期末处理—计提折旧"，弹出"折旧账簿选择"，设置计提折旧的账簿；单击"下一步"，弹出"计提折旧"界面；单击"下一步"，设置折旧凭证的摘要和凭证字；单击"下一步"，选择是否保留当期已修改的折旧额，然后单击"计提折旧"，系统进行正式提取折旧工作。如果本期已经提过折旧，系统会提示是否重新计提折旧？

### 7.4.6.3　折旧管理

计提折旧后，若需要对本期实际折旧额进行调整，在"折旧管理"中对本期折旧额进行修改即可；在"折旧管理"中修改"本期折旧额"后，系统会自动修改计提折旧的凭证上的数据，但是只对本期折旧额起到修改的作用，而今后期间计提的折旧还是原折旧额；所以用户如何暂时只是本期修改应提折旧额可以在此进行，如果用户希望今后每个期间的折旧额都改变的话还是应当进行"卡片变动处理"。

在金蝶 K/3 系统主控台界面，选择"固定资产管理—期末处理—折旧管理"。

### 7.4.6.4　自动对账

若固定资产系统与总系统联用，建议选择系统参数"期末结账前先进行自动对账"，在与总账核对无误后，再结账，以保证两个系统数据的一致性。

在金蝶 K/3 系统主控台界面，选择"固定资产管理—期末处理—自动对账"。

### 7.4.6.5　期末结账

期末结账是指在完成当前会计期间的业务处理后，将当期固定资产的有关账务处理如折旧或变动等信息转入已结账状态，即不允许再进行修改和删除，并进入到下一期间，开始新业务的处理。本章将介绍在系统中如何进行结账的操作：包括正式结账前的对账和结账处理。

期末结账功能是指将当前会计期间的业务结转到下一期间，也可以对最近已结账会计期间的业务进行反结账。结账还指将固定资产的有关账务处理如折旧或变动等信息转入已结账状态，已结账的业务不能再进行修改和删除。反结账则是指当发现已结账信息有误时对已结账信息进行逆转操作，恢复到结账前的状态。

在固定资产系统的主窗口中选取"期末处理"功能子模块，双击"期末结账"，即可进行期末结账操作，系统会自动完成结账过程。单击"确定"完成结账操作，会计期间会自动转入下期。

# 8 供应链管理

## 8.1 金蝶 K/3 供应链管理概述

### 8.1.1 金蝶 K/3 供应链管理系统的功能

供应链是指产品生产和流通过程中所涉及的原材料供应商、生产商、分销商、零售商以及最终消费者等成员通过与上游、下游成员的连接组成的网络结构。也即是由物料获取、物料加工、并将成品送到用户手中这一过程所涉及的企业和企业部门组成的一个网络。高效的供应链，是企业快速成长的关键。精细化的供应链管理，是充分利用企业资源，促进企业高效运转的有效方法。

金蝶 K/3 以协同技术为支持，通过全面协同的供应链管理系统，在实现企业内部供应链协同的基础上，支持企业前端客户供应链的商机管理、销售过程管理和售后服务管理，以及企业后端的供应商协作管理，为企业提供完整的供应链管理模式，以此实现企业内外部供应链各节点的彼此协调和相互支持，提高整个供应链的柔性并达成整体供应链价值最优化，从而强化企业的品牌竞争力，加速企业向高附加值区块转移，彻底打通由客户到供应商的整个供应体系，帮助企业走向"中国智造"。如图 8.1 所示。

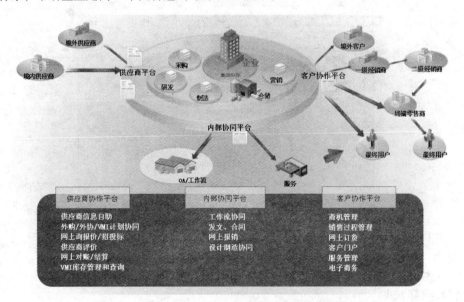

**图 8.1 金蝶 K/3 全面协同供应链管理系统基本架构**

金蝶 K/3 供应链管理系统的基本功能包括采购管理、销售管理、仓存管理、存货核算、供应商管理、VMI、委外加工、进口管理、出口管理、质量管理、分销管理、客户关系管理、供应商协同管理等具体内容。

### 8.1.2 金蝶 K/3 供应链管理系统的初始化

用户在使用金蝶 K/3 供应链管理系统时，先要建立相应的账套，并且在建立账套时，需要选择标准供应链解决方案的账套类型。设定相应的用户及其权限。

对账套的新建、备份和恢复、用户及权限的分配与管理操作，详见第 6 章，在此不再赘述。

启用账套后，就可以进行金蝶 K/3 供应链管理系统的初始化工作了，其基本流程包括核算参数设置、系统设置、基础资料设置和初始数据录入，最后结束初始化，启用各业务子系统。

#### 8.1.2.1 核算参数设置

核算参数是供应链系统的基础，它的设置关系到 K/3 系统供应链业务的处理，并且是保障系统正常运行的基础。

核算参数的设置前提有两个：供应链系统处于初始化阶段；供应链系统中不存在任何已录入的初始余额和业务单据。

在金蝶 K/3 系统主控台下，单击"系统设置—初始化—存货核算—系统参数设置"，系统弹出"核算参数设置向导"界面，在设置向导的带领下，一步步进行基本信息设置。每设置完一步，单击"下一步"，根据提示继续完成下一步操作，全部设置完毕，单击"完成"按钮，完成核算参数设置。

（1）启用年度和启用期间：系统默认为系统年度和日期，由用户可以自动更改，选择业务实际的启用年度和期间。如图 8.2 所示。

图 8.2　核算参数设置向导一

（2）核算方式：

①数量核算：系统以后只核算数量，不核算金额，所以显示的核算金额不会正确；

②数量、金额核算：对物料的数量和成本都核算。如果该账套是与财务各系统相互联系的，则应选择"数量、金额核算"。如图 8.3 所示。

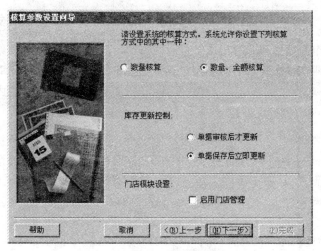

图 8.3　核算参数设置向导二

（3）库存更新控制：主要是针对库存的即时库存更新的处理。

①如果选择"单据审核后才更新"，则系统将在库存类单据进行业务审核后才将该单据的库存数量计算到即时库存中，并在反审核该库存单据后进行库存调整；

②如果选择"单据保存后立即更新"，则系统将在库存类单据保存成立后就将该单据的库存数量计算到即时库存中，并在修改、复制、删除、作废、反作废该库存单据时进行库存调整。

（4）是否启用门店管理：启用门店管理之后，系统把门店管理系统和系统设置涉及门店管理之外的菜单屏蔽。

注意：①核算参数一经设定并结束初始化后将不能返回再修改。

②金蝶 K/3 供需链只要在其中任意一个系统进行初始化，其他系统也会同时完成。

③金蝶 K/3 供需链启用的会计年度和会计期间，建议与财务总账系统启用的会计年度和会计期间保持一致。

### 8.1.2.2　系统设置

系统设置是一项非常重要的功能，用户要根据企业实际情况认真确定参数。

#### 8.1.2.2.1　系统设置

（1）在金蝶 K/3 系统主控台，单击"系统设置—系统设置—存货核算—系统设置"，打开"系统参数维护"界面，如图 8.4 所示。

（2）单击"系统参数设置"列表中的"系统设置"，可以查询到账套的基本信息，包括公司名称、地址、税务登记号、开户银行及账号、公司代码、折扣率精度位数、专用发票精度、系统名称等。

（3）如果用户要对某项信息进行修改或设置，用鼠标双击所在条目或单击界面左上角"修改"按钮，即调出相应"修改系统参数设置"窗口，用户修改后保存即可改变处理。

#### 8.1.2.2.2　单据设置

设置物流和生产各个系统的业务单据的选项，对不同企业业务处理规则和处理惯例，可以根据实际情况按单据选择合适的选项，如图 8.5 所示。

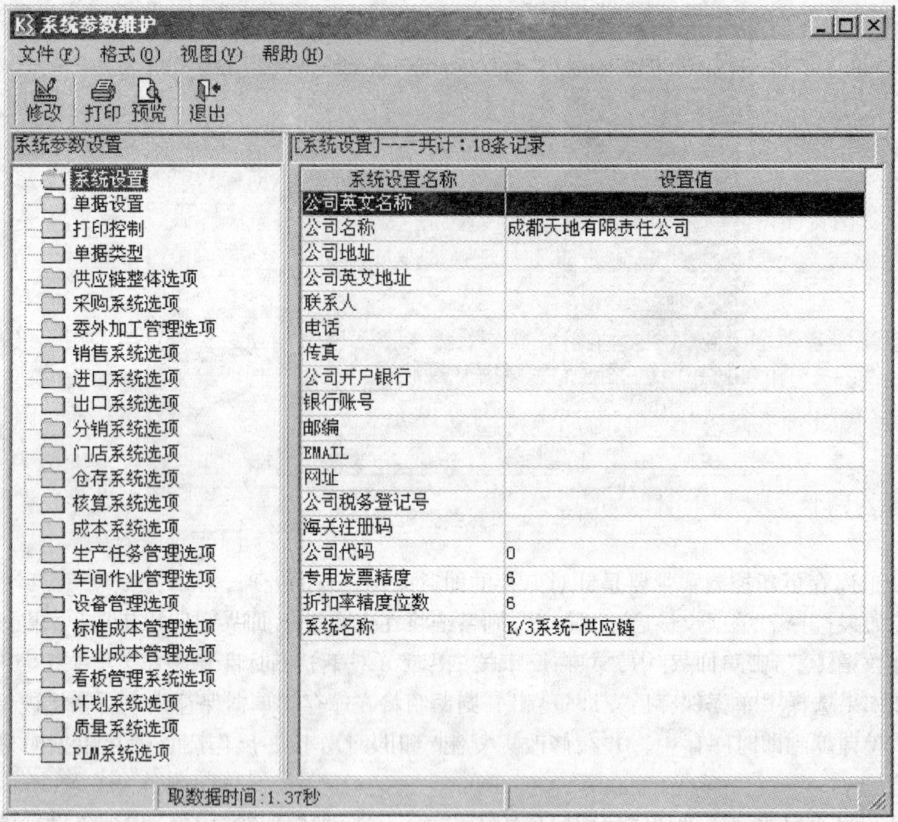

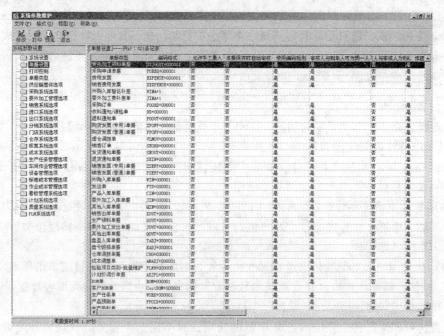

图 8.4  系统参数维护—系统设置

图 8.5  系统参数维护—单据设置

### 8.1.2.2.3　供应链整体选项

界面中显示了供应链系统整体都要涉及的系统选项及系统的默认设置，用户要根据企业业务处理规范和处理惯例设置或修改设置，如图8.6所示。

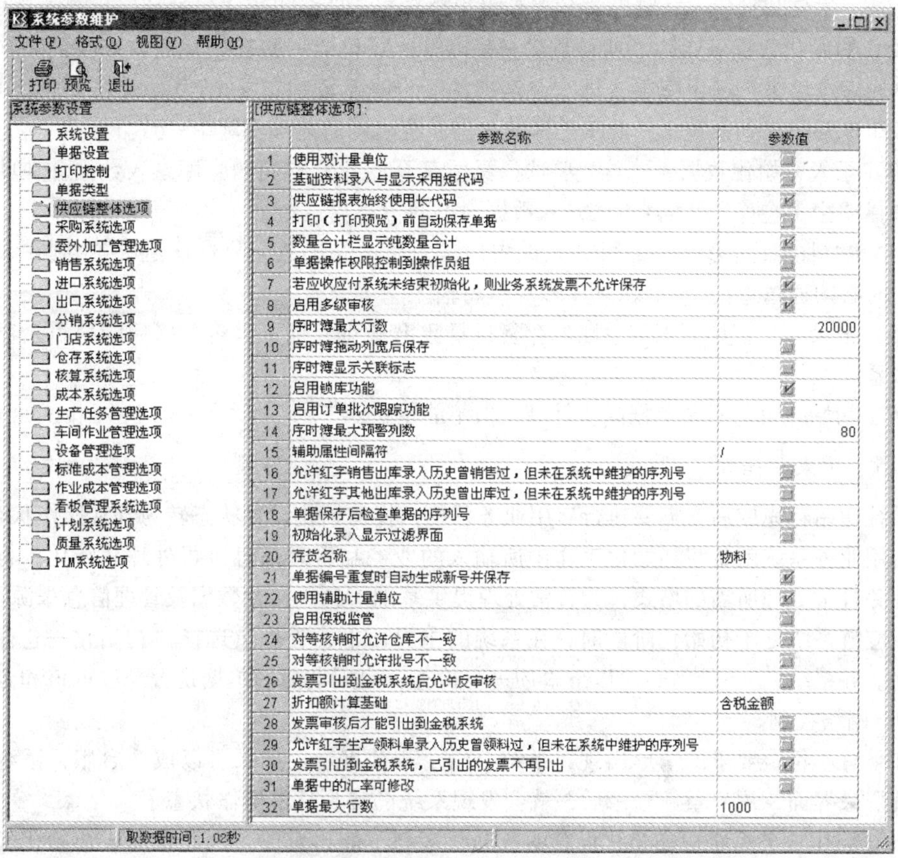

**图8.6　系统参数维护—供应链整体选项**

### 8.1.2.3　基础资料设置

基础资料是 K/3 系统进行管理所必需的各项基础数据的总称，在系统中具体包括物料、仓库、部门、职员、供应商、客户、科目、账号、币别、凭证字、计量单位、结算方式、仓位、各种核算项目和辅助资料等。

在金蝶 K/3 系统中，基础资料存在于每一个子系统，用户可以在每一个子系统方便地进行基础资料的维护。

在金蝶 K/3 主控台中，选择"系统设置—基础资料—公共资料"，分别进行相应的设置。

### 8.1.2.4　初始数据录入

核算系统处于初始化阶段时，录入的数据主要是物料仓库余额，在系统的主界面下，选择"系统设置—初始化—存货核算—初始数据录入"，在调出的"初始数据录入"界面中用户可以进行数据的录入、查询和打印等工作，该数据在仓存系统也可以录入。

（1）初始数据是本系统启用时仓库物料的结存情况的记录，设置初始数据分仓库、仓位录入。在实际成本法下，录入的资料包括物料代码、结存数量、结存金额；在计划成本法下，录入的资料包括物料代码、结存数量、结存金额、材料成本差异。如果启用的会计期间不是第一期，则除了结存数量、结存金额外，还需录入本年累计收入数量、本年累计收入金额、本年累计发出数量、本年累计发出金额。

（2）初始化数据录入除了期初数量金额以外，还包括一些初始化之前未收到采购发票的暂估入库单、未核销出库单（即未开销售发票的销售出库单）、已经发出但未加工好的委托出库单也要录入到系统中，此项的目的是当系统启用后能和实际中一致。

（3）录入初始化数据时，首先要选择具体某仓库，分不同的仓库录入数据。在此不能直接选择"全部仓库"，否则无法录入数据。

（4）物料的计价方法如采用"先进先出法、后进先出法、分批认定法"，则在录入初始数据时必须通过双击"批次/顺序号"进行输入。

（5）把录入的初始数据与总账的存货科目数据核对，也可以将对账后的科目余额传递到总账系统中。

（6）初始化可与日常单据同步处理，但不能审核。

### 8.1.2.5　结束初始化

系统初始化完成后，需要执行启用业务系统，将初始化设置状态转为日常操作状态。

启用业务系统就是将初始化工作中所输入的业务和管理信息进行处理和转化，将其转变为业务日常处理所需的格式，为日常处理提供基础信息、初始数据及管理信息来源。

供应链系统处于初始化阶段时，在系统的主界面下，管理员选择"初始化—仓存管理—启用业务系统"，系统就会对以下事项进行检查：启用期前的单据是否经过审核和金额是否为0；网络控制。

如果有不符合要求的情形出现，系统会给予相关提示。如果可以成功启用，系统将显示系统登录界面，用户重新登录后，就会发现系统已转为日常操作状态了。

（1）启用业务系统后初始化设置的数据很多都不能再修改，因此在完成初始化工作之后，应该再仔细检查一下初始化数据，确保无误后再执行启用。

（2）在启用业务系统之前，最好在"账套管理"中将该账套进行备份，以防由于种种原因造成贸然启用，从而给业务处理带来不便。

（3）初始化结束业务启用功能的权限只赋予系统管理员。

（4）当在采购、仓存、销售、核算任一系统执行启用之后，可以通过核算的反初始化功能反启用系统。

# 8.2　金蝶 K/3 采购业务处理

## 8.2.1　采购管理业务处理流程

对于制造企业，原材料采购是企业采购活动的最重要部分。一般采购业务流程，主要是针对企业这部分采购活动而设计的。

一般常用的采购流程包括处理采购申请单、采购订单、收料通知单、外购入库单、采购发票和付款单，除付款单外，其余单据均在采购管理系统中处理，而采购订单、外购入库单和付款单则是最基本的业务流程，其他可根据企业需要选择使用与否。在实际业务中，该流程体现为货先到、发票后到、最后付款，同时外购入库单和发票都在同一会计期间入账。

采购管理系统与其他子系统的关系，如图8.7所示。

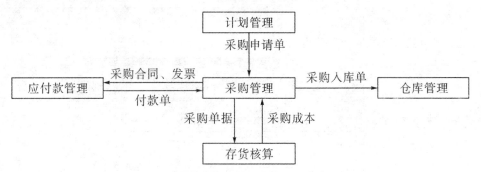

**图8.7　采购管理系统与其他子系统的关系**

## 8.2.2　采购管理基础资料设置

### 8.2.2.1　供应商供货信息

供应商供货信息一方面用于设定各物料的供应商对应代码、供应商对应名称，另一方面用于设置各物料在各供应商的配额比例。

（1）在金蝶 K/3 主控台，单击"系统设置—基础资料—采购管理—供应商供货信息维护"，进入"供应商供货信息"界面，进行供应商供货信息的设置、维护和查询工作，如图8.8所示。

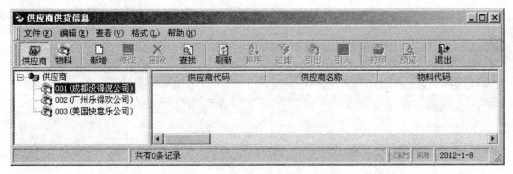

**图8.8　供应商供货信息—供应商**

（2）在操作界面上新增供货信息的方法有三种，即首先将光标移至某个具体供应商或物料条目上：①单击工具栏上的"新增"按钮；②单击菜单"编辑—增加供货信息"；③直接使用快捷键 Ctrl + N；都可以调出"供应商供货信息新增"界面，如图8.9所示，输入完毕后单击"保存"按钮。

图 8.9  供应商供货信息—新增

供应商供货信息既可以按供应商显示的供货信息新增界面，也可以按物料显示的供货信息新增界面，两种录入方法的效果都是一样的，用户可以选择任一种方式录入。

### 8.2.2.2  采购价格管理

采购价格管理是企业的一个重要的采购政策之一，灵活的价格体系和价格信息查询可以降低采购成本，严密的限价预警控制手段可以杜绝采购漏洞。

（1）在金蝶 K/3 主控台，单击"系统设置—基础资料—采购管理—采购价格管理"，进入"系统基本资料（采购价格管理）"界面，进行采购价格资料的设置、维护和查询工作，如图 8.10 所示。

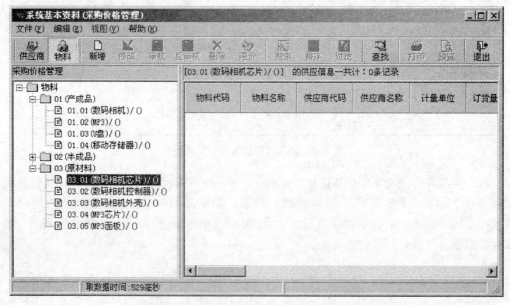

图 8.10  系统基本资料（采购价格管理）

（2）采购最高限价是指在企业进行购货交易时所能允许的最高出价，采购最高限价预警是企业将内部管理和牵制应用到对价格的管理的表现。

采购最高限价是在采购价格录入的基础上设置的。如果不增加采购价格是无法进行限价信息录入的，必须有至少一条采购价格才能进行采购最高限价的设置。系统提供用户针对每一个物料按全部供应商、单个供应商两种方式设定最高限价。

在如图 8.10 所示的"系统基本资料（采购价格管理）"界面，将光标移至某个具体供应商或物料条目上，①单击工具栏上的"限价"按钮；②单击菜单"编辑—限价"；③直接使用快捷键 Ctrl + H；都可以调出"采购价格最高限价设置"界面，如图 8.12 所示，设置好后，单击"确定"按钮。

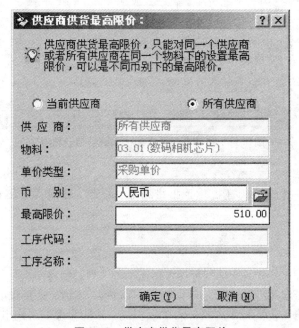

图 8.12　供应商供货最高限价

采购价格最高限价对一个物料可以针对一个供应商、或针对所有供应商来设置限价信息，但针对一个物料、一个供应商只能保留一个限价信息，而不论其数量段和币别。

（3）在操作界面上新增供货信息的方法有三种，即首先将光标移至某个具体供应商或物料条目上：①单击工具栏上的"新增"按钮；②单击菜单"编辑—增加采购价格"；③直接使用快捷键 Ctrl + N；都可以调出"供应商供货信息新增"界面，如图 8.11 所示，输入完毕后单击"保存"按钮。

采购价格管理既可以按供应商显示的采购价格新增界面，也可以按物料显示的采购价格新增界面，两种录入方法的效果都是一样的，用户可以选择任一种方式录入。

（4）需要审核采购价格时，在如图 8.10 所示的"系统基本资料（采购价格管理）"界面左边选中某个供应商，再在界面右边选择其中的某一条采购价格，然后单击工具栏上的"审核"按钮或者单击菜单"编辑—审核"，如果该记录未审核，则系统会将该条采购价格审核并提示"审核成功"；如果该条记录已被审核，则系统会提示"该条记录已经审核！"。

已经审核的采购价格可以单击工具栏上的"反审核"按钮或者单击菜单"编辑—反审

图 8.11　供应商供货信息—采购价格—新增

核"来反审核采购价格。

另外，金蝶 K/3 采购管理还提供了批量增加、修改、删除、审核和反审核采购价格功能。

### 8.2.3　采购申请单

采购申请单是各业务部门或计划部门根据主生产计划、物料需求计划、库存管理需要、销售订货、或零星需求等实际情况，向采购部门提请购货申请、并可批准采购的业务单据。

采购申请的功能在金蝶 K/3 主控台的"供应链—采购管理—采购申请—采购申请单—新增/维护"模块中都有实现：在业务处理中是对购货申请进行业务操作；在单据序时簿中，除了能够实现在业务处理里的操作之外，更重要的是对采购申请单进行批量处理和管理功能。如图 8.13 所示。

在企业中，采购申请单的来源有很多种。有根据计划部门的主生产计划、物料需求计划投放的申请；有根据库存缺货而生成；有满足以销定购的工商业一体化业务需求；还有零星的购货需求；等等。不同的来源其生成方式不同。

#### 8.2.3.1　手工新增

手工录入就是整张单据由手工生成，不需要借助其他单据或其他系统信息，比较使用适用于零星申请或采购部门根据自身需要提交申请。

在如图 8.13 所示的界面中，录入完毕后，单击工具条上的"保存"按钮或者单击菜单"文件—保存"，也可直接使用 Ctrl + S 快捷键实现录入信息的保存功能。如果用户录入不完整、或者录入非法信息，系统会随时给予提示，用户按照提示进行处理即可。

在保存的当前单据上，用户才能执行修改功能，修改后，即时保存即可。

**图 8.13　采购申请单—新增**

### 8.2.3.2　库存缺货查询录入

工业企业的采购申请有很大一部分来自于库存管理系统产生的缺货需求。因此，采购申请单可以根据库存生成。

在如图 8.13 所示的界面中，单击菜单"选项—库存缺货查询录入"，系统弹出缺料查询的"过滤"界面。在该界面上可以选择多种物料，根据计算方式自动生成采购申请，计算方式的选择包括：

（1）考虑预计量和现有库存，利用预计可用量指标，对于该指标为负的情形则按其差缺量生成采购申请单；

（2）订货点策略，即根据物料基础资料中设置的 < 再订货点 >，针对现有即时库存低于再订货点的情形，按其差缺量生成采购申请单；

（3）安全库存策略，即针对现有即时库存小于安全库存的情形，按其差缺量生成采购申请单；

（4）最低库存策略，钊对现有即时库存小于最低库存量的情形，按其差缺量生成采购申请单。

### 8.2.3.3　物料配套查询生成

采购申请单可以通过物料配套查询功能来新增。

物料配套查询是一个模拟 MRP 运算的过程，它是根据用户指定的一个或一组产品的需求，按照 BOM 结构展开到用户指定的层次，并根据用户的参数设置考虑相应的现有库存、安全库存及预计出入库数量，计算得出构成产品的相关物料的建议计划数量。

在如图 8.13 所示的界面中，单击菜单"选项—物料配套查询录入"、或直接使用快捷键 F11，系统弹出配套查询过滤界面。在该界面上可以选择销售订单或产品预测单两种单据，系统将按照 BOM 展开选项自动生成一张新的采购申请单。

### 8.2.3.4　根据计划自动生成

采购申请单还可以根据计划部门的主生产计划、物料需求计划等自动生成，该功能是直接在计划管理系统实现的，不通过采购管理系统操作。

（1）通过 MPS 计算自动生成，选择"计划管理—主生产计划—MPS 计算—MPS 计算"，系统根据生成采购申请的选项在计算过程中自动投放生成采购申请；

（2）通过主动投放 MPS 来生成，选择"计划管理—主生产计划—MPS 维护—MPS 计划订单维护"，在其中选择属性为采购件的物料，使用工具条上的"投放"按钮主动投放；

（3）通过 MRP 计算自动生成，选择"计划管理—物料需求计划—MRP 计算—MRP 计算"，系统根据生成采购申请的选项在计算过程中自动投放生成采购申请；

（4）通过主动投放 MRP 来生成，选择"计划管理—物料需求计划—MRP 维护—MRP 订单维护"，在其中选择属性为采购件的物料，使用工具条上的"投放"按钮主动投放；

（5）通过项目 MRP 计算自动生成，选择计划管理—物料需求计划—项目 MRP 计算—项目 MRP 计算，系统根据生成采购申请的选项在计算过程中自动投放生成采购申请。

### 8.2.3.5 关联生成

用户可以根据销售订货情况来生成采购申请，即由销售订单关联采购申请单。此时要求销售订单必须是已审核、未关闭。

采购申请关联销售订单生成时，会将销售订单号携带到采购申请对应的单据行中，所以当多张销售订单关联生成采购申请时，如果不进行合并生成，系统会记录两种单据之间的关联关系。如申请单 001 是关联销售订单 001、002、003 三张单生成的，则上查时应该将三张单全部显示出来。而在销售订单序时簿下查时，无论是从 001、002 还是 003，都能下查到 001。

当采购申请关联多张销售订单生成时，既可以按照"物料"或者"需求日期"进行合并，也可以不合并。如果在采购申请录入界面单击菜单"选项—物料合并选项—直接合并"，则不同销售订单按照物料代码进行数量的汇总；如果在采购申请录入界面单击菜单"选项—物料合并选项—按需要日期合并"，则不同销售订单按照"物料代码 + 需求日期"进行数量的汇总；如果在采购申请录入界面单击菜单"选项—物料合并选项—不合并"，则销售订单将不进行合并。

## 8.2.4 采购订单

采购订货管理是以采购订单为中心的一系列管理活动，主要活动包括采购订单下达、采购订单变更控制、采购订单执行跟踪。

采购订单的功能在金蝶 K/3 主控台的"供应链—采购管理—采购订单—采购订单—新增/维护"模块中都有实现。用户可以手工新增或者通过关联采购申请单、采购合同以及销售订单生成如图 8.14 所示。

## 8.2.5 收料通知单

收料通知单是采购部门在物料到达企业后，登记由谁验收、由哪个仓库入库等情况的详细单据，便于物料的跟踪与查询。此单据用户可以不填制，单据生成后必须要审核。

收料通知单是采购系统与仓存系统连接的关键接口，仓存系统的外购入库单就可以根据其引入生成，它是物料入库的依据。

收料通知单的功能在金蝶 K/3 主控台的"供应链—采购管理—收料通知—收料通知—新增/维护"模块中都有实现，用户可以手工新增或者通过关联采购订单和采购发票生成，如图 8.15 所示。

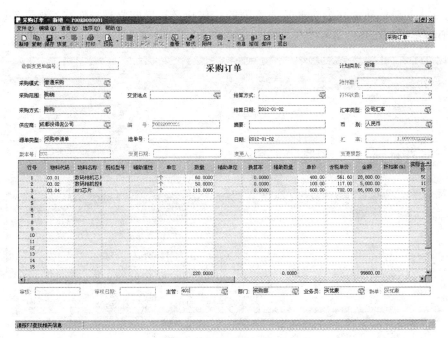

图 8.14　采购订单

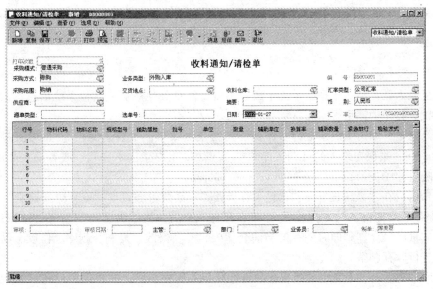

图 8.15　收料通知单

## 8.2.6　外购入库单

又称收货单、验收入库单等，是确认货物入库的书面证明。

外购入库单包括蓝字外购入库单和红字外购入库单，红字外购入库单是蓝字外购入库单的反向单据，代表物料的退库，两者数量相反，但内容一致。

在业务处理模块，外购入库单的业务操作主要是新增单据。

外购入库单的功能在金蝶 K/3 主界面的"供应链—采购管理—外购入库—外购入库单 – 新增/维护"模块中都有实现。如图 8.16 所示。

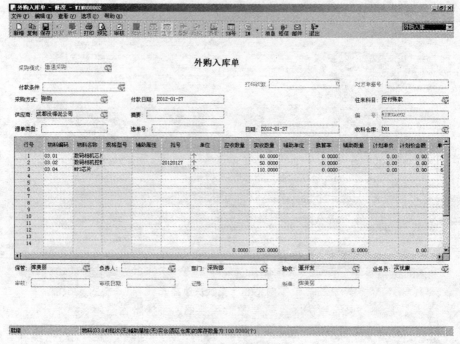

图 8.16　外购入库单

### 8.2.6.1　手工新增

手工录入就是整张单据由手工生成，不需要借助其他单据或其他系统信息，比较适用于没有正式订单的零星入库。

录入完毕，单击工具条上的"保存"按钮或者菜单"文件—保存"，也可直接使用快捷键 Ctrl＋S，来保存录入的外购入库单信息。如果用户录入不完整、或者录入非法信息，系统会随时给予提示，用户按照提示进行处理即可。

如果用户在"系统设置—初始化—存货核算—系统参数设置—库存更新控制"中选择"单据保存后立即更新"，则在该库存单据保存成立后，使用快捷键 F12，就可以看到相应物料的数量已经计算到即时库存的当前仓库中，并在修改、复制、删除、作废、反作废该单据时进行库存调整。

在库存更新时，系统也会按实收数量计算相关库存参数，并根据用户在"系统设置—系统设置—采购管理—系统设置—仓存系统选项"中选择的"更新库存数量出现负库存时给予预警""库存总数量高于或等于最高库存量时给予预警""库存总数量低于或等于最低库存量时给予预警"和"库存总数量低于或等于安全库存量时给予预警"等选项，分别在该数量更新库存造成相关影响出现时予以预警。

如果该外购入库单是通过关联仓库类型为代管仓、赠品仓的收料通知单生成的，则在更新库存时，一方面按外购入库单上物料"实收数量"更新实仓的即时库存；另一方面按相同数量扣减虚仓的即时库存。

在保存的当前单据上，用户才能执行修改功能，修改后，即时保存即可。

#### 8.2.6.2 关联生成

在采购管理模块的所有单据，只能实现单据的上拉式关联，即在相关关联的目标单据及目标单据序时簿上，显示选中的关联关系所对应的源单据号码，供用户选择相关的源单据来生成该目标单据。

蓝字外购入库单可以通过关联采购订单、收料通知单、采购检验申请单和采购发票生成，红字外购入库单可以通过关联蓝字外购入库单、退料通知单、红字采购发票生成，即将相关单据作为源单据，根据用户选择的源单据自动生成外购入库单。其中采购订单、收料通知单、退料通知单、蓝字外购入库单、采购发票等必须是已审核、尚未关联完毕的单据；其他操作与手工新增一致。

这几种关联操作还可以分别在"采购订单—维护""退料通知单—维护""外购入库单—维护""采购发票—维护"功能中完成，选择一张源单据或一张单据中的若干条目，单击菜单"下推—生成外购入库单"，在弹出的生成界面操作，生成外购入库单。

如果要空白的红字外购入库单，需要单击"红字"、或选择菜单"编辑—红字单据"。

### 8.2.7 采购发票

采购发票包括专用发票和普通发票，除了在税务处理方面的差别外，业务处理大致相同；发票还分蓝字发票和红字发票，红字发票是蓝字发票的反向单据，代表采购退回，两者数量相反，但内容一致，因此采购发票就分红字专用发票、蓝字专用发票、红字普通发票和蓝字普通发票。

采购发票的功能在金蝶 K/3 主控台的"供应链—采购管理—采购发票—采购发票－新增/维护"模块中都有实现。如图 8.17 所示。

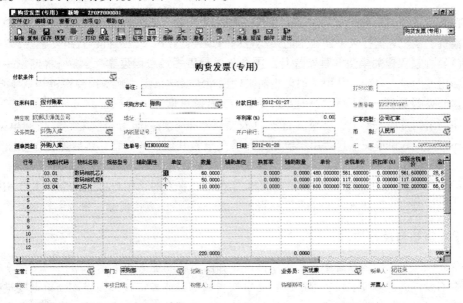

图 8.17　采购发票（专用）

### 8.2.7.1　手工新增

手工录入就是整张单据由手工生成，不需要借助其他单据或其他系统信息。如果用户录入不完整、或者录入非法信息，系统会随时给予提示，用户按照提示进行处理即可。

在保存时，系统根据用户的相关选项会给予一系列的处理：

（1）如果用户在系统选项中选择了"应收应付系统未结束初始化，则业务系统发票不允许保存"选项，则应付款系统不启用就不允许供应链采购系统保存发票。若不需要与应收应付保持同步，则可不选中该选项。

（2）如果用户在系统选项中选择了"采购最高限价预警"，则系统会检查每条物料的净价是否超过最高限价，并给予相应提示。

（3）在保存的当前单据上，用户才能执行修改功能，修改后，即时保存即可。

（4）如果用户在单据上选择了"调整金额不倒算单价"，单价和税额字段不会进行重新计算。

### 8.2.7.2　关联生成

在采购管理模块的所有单据，只能实现单据的上拉式关联，即在相关关联的目标单据及目标单据序时簿上，显示选中的关联关系所对应的源单据号码，供用户选择相关的源单据来生成该目标单据。

蓝字采购发票可以通过关联采购订单、采购合同、蓝字外购入库单、蓝字委外加工入库单、销售发票生成；红字采购发票可以通过关联采购订单、采购合同、红字外购入库单和蓝字采购发票生成，此时都要求源单已审核但是未完全关联完毕。

## 8.2.8　采购费用发票

在采购系统中，采购发票和费用发票形成连属单据，是解决在采购物料的过程中发生的运输费、税金等需计入采购成本的采购费用的录入，以便发票审核将费用发票一起审核。

（1）在已保存的采购发票界面上，选择菜单"查看—费用发票"，系统将调出一张空白的费用发票录入界面。其中，如果当前采购发票为蓝字单据，则费用发票也为蓝字单据；如果当前采购发票为红字单据，则费用发票也为红字单据。

在调出的费用发票上，已录入自动填入连属单据号码，即为当前采购发票的单据号；另外还自动带入供应商信息。用户根据实际情况录入其他业务信息，然后保存。如图 8.18 所示。

（2）当采购费用发票不依于任何采购发票而独立存在时，用户可以在金蝶 K/3 主控台执行"供应链—采购管理—费用发票—费用发票—新增"，直接新增一张费用发票。

## 8.2.9　审核与反审核

在金蝶 K/3 供应链系统中，提供单据审核和反审核功能。如果本单据在"多级审核管理"中不设置进行多级审核，则审核和反审核指的都是业务审核；如果该张单据要进行多级审核，则审核和反审核包括业务审核和形式审核等其他审核与反审核。采购发票和其他的非业务审核、反审核的处理与其他单据一致。

（1）在当前发票界面、新增并保存了一张单据后

单击工具栏上的"审核"按钮或者选择菜单"查看—审核"，也可直接使用快捷键 F4，

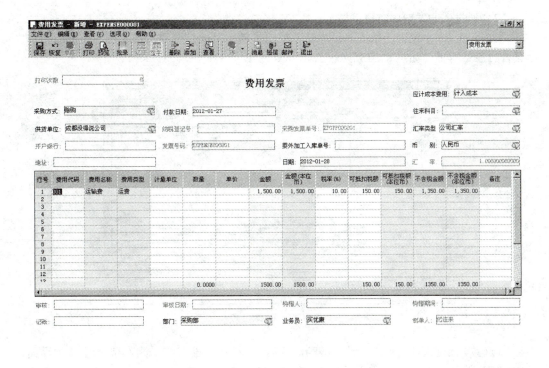

图 8.18  费用发票

系统会自动审核该张单据，并给予相应提示信息。如图 8.19 所示。

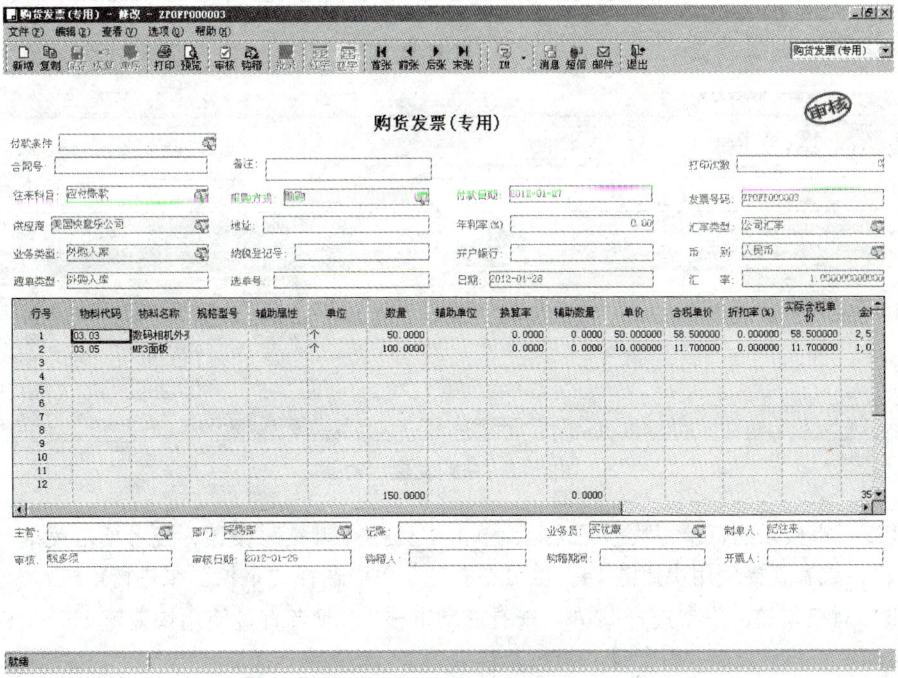

图 8.19  采购发票审核

（2）通过采购发票序时簿审核

①在金蝶 K3 主控台，单击"供应链—采购管理—采购发票—采购发票—维护"，打开"条件过滤"界面，如图 8.20 所示。

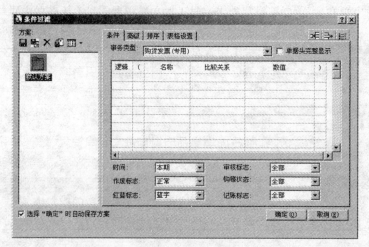

图 8.20　条件过滤

②选"勾稽状态"为"全部"，单击"确定"按钮，进入"采购发票序时簿"界面，如图 8.21 所示。

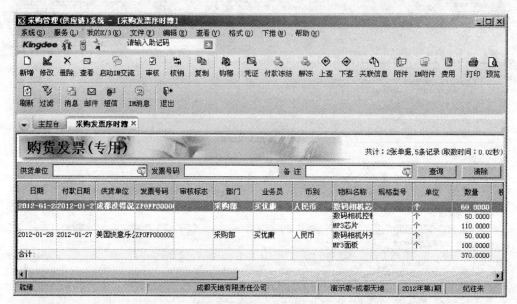

图 8.21　采购发票序时簿

③逐一审核采购订单，数据无误后，单击工具栏"审核"按钮，或者单击菜单"编辑—审核"，或者直接使用快捷键 F4，也可在右键菜单中选择"审核"来进行审核。

（3）对已审核的发票选择菜单"查看—反审核"、或者直接使用快捷键 Shift + F4，系统会自动反审核该发票，并给予相应提示。

### 8.2.10 采购发票勾稽

对于采购发票勾稽是发票与入库单确认的标志，是核算入库成本的依据。已勾稽的发票才可以执行入库核算、根据凭证模板生成记账凭证等操作，无论是本期或以前期间的发票，勾稽后都作为当期发票来核算成本。

#### 8.2.10.1 勾稽

（1）进入"采购发票勾稽"界面

①在当前发票界面、新增保存并且审核了一张单据后

单击工具栏上的"勾稽"按钮，或者选择菜单"查看—勾稽"，系统会自动勾稽该张单据，并给予"勾稽成功"的提示。

②在"采购发票序时簿"上

选择已经审核的采购发票，单击工具栏上的"勾稽"按钮，或者选择菜单"编辑—勾稽"，或者在右键菜单中选择"勾稽"，出现"采购发票勾稽"界面，来完成采购发票勾稽。如图 8.22 所示。

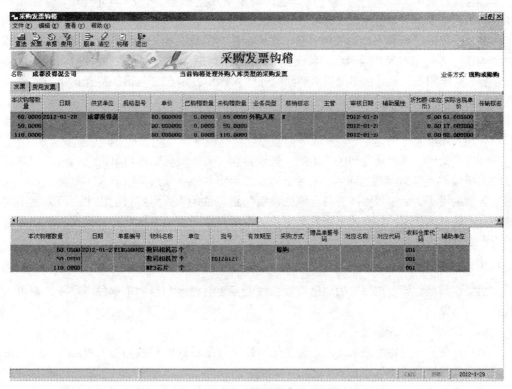

**图 8.22 采购发票勾稽**

（2）操作方法

①发票或 F8、菜单"查看—选择发票"：选择其他发票来和当前的发票一起作为一组来进行勾稽，即按照勾稽界面上的供应商将符合勾稽条件的相同供应商的采购发票过滤出来，在该发票过滤界面可以选择多张单据返回。

②重选或 F7、菜单"文件—重新选择"：重新选择一张发票来勾稽，即过滤出所有符

合条件的采购发票,在该发票过滤界面不能选择多张单据返回。

③单据或 F9、菜单"查看—选择单据":重新选择与当前发票供应商相匹配的入库单,即过滤出所有符合条件的外购入库单,在该入库单过滤界面可选择多张单据返回。

系统允许和发票勾稽的入库单包括与所选采购发票供应商相同,物料匹配的已勾稽、尚未勾稽、且日期不为以后期间的外购入库。

④费用、菜单"查看—选择费用发票":选取可以与采购发票一起勾稽的费用发票。费用发票的供应商可以和采购发票不一致,但必须是本期或前期的未勾稽、已审核的费用发票。

如果采购发票有连属生成的费用发票,或者参与勾稽的委外加工入库单有连属生成的费用发票,在勾稽该张发票时,系统会自动将其连属的本期的费用发票带出。

⑤删除或菜单"编辑—删除":可以将当前光标所在行的单据从勾稽界面上清除掉。如果再需要所删除的单,只能通过重选。

⑥清空或菜单"编辑—清空":可以将"勾稽"界面所有的采购发票、外购入库单及费用发票全部从当前界面删除。

⑦勾稽或菜单"编辑—勾稽":系统会勾稽发票并将发票与对应入库单勾稽,并提示成功。勾稽后可以退出勾稽界面、也可以继续勾稽。

⑧选中菜单"查看—自动选择单据"选项:在"采购发票"界面单击"勾稽"按钮或在"勾稽"界面重取发票返回后,系统会自动搜寻出与所选发票供应商相同、物料匹配的已审核、尚未勾稽、且日期不为以后期间的外购入库单显示在"勾稽"界面的下方。但外购入库单可以为已记账的单据。

采购发票勾稽时费用发票的自动带出不受选项"自动选择单据"选项的影响,该选项只对外购入库单起作用。

⑨选中菜单"查看—选择关联单据"选项:在"采购发票"界面单击"勾稽"按钮或在"勾稽"界面重取发票返回后,系统会自动搜寻出与所选发票关联的入库单显示在"勾稽"界面的下方,而不再将所有符合该张发票勾稽条件的入库单都过滤出来,可以缩小勾稽时自动选单的范围。如果找不到发票对应的上游关联单据,系统会自动再去找该张发票所下推生成的入库单。

### 8.2.10.2 反勾稽

如果在勾稽之后发现原来的勾稽有误,或者需要对已经勾稽的单据进行修改,则可以执行反勾稽操作。

(1) 反勾稽的判断条件

①只有是某一组勾稽记录(一组记录的勾稽序号是一致的)的勾稽人才能对该组勾稽记录执行反勾稽操作。

②反勾稽时只能反勾稽勾稽期间为本期的发票,勾稽期间为以前期间的发票不能反勾稽;已经记账的发票不能反勾稽。

③如果暂估凭证冲回方式为单到冲回方式,且采购发票对应的外购入库单在当前已经生成冲回凭证,采购发票不能反勾稽,必须删除对应的暂估冲回凭证后,才能反勾稽。

④反勾稽人必须具有相应的权限(勾稽的权限)。

(2) 反勾稽的处理

①在已勾稽的当前发票界面,选择菜单"查看—反勾稽",系统会自动反勾稽该发票,

并给予"反勾稽成功"的提示。

②在"采购发票序时簿"界面，选中一张勾稽期间为本期的发票后，单击菜单"编辑—反勾稽"即可以进行反勾稽。如果该采购发票只有一组勾稽日志，即一次就全部勾稽完成，并且采购发票符合反勾稽的条件，系统会反勾稽所选采购发票，并同时解除其与所勾稽的入库单及费用发票的勾稽关系。如果该采购发票对应多组勾稽序号（即进行了多次部分勾稽），则在反勾稽时，系统会先弹出该发票的勾稽日志，让用户选择所要勾稽的部分，然后系统只反勾稽用户选择的勾稽序号对应的勾稽记录，而不会全部反勾稽。

③选择"供应链—采购管理—采购发票—采购发票—勾稽日志"，选择"条件过滤"确定后，进入"勾稽日志"界面，可以查询勾稽的单据序号、供应商、物料、勾稽数量和勾稽金额等信息，如图8.23所示。

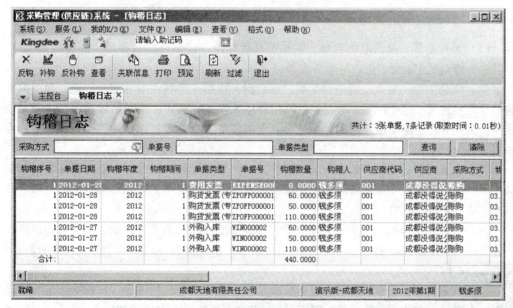

图8.23　勾稽日志

如果采购发票分次进行勾稽，则一张采购发票会显示不同的勾稽号。用户可以选中一组勾稽号中的任何一条记录，单击"反钩"按钮或者选择菜单"编辑—反勾稽"进行反勾稽。反勾稽时，如果符合反勾稽条件，则系统会将与勾稽序号相同的单据一起反勾稽。

如果该组勾稽单据经过核算，已生成了暂估补差单，则反勾稽发票时，系统会自动删除所生成的暂估补差单。

### 8.2.10.3　允许勾稽的条件

在供应链系统中，一张采购发票可以与多张外购入库单、多张费用发票勾稽，多张发票也可以与一张外购入库单、一张费用发票勾稽，同样，多张采购发票可以与多张外购入库单、多张费用发票勾稽。

（1）采购发票可以进行勾稽的条件

①发票必须为已业务审核、未完全勾稽的发票；

②勾稽人必须具有采购发票的勾稽权限。

如果系统选项"允许勾稽以后期间单据"选中，则所有期间的发票均可勾稽，否则只允许勾稽当期或以前期间的采购发票。

（2）采购发票和外购入库单勾稽的条件

①两者供应商相同；

②两者单据状态必须是已审核、尚未完全勾稽（即勾稽状态是部分勾稽或未勾稽）；

③对于受托入库采购方式的单据勾稽时，两者的采购方式必须一致；

④对于委外加工类型的入库单进行勾稽时，两者的业务类型必须一致；

⑤如果系统选项"允许勾稽以后期间单据"未选中，单据或采购发票两者都必须是以前期间或当期的单据，否则，前期、当期和以后期间的单据均可勾稽；

⑥两者的物料、辅助属性、本次勾稽数量必须一致。

（3）能够和采购发票一起勾稽的费用发票。本期或前期的已审核、未勾稽的费用发票。

### 8.2.11 特殊业务的处理

（1）采购退货。根据原收料单，制作退料通知单、红字外购入库单、红字采购发票、退款单。特点是先退货，供应商再开发票。

（2）暂估入库。特点是货先到采购发票后到，特别是单据在当月无法到达，即单据和货物处理不在同一会计期间。所以一般采用暂估入库，在核算成本时估计该物料一个单位成本。其业务处理流程是处理采购申请单、采购订单、收料通知单、外购入库单、采购发票（下月）。

（3）单先到货后到。一般企业是在货物不到时是不付款的，此时企业可将该发票暂时放一下，等到货到后一并处理。其业务流程是处理采购申请单、采购订单、采购发票、收料通知单、外购入库单。

（4）分次收货采购。企业先分次收货，再根据汇总的发票进行付款。其业务处理流程是采购申请单、采购订单、收料通知单1、外购入库单1、收料通知单2、外购入库单2……采购发票、付款单。

（5）代管物资。一般不核算企业的实际仓库，通过虚仓进行管理，只核算数量不核算金额，不进行成本计算。其业务处理流程是处理收料通知单、退料通知单。

（6）受托代销。企业收到代销商品时，先放入代管仓，根据实际销售的数量情况，先做同样数量的采购入库，同时再做销售出库，未销售完的商品退回给委托方。其业务处理流程如图8.24所示。

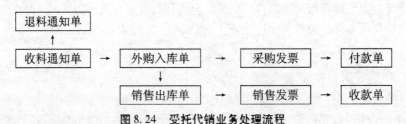

图8.24 受托代销业务处理流程

（7）委外加工。委外加工是由委托方提供加工商品的原材料，并支付一定加工费用给受托方的方式。

其业务处理流程是处理委外加工生产任务单、委外加式发出、委外加工入库、费用发票、付款单。

### 8.2.12 查询与报表

#### 8.2.12.1 库存查询

在金蝶 K3 主控台，选择"供应链—采购管理—库存查询"功能来实现。

##### 8.2.12.1.1 即时库存查询

在即时库存查询中，使用者可对某个所关心的物料进行查询现有库存情况，也可查看全部物料全部仓库的现有库存情况，也可查看某个仓库中存在有多少种物料，每种物料的数量。

即时库存数量，系统按"核算参数"中设置的"库存更新控制"来随时更新当前库存数量，库存更新控制分为保存后更新库存和审核后更新库存。

（1）仓库分类查询。主要是实现按仓库进行汇总查询的功能；此时即时库存查询界面是按仓库分级显示。

（2）物料分类查询。主要是实现按物料进行汇总查询的功能；此时即时库存查询界面是按物料分级显示。

##### 8.2.12.1.2 库存状态查询

库存状态查询提供给企业的计划或供应链部门实时地反映产品和物料的供应情况，并产生例外建议信息，为管理人员及时地进行调整生产及采购的决策数据。它是根据现在库存、预计入库、安全库存、锁库量、已分配量等数据，计算出任何时间段的预计可用库存。

#### 8.2.12.2 报表统计

K/3 供应链提供了丰富的统计报表，包括采购订单执行情况明细表、采购订单执行情况汇总表、费用发票汇总表、费用发票明细表、委外加工材料明细表、委外加工材料汇总表、委外加工核销明细表、委外加工核销汇总表等。

#### 8.2.12.3 报表分析

在金蝶 K3 主控台，选择"供应链—采购管理—报表分析"功能来实现，包括采购汇总表、采购明细表、供应商供货 ABC 分析、采购价格分析、物料采购结构 ABC 分析报表、采购订单 ABC 分析、供应商供货质量分析表、供应商准时交货分析表、供应商价格趋势分析表、采购/委外入库勾稽差异表。

# 8.3 金蝶 K/3 销售业务处理

## 8.3.1 销售管理业务处理流程

企业的销售业务比较复杂，一般的处理流程是处理销售报价单、销售订单、发货通知单、销售出库单、销售发票和收款单，除收款单外，其余单据均在销售管理系统处理，其中销售订单、销售出库单和销售发票是最基本的，而销售出库单也可以在仓存管理中新增。在实际业务中，该流程体现为货先发、发票后开、最后收款，同时出库单和发票都在同一会计期间入账。

销售管理系统与其他子系统的关系，如图 8.25 所示。

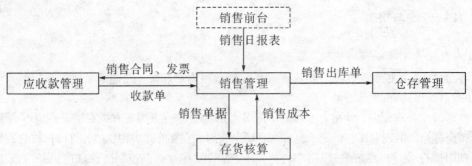

图 8.25　销售管理系统与其他子系统的关系

## 8.3.2　销售资料设置

### 8.3.2.1　销售价格管理

销售价格管理是企业的重要的销售政策之一，灵活的价格调整体系可以满足快速多变的市场需求，严密的价格控制手段可以保证企业销售政策的有效执行。

#### 8.3.2.1.1　价格管理参数的设置

在金蝶 K/3 主控台的选择"供应链—销售管理—价格管理—价格参数设置"，调出如图 8.26 所示"价格管理选项"界面，这些参数是用来控制整个价格折扣管理在单据中的应用情形以及取数逻辑的组合优先设置，设置完成单击"确定"退出。

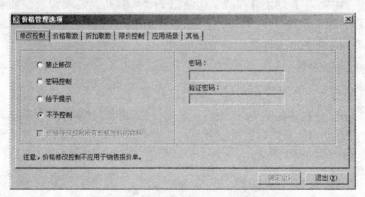

图 8.26　价格管理选项—修改控制

（1）修改控制，用户可以对单据中所取到的价格政策信息是否允许修改以及控制强度等参数的设置。价格的修改只包括修改价格字段信息，不包括折扣率，系统会根据设定的控制强度进行控制。

（2）价格取数，如图 8.27 所示，用户可以用来对 5 种价格政策组合形式进行具体组合形式的应用选择以及具体形式下取数优先级的设置。

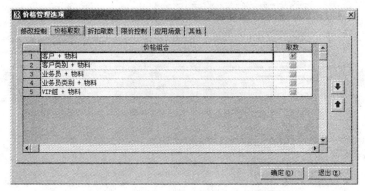

图 8.27　价格管理选项—价格取数

（3）折扣取数，如图 8.28 所示，用户可以用来对 10 种折扣政策组合形式进行具体组合形式的应用选择以及具体形式下取数优先级的设置。

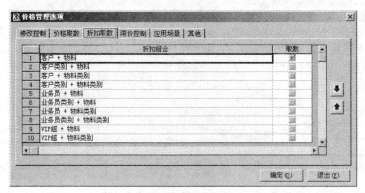

图 8.28　价格管理选项—折扣取数

（4）限价控制，如图 8.29 所示，专门处理限价控制选项和控制方式。

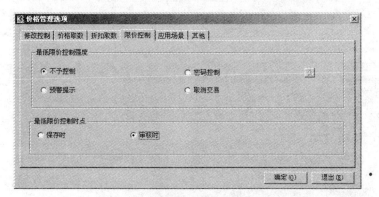

图 8.29　价格管理选项—限价控制

（5）应用场景，如图 8.30 所示，用来设置价格政策管理取数要应用的单据类型以及是否进行特价价格政策取数、基本价格方案取数、价格控制，可以完全根据用户的需求进行灵活设置应用。

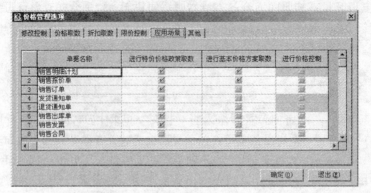

图 8.30　价格管理选项—应用场景

（6）其他，如图 8.31 所示，提供 10 个可选项。

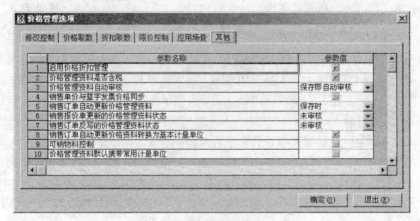

图 8.31　价格管理选项—其他

8.3.2.1.2　价格政策维护

（1）在金蝶 K/3 主控台的选择"供应链—销售管理—价格管理—价格政策维护"，进入"过滤"窗口，单击"确定"按钮，调出如图 8.32 所示"价格方案序时簿"界面。

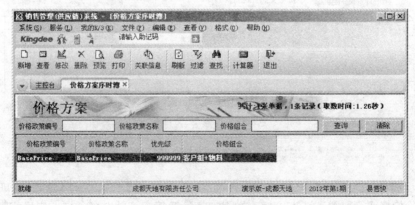

图 8.32　价格方案序时簿

默认状态下价格序时簿中会有系统预设的基本价格方案。基本价格主要处理物料的基本售价，即该方案中的价格是针对各种物料所有客户的。基本价格方案是系统预设的一种方案，不能被删除，用户只能修改其明细记录。

（2）在价格方案序时簿界面，单击"新增"按钮或菜单"文件—新增"进入"价格方案维护"界面，如图 8.33 所示。

输入"价格政策编号"、"价格政策名称"后，单击"保存"按钮。

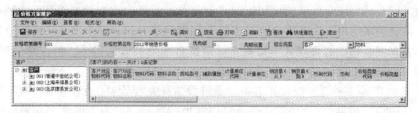

图 8.33　价格方案维护

（3）选择一个客户，单击"新增"按钮或单击菜单"编辑—新增"，弹出"价格明细维护—新增"界面，如图 8.34 所示，用户可以针对全部客户新增任意物料、任意计量单位、任意辅助属性、任意价格类型的价格信息。设置完成后中，单击保存即可。

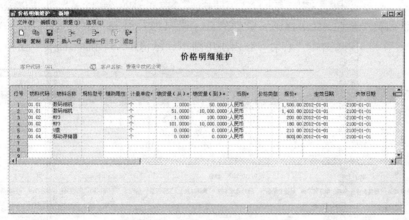

图 8.34　价格明细维护—新增

（4）在"价格方案维护"界面，用户选中某一客户的一条或多条物料记录，单击菜单"编辑—价控"或工具栏"价控"按钮，即可调出所选物料的最低限价设置界面，如图 8.35 所示，保存后退出。

图 8.35　价格控制设置—最低限价

在该界面，可以针对当前物料当前类设置最低限价，也可以针对当前物料当前方案所有类别设置最低限价，限价的设置支持多币别可选，另外在该界面还可以进行"最低价格控制"的设置。

### 8.3.2 信用管理

企业信用管理可从外部和内部两方面来进行控制。外部即指对客户的信用管理；内部即指对内部销售部门或业务员的信用控制。企业可采用其中的一种方式进行管理；也可将两个方面结合起来运用。大多数企业以客户为信用控制对象，但如果客户比较分散，交易金额也不大，按客户控制管理成本太高，可以按客户类型或销售员、销售部门进行控制。金蝶 K/3 系统提供以客户为信用管理和控制对象的信用管理体系。

（1）在金蝶 K/3 系统主控台，选择"系统设置—基础资料—公共资料—客户"，进入"基础平台—客户"界面，选择需要进行信用管理的客户，单击"属性"按钮，打开"客户—修改"对话框，如图 8.36 所示。在"基本资料"中，选择"是否进行信用管理"。

图 8.36 客户属性

（2）在金蝶 K/3 系统主控台，选择"供应链—销售管理—信用管理—信用管理维护"，打开"系统基本资料（信用管理）"界面，如图 8.37 所示，在此可以对客户、客户类别、职员、职员类别、部门的信用信息进行设置、维护和查询工作。

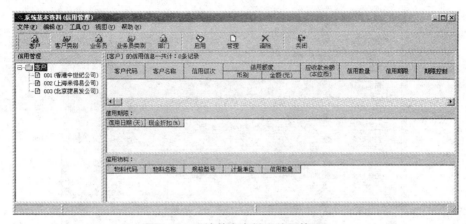

图 8.37　系统基本资料（信用管理）

选择一个客户，单击"启用"按钮，启用信息管理。单击"管理"按钮，进入"信用管理"界面，如图 8.38 所示，设置后保存退出。

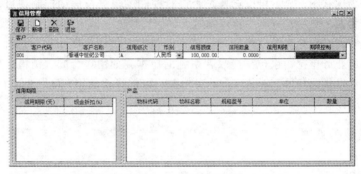

图 8.38　信用管理

（3）在"系统基本资料（信用管理）"界面中，单击菜单"工具—选项"，打开如图 8.39 所示的"选项设置"界面，可以设置信用管理对象、信用控制强度和信用管理选项。

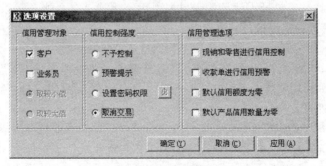

图 8.39　系统基本资料（信用管理）—选项设置

（4）在"系统基本资料（信用管理）"界面中，单击"工具—公式"，系统调出"信用公式设置"界面，如图 8.40 所示。

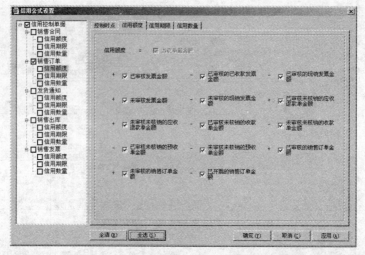

图 8.40　信用公式设置—销售订单—信用额度

界面左边为树状图，显示可以选择是否进行控制的单据及信用控制项目，即信用管理范围。右边分为四个页签，分别为：控制时点、信用额度、信用期限、信用数量。

信用管理范围既包括对单据的管理选择，也包括对信用控制指标的选择。单据既包括销售管理系统的业务单据，也包括应收款系统的单据，如销售合同、销售订单、销售出库单、销售发票、发货通知单。对每一种业务单据可以选择"信用额度""信用期限""信用数量"三个信用控制指标。

### 8.3.3　销售业务处理

#### 8.3.3.1　销售报价单

销售报价单是销售部门根据企业销售政策、产品成本、目标利润率、以往价格资料等，向客户提出的产品报价。一般情况下，销售部门根据具体的产品价格产生报价，经上级业务审核后提供给客户。

（1）手工新增。手工录入就是整张单据由手工生成。在金蝶 K/3 系统主控台，选择"供应链—销售管理—销售报价—销售报价单—新增"，进入"销售报价单—新增"界面，如图 8.41 所示。

录入完毕，单击工具栏上的"保存"按钮或者单击菜单"文件—保存"，实现保存录入信息的功能。如果用户录入不完整、或者录入非法信息，系统会随时给予提示，用户按照提示进行处理即可。

（2）关联生成。销售报价单可以通过关联模拟报价单和商业机会生成，即将模拟报价单和商业机会作为源单据，根据用户选择的源单据自动生成销售报价单。此时要求源单必须是已经审核。

图 8.41　销售报价单—新增

### 8.3.3.2　销售订单

销售订单是购销双方共同签署的、以次确认购销活动的标志。销售订单不仅是销售管理系统的重要单据，而且在 K/3 供应链系统中处于核心地位。

一般来说，销售订单可以通过手工录入、合同确认、销售报价单关联、购货分支机构的采购订单转换（分销管理业务）等多途径生成。

在金蝶 K/3 系统主控台，选择"供应链—销售管理—销售订单—销售订单—新增"，打开"销售订单—新增"界面，如图 8.42 所示。

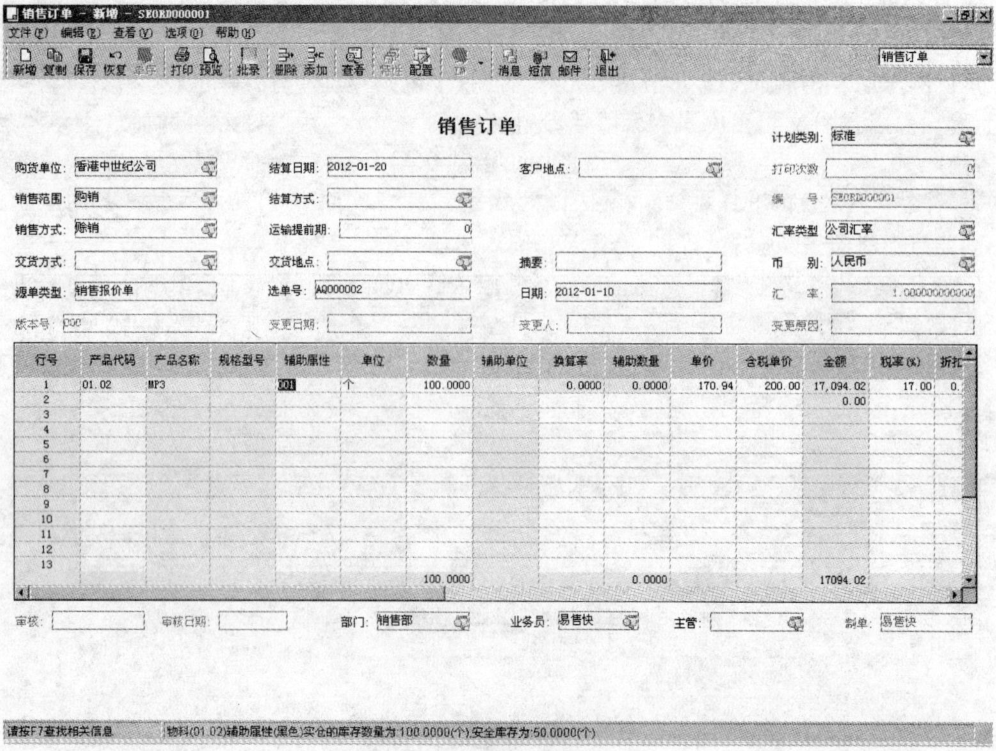

图 8.42　销售订单—新增

其中主要的参数说明如表 8.1 所示。

表 8.1　　　　　　　　　　　　　　销售订单主要参数

| 数据项 | 说明 |
|---|---|
| 数量 | 当前产品按当前所选单位计量的订货数量 |
| 单价 | 指当前产品的不含税的销售价格 |
| 含税单价 | 指当前产品含税的销售价格 |
| 金额 | 指当前物料的不含税实际销售金额，金额＝数量×含税单价×（1－折扣率）/（1＋税率）；如果没有"单价修改"的权限，该字段锁定，不能手工录入 |
| 折扣率、单位折扣额 | 当前价格的折扣率或单位折扣额，两者处理和控制方式与单价一致。<br>①折扣率和单位折扣额并不同时显示。<br>②如果用户如果选择菜单"选项—折扣方式—折扣率"，则系统显示折扣率，精度取系统参数中所设定的"折扣率精度"；如果选择"单位折扣额"，则系统显示单位折扣额。<br>③如果修改折扣率，根据含税单价及新折扣率倒算实际含税单价并重新计算界面公式。<br>④如果没有"单价修改"的权限，该字段锁定，不能手工录入，而只能通过自动从折扣资料中携带。<br>⑤折扣率和单位折扣额可以录入负值，表示实际价格高于参照价格。 |
| 折扣额 | 金额的折扣额。①若"折扣额计算基础"为"含税金额"则取"数量×含税单价×折扣率（或者单位折扣额）"；②若"折扣额计算基础"为"不含税金额"则取"数量×单价×折扣率（或者单位折扣额）"。 |

（1）手工新增。录入完毕，单击工具栏上的"保存"按钮或者选择菜单"文件—保存"即可。

（2）关联生成。销售订单可以通过关联销售报价单和销售合同生成，即将销售报价单或销售合同作为源单据，根据用户选择的源单据自动生成销售订单。此时要求源单必须是已经审核并且没有被完全关联。

#### 8.3.3.3　发货通知单

发货通知单是销售部门在确定销售订货成立、向仓库部门发出的发货通知，从而方便物料的跟踪与查询。

发货通知单是销售订单的重要执行单据，其不仅要处理与销售订单直接关联的执行情况，还要处理销售出库单与销售订单间接关联的执行情况，起到承上启下的业务管理作用。另外，在涉及集团内部的分销业务处理中，发货通知单和退货通知单是处理集团内部购销业务和集团内部调拨业务的重要单据，并在集团企业账套间相互传递，以完成业务流程、相互沟通业务信息。

一般来说，发货通知单可以通过手工录入、订单确认和销售发票关联等多途径生成。

在金蝶 K/3 系统主控台，选择"供应链—销售管理—销售订单—发货通知—发货通知单—新增"，打开"发货通知单—新增"界面，如图 8.43 所示。

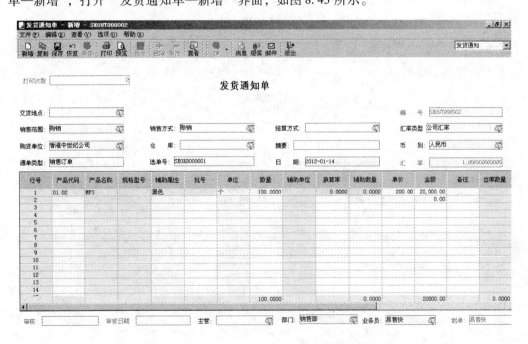

图 8.43　发货通知单—新增

（1）手工新增。录入完毕，单击工具栏上的"保存"按钮或单击菜单"文件—保存"即可。

（2）关联生成。发货通知单可以通过关联销售订单和销售发票生成，即将销售订单或销售发票作为源单据，根据用户选择的源单据自动生成发货通知单。

销售订单必须是已审核、尚未关闭的订单；而发票必须是已审核未勾稽的发票。

这两种关联操作还可以分别在销售订单序时簿、销售发票序时簿中完成，选择一张源单据或一张单据中的若干条目，使用菜单"下推—生成发货通知单"，在弹出的生成界面操作，生成发货通知单。

如果用户在信用管理中针对当前客户或职员设置了发货通知单的信用控制的选项、包括信用额度、信用期限和信用数量的控制，则系统会根据其自定义公式控制单据、同时对超过信用限制的情形予以相应的提示、密码控制或取消交易的处理。

### 8.3.3.4 销售出库单

销售出库单，又称发货库单，是确认产品出库的书面证明，是处理包括日常销售、委托代销、分期收款等各种形式的销售出库业务的单据。

销售出库单包括蓝字销售出库单和红字销售出库单，红字销售出库单是蓝字销售出库单的反向单据，代表物料的销售退回。两者数量相反，但内容一致。

一般来说，销售出库单可以通过手工录入、订单确认、销售发票关联以及采购入库单直接关联生成等多途径生成。

在金蝶 K/3 系统主控台，选择"供应链—销售管理—销售出库—销售出库单—新增"，打开"销售出库单—新增"界面，如图 8.44 所示。

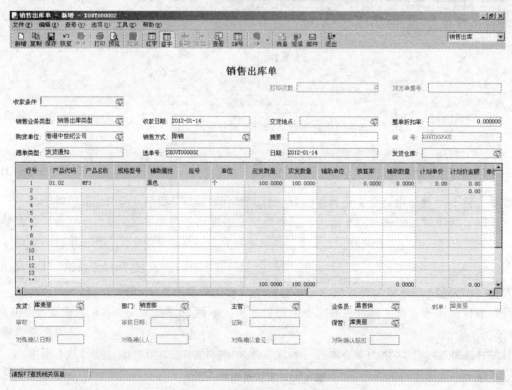

图 8.44　销售出库单—新增

（1）手工新增。录入完毕，单击工具栏上的"保存"按钮或单击菜单"文件—保存"即可。

如果用户在"核算参数—库存更新控制"中选择"单据保存后立即更新",则在该库存单据保存成立后,使用快捷键F12,就可以看到相应物料的数量已经计算到即时库存的当前仓库中,并在修改、复制、删除、作废、反作废该单据时进行库存调整。

在保存时,系统根据用户的相关选项会给予一系列的处理:

①在库存更新时,系统也会按出库数量计算相关库存参数,并根据用户在"系统设置—系统设置—仓存系统选项"中选择的"更新库存数量出现负库存时给予预警""库存总数量高于或等于最高库存量时给予预警""库存总数量低于或等于最低库存量时给予预警"和"库存总数量低于或等于安全库存量时给予预警"等选项,分别在该数量更新库存造成相关影响出现时予以预警。

②如果用户在"信用管理"中针对当前客户或制单人设置了信用控制的选项、包括信用额度、信用期限和信用数量的控制,则系统会根据其自定义公式控制单据、同时对超过信用限制的情形予以相应的提示、密码控制或取消交易的处理。

进行序列号管理的物料在出库时必须录入序列号,如果是蓝字出库单则该序列号必须是系统中已经存在的。

如果要空白的红字销售出库单,需要使用"红字"按钮、或选择菜单"编辑—红字单据"。

(2)关联生成。蓝字销售出库单可以关联销售订单、发货通知单、发货检验申请单、销售发票、外购入库单、产品入库单以及调拨单生成,红字销售出库单可以通过关联蓝字销售订单、退货通知单、退货检验申请单、发运单、原蓝字销售出库单、红字销售发票、调拨单、产品入库单、外购入库单生成,即将相关单据作为源单据,根据用户选择的源单据自动生成销售出库单。其中销售订单、发货通知单、退货通知单、蓝字销售出库单等必须是已审核、尚未关闭的单据;而发票必须是已审核未勾稽的发票。

这几种关联操作还可以分别在销售订单、发货通知单、退货通知单、销售出库单、销售发票以及采购系统的外购入库单序时簿中完成,选择一张源单据或一张单据中的若干条目,使用菜单"下推—生成销售出库单",在弹出的生成界面操作,生成销售出库单。

当系统选项没有选中"非免检物料允许不检查"时,发货检验不为免检的物料不能再直接从订单生成销售出库单,必须通过质检系统的发货检验申请单经过质检后,才能生成蓝字出库单;退货检验方式不为免检的物料不能直接从订单生成红字出库单,也不能直接从蓝字出库单关联生成红字出库单,必须通过退货检验申请单经过质检后,才能生成红字出库单。

### 8.3.3.5 销售发票

销售发票是购货单位开给供货单位,据以付款、记账、纳税的依据。

销售发票包括销售专用发票和销售普通发票。其中专用发票是指增值税专用发票,是一般纳税人销售货物或者提供应税劳务所开具的发票,发票上记载了销售货物的售价、税率以及税额等,在专用发票上记载所收取的销项税额抵扣采购增值税专用发票上记载的购入货物已支付的税额,作为报告增值税的依据。普通发票是指除了专用发票之外的发票或其他收购价凭证。所有销售发票上记载的销货收入都是所得税的应纳税所得额的组成部分。另外发票也分为蓝字发票和红字发票,红字发票是蓝字发票的反向单据,代表销售退回,两者数量相反,但内容一致。

销售发票依据销售的业务类型,包括现销、赊销、分期收款销售、委托代销、直运销售、受托代销、零售共七种销售发票。其中现销和零售发票，是发票和收款的凭证，即既表示收款也表示开票。

一般来说，销售发票可以通过手工录入、合同确认、销售订单、销售出库单关联等多途径生成。

销售发票的功能在单据和序时簿模块中都有实现：在业务处理中主要是对销售发票的生成进行业务操作；销售发票的很多业务和管理功能都需要在单据序时簿中实现。

在金蝶 K/3 系统主控台，选择"供应链—销售管理—销售发票—销售发票—新增"，打开"销售发票—新增"界面，如图 8.45 所示。

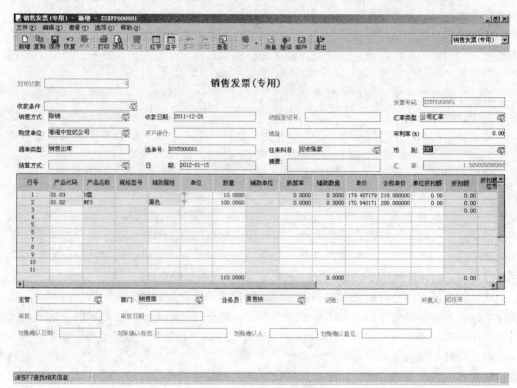

图 8.45 销售发票—新增

（1）手工新增。录入完毕，单击工具栏上的"保存"按钮或单击菜单"文件—保存"即可。

在保存时，系统根据用户的相关选项会给予一系列的处理：

①如果用户在系统选项中选择了"应收应付系统未结束初始化，则业务系统发票不允许保存"选项，则应收款系统不启用就不允许供应链 销售系统保存发票。若不需要与应收应付保持同步，则可不选中该选项。

②如果用户在系统选项中选择了"销售最低限价预警"，则系统会检查每条物料的净价是否低于最低限价，并给予相应提示。

③如果用户在"信用管理"中针对当前客户或制单人设置了信用控制的选项、包括信用额度、信用期限和信用数量的控制，则系统会根据其自定义公式控制单据、同时对超过信用限制的情形予以相应的提示、密码控制或取消交易的处理。

④如果用户在单据选项中选择了"调整金额不倒算单价",则修改金额后单价和税额不会重新计算。

⑤如果发票的销售方式为零售或现销,则保存后发票的核销状态将直接变为完全核销状态,不能再与收款单进行核销。

⑥如果发票的销售方式为零售或现销,则保存后反写关联订单、关联合同的收款关联金额信息。

另外,在销售发票上增加了选项:显示即时库存,选择该选项时,在发票上录入物料时,会在单据的左下角显示该物料在所有实仓的即时库存数。

(2)关联生成

蓝字销售发票可以通过关联销售订单、销售合同、蓝字销售出库单生成;红字销售发票可以通过关联销售订单、销售合同、红字销售出库单和蓝字销售发票生成,即将销售订单、销售合同、销售出库单等作为源单据,根据用户选择的源单据自动生成销售发票。

在合同序时簿进行下推生成销售发票时,只能生成应收系统的发票,而应收系统的发票是不会传递到物流系统的,故如果用户需要生成物流的发票,请在销售系统通过销售发票上拉生成。

这几种关联操作还可以分别在销售订单、销售出库单、销售发票的序时簿中完成,选择一张源单据或一张单据中的若干条目,使用菜单"下推—生成销售出库单",在弹出的生成界面操作,生成销售出库单。

销售发票关联销售出库单生成,提供"出库单选单物料合并"的选项,如果用户选择"出库单选单物料合并",则选单生成时相同物料合并,合并后的单价、常用计量单位根据"选单物料合并选项"中的设置进行取数。

### 8.3.3.6 销售费用发票

销售费用发票主要用来处理销售过程中发生的或者代垫的费用,如运输费用等。销售费用发票包括"应付费用发票"和"应收费用发票"两种,其中应付费用发票用于处理销售时由销售方支付销售费用的情况,应收费用发票用于处理由销售方代垫运费或由销售方提供运输或服务的情况。

发票类型为应付费用发票、采购方式为赊购的销售费用发票保存时直接传递到应付系统的其他应付单,现购的采购费用发票不传递到应付系统;发票类型为应收费用发票、销售方式为赊销的销售费用发票保存时直接传递到应收系统的其他应收单;现销的销售费用发票不传递到应收系统。

费用发票分为蓝字发票和红字发票,红字发票是蓝字发票的反向单据,代表费用退回,两者数量相反,但内容一致。

销售费用发票可以直接手工新增,可以从销售发票连属生成,也可关联生成。

### 8.3.3.7 审核与反审核

在金蝶 K/3 供应链系统中,提供单据审核和反审核功能。

(1)在当前发票界面、新增并保存了一张单据后,单击工具栏上的"审核"按钮或者选择菜单"查看—审核",系统会自动审核该张单据,并给予相应提示信息。对已审核的发票选择菜单"查看—反审核",系统会自动反审核该发票,并给予相应提示。

(2)在发票序时簿上,如图 8.46 所示,单击工具栏上的"审核"按钮或者选择菜单

"编辑—审核"来进行审核。对已审核的发票选择菜单"编辑—反审核",系统会自动反审核。

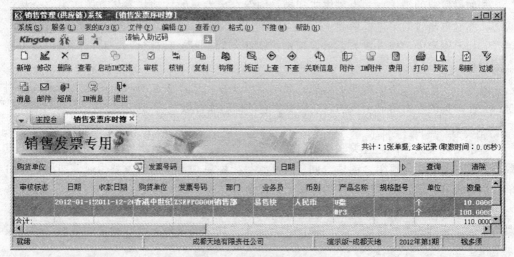

图 8.46　销售发票序时簿

现销、赊销、受托代销、直运销售和零售的发票只要审核后,就允许生成凭证,计入本期收入;分期收款和委托代销的发票则必须与出库单勾稽后才能生成凭证。

由于原先发票的审核与勾稽是一起处理的,故会存在以前期间未审核的发票,因此系统允许审核以前期间的发票,但建议用户及时审核当期的现销及赊销发票并记账,以保证当期财务和业务数据的一致性。

### 8.3.3.8　销售发票的勾稽与反勾稽

销售发票的勾稽主要是指发票与销售出库单的勾稽。对于分期收款和委托代销销售方式的销售发票只有勾稽后才允许生成凭证,且无论是本期或以前期间的发票,勾稽后都作为勾稽当期发票来计算收入;对于现销和赊销发票,勾稽的主要作用就是进行收入和成本的匹配确认,对于记账没有什么影响。

(1)操作。

①在已审核的发票单据界面。单击工具栏上的"勾稽"按钮或选择菜单"查看—勾稽",系统会自动勾稽该张单据,并给予相应提示信息;对已勾稽的发票选择菜单"查看—反勾稽",系统会自动反勾稽该发票,并给予相应提示。

②在发票序时簿上。单击工具栏上的"勾稽"按钮或者选择菜单"编辑—勾稽"来进行勾稽。对已勾稽的发票选择菜单"编辑—反勾稽",系统会自动反勾稽。

(2)销售发票可以进行勾稽的条件。发票必须为已业务审核、未完全勾稽的发票;勾稽人必须具有销售发票的勾稽权限。

(3)销售发票与出库单的勾稽的判断条件。在供应链系统中,一张销售发票可以与多张销售出库单勾稽,多张发票也可以与一张销售出库单勾稽,同样,多张销售发票可以与多张销售出库单勾稽。两者勾稽的判断条件包括:①客户必须一致。②销售方式的判断:分期收款销售、委托代销、受托代销、零售的发票必须和相同销售方式的出库单勾稽,现销和赊销两种方式之间可以混合勾稽。③单据状态必须是已审核且未完全勾稽(即勾稽状态是未勾稽或者是部分勾稽）。④两者单据日期规则，如表 8.2 所示：

表 8.2　　　　　　　　　销售发票与销售出库单勾稽日期规则

| 销售发票 | 销售出库单 | 勾稽逻辑 | 勾稽期间 |
|---|---|---|---|
| 以前 | 以前 | 允许勾稽和反勾稽 | 当前期间 |
| 以前 | 本期 | 允许勾稽和反勾稽 | 当前期间 |
| 以前 | 以后 | 不允许勾稽和反勾稽 | 不适用 |
| 本期 | 以前 | 允许勾稽和反勾稽 | 当前期间 |
| 本期 | 本期 | 允许勾稽和反勾稽 | 当前期间 |
| 本期 | 以后期间 | 不允许勾稽和反勾稽 | 不适用 |
| 以后期间 | 以前 | 允许勾稽和反勾稽 | 发票期间 |
| 以后期间 | 本期 | 允许勾稽和反勾稽 | 发票期间 |
| 以后期间 | 以后期间 | 只有销售发票的期间大于或等于销售出库单的才可以进行勾稽和反勾稽 | 发票期间 |

⑤两者的物料、辅助属性以及勾稽数量必须一致。

### 8.3.3.9　特殊业务的处理

（1）销售退货。根据原发货通知单，制作退货通知单、红字销售出库单、红字销售发票、退款单。特点是一般先退货，销售商再开发票。

（2）先开票后发货。先开票后发货，最后收款，这种方式下财务监控一般是比较严格的。其处理流程是处理销售发票、发货通知单（从销售发票获取）、销售出库单。

（3）销售分期发货。企业不一次性把客户所订货物发出，而是分次发货，待货物全部发出后再统一开票，最后收款。其业务处理流程是处理销售报价单、销售订单、发货通知单、销售出库单 1、销售出库单 2……销售发票、收款单。

（4）分期收款销售。企业先发货、再分期发票、收款。销售出库时，先由产成品转入分期收款发出商品，勾稽时，将出库单和发票进行部分核销。其业务处理流程是处理销售报价单、销售订单、发货通知单、销售出库单（分期收款方式）、销售发票（分期收款方式）……收款单。

（5）委托代销。其业务处理流程与普通销售业务流程相似，不同的是销售方式为委托代销方式。在此方式下，勾稽前的销售出库单制作凭证时，先由产成品转入委托代销发出商品。勾稽后的销售出库单制作凭证时，再结转委托代销发出商品。

### 8.3.4　查询与报表

#### 8.3.4.1　报表统计

金蝶 K/3 供应链提供了丰富的统计报表，包括销售订单执行情况明细表、销售订单执行情况汇总表、销售订单统计表、虚拟物料订单统计表、订单批次跟踪表、订单预评估表、销售出库明细表、销售出库汇总表、客户单位销售情况明细表、销售收入统计表、销售退货统计表、费用发票明细表、费用发票汇总表、委托代销清单、受托代销清单、分期收款清单等。

### 8.3.4.2 报表分析

报表查询模块提供各种业务报表、分析报表的查询，系统根据每一种报表的特点提供了不同的过滤和汇总条件，比如汇总表可联接到明细表、明细表可查询到单据，业务单据还可上查、下查到关联单据、勾稽单据和凭证等。一般来说，销售业务报表主要按单据日期查询，而分析报表主要按分析关键内容查询。

在金蝶 K3 主控台，选择"供应链—销售管理—报表分析"功能来实现，包括销售毛利润表、产品销售增长分析表、产品销售流向分析表、产品销售结构分析表、信用数量分析表、信用额度分析表、信用期限分析表、委托代销清单、分期收款清单。

# 8.4 金蝶 K/3 仓存业务处理

## 8.4.1 仓存管理业务处理流程

在制造型企业中，仓存管理是企业的基础和核心，支撑企业销售、采购、生产业务的有效运作。仓存管理在物料日常出入库控制、保证生产的正常进行发挥重要作用，同时将库存控制在合理水平，为企业提供准确的库存信息。为企业快速响应市场变化、满足市场需求、提高企业竞争力提供了有力保证。

仓存管理系统与其他子系统的关系，如图 8.47 所示。

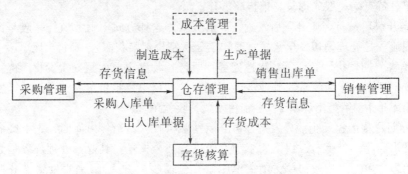

图 8.47　仓存管理系统与其他子系统的关系

## 8.4.1 基础设置

仓存系统的基础设置可以参照其他供应链子系统的设置，这里只对存量管理进行介绍。

在存量管理，用户可以分仓库设置物料的最高、最低存量，并随时进行检查，同时对低于最低存量的商品，系统提供"生成采购申请"或"生成调拨单"的处理。

### 8.4.1.1 最低存量、最高存量设置

最高存量、最低存量设置用于定义物料的最高及最低库存数量，存量检查时的预警点即以该数量为基础。

在金蝶 K/3 主控台中，选择"系统设置—基础资料—仓存管理—存量管理"，进入"存量管理"界面，如图 8.48 所示。

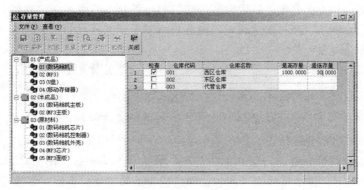

图 8.48　存量管理

（1）物料序时簿。在"存量管理"界面的左边，系统自动列出所有最明细物料的物料代码、物料名称，也可以通过单击"过滤"按钮，进入"过滤条件"界面，进行物料的过滤。

（2）物料存量设置序时簿。在"存量管理"界面的右边，系统自动按仓库级次列出所有仓库。

选择最明细级的物料，在右边进行具体仓位最高存量、最低存量的设置。在手工录入，即可在明细仓库处录入也可在非明细仓库处录入；系统控制上级仓库所设置的存量数据不能小于其下明细仓库所设置的对应存量数据的最大值并且要求对应的最高存量数据不能小于最低存量数据。

### 8.4.1.2　检查

（1）设置系统需进行最高、最低存量控制的检查点。选取需进行存量检查物料的仓库，选中"检查"复选框，单击"保存"按钮，保存所作的设置。

设置后系统将根据检查点处的最高、最低存量和即时库存对比检查，如没有设定或设定后没有标识检查点，则取物料属性中的"最高存量""最低存量"为检查点，如检查点设在各明细仓库，则按明细仓库设置数量检查；如检查点设置在非明细仓库，则按该仓库下设所有明细仓库汇总数和设置数进行对比检查。

（2）存量检查。选取已进行存量检查的物料，单击"检查"按钮，进入"存量检查"界面，如图 8.49 所示。

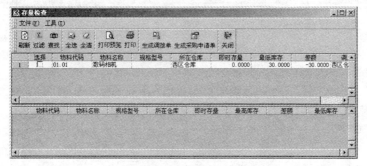

图 8.49　存量检查

存量检查界面上半部分列示了即时存量低于最低存量的物料，下半部分列示了即时存量高于最高存量的物料。

对设置要进行检查的仓库，系统根据每种物料在各仓库的即时存量和设定的最高、最低存量进行比较，列出了即时存量超过最高存量或低于最低存量的物料代码、名称、即时存量、最高、最低存量、差额等项目。

对低于最低存量的物料，提供"生成采购订单"或"生成调拨单"操作。

### 8.4.1.3  进入采购系统时提示

在"存量管理"界面，选中菜单"文件—进入采购系统时提示"，表示进入采购系统后，将自动完成库存的异步检查，并在桌面界面的右下方给出提示："库存检查完成。要查看检查结果，请随时单击我。"，及相应的"金蝶 K3 存量预警检查"图标。

单击"金蝶 K3 存量预警检查"图标，弹出检查结果界面，在这个界面中的两个选项操作："查看异常库存"选项和"进入采购系统时提示"，单击"查看异常库存"，即自动弹出"存量检查"界面。

## 8.4.2  入库处理

入库一般是仓管员根据入库的相关单据，对入库的产品进行品种、规格、数量进行验收和确认，准确快速地完成入库。一般情况下，物料的入库按不同的来源渠道分为外购入库、产品入库、委外加工入库、其他入库等。这里以产品入库为例来介绍。

产品入库单是处理完工产品入库的单据，产品入库单也是财务人员据以记账、核算成本的重要原始凭证，产品入库确认后，需要手工填入或引入入库成本、或从成本核算中自动取数。

产品入库单可以通过手工录入、订单确认和生产任务单关联等途径生成。

在金蝶 K/3 主控台中，选择"供应链—仓存管理—验收入库—产品入库—新增"，进入"产品入库单—新增"界面，如图 8.50 所示。填制单据内容、保存、审核。

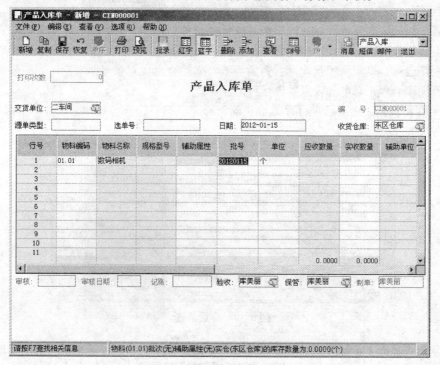

图 8.50  产品入库单—新增

### 8.4.3 出库处理

仓管员根据发货单证，如销售发货通知、生产领料申请等，提前进行货物出库前的分拣、包装处理，一般需要货物接收人在出库单上签字确认出库货物的种类、规格、数量后，货物出库，完成出库作业。

一般情况下，物料的出库按不同的来源渠道分为销售出库、生产领料、委外加工出库、其他出库等。这里以生产领料为例来介绍。

生产领料单，是确认货物出库的书面证明，也是财务人员据以记账、核算成本的重要原始凭证。在金蝶 K/3 供应链系统中，生产领料单确认后，需要继续处理出库成本的计算，这一连串的连续业务处理说明生产领料单是重要的核算单据。

生产领料单可以通过手工录入和关联等途径生成。蓝字生产领料单可以通过关联生产任务单、外购入库单、其他入库单生成，红字生产领料单可以通过关联蓝字生产领料单、生产任务单生成，即将相关单据作为源单据，根据用户选择的源单据自动生成产品入库单。其中外购入库单、蓝字生产领料单等必须是已审核的单据；而生产任务单是已下达、尚未关闭且尚未领料完毕的单据，如果需要选择已领料完毕但未关闭的生产任务单，将单据上的选项"选单可选已完全领料的任务单"选中即可。

在金蝶 K/3 主控台中，选择"供应链—仓存管理—领料发货—生产领料—新增"，进入"录入单据"界面，如图 8.51 所示。填制单据内容、保存、审核。

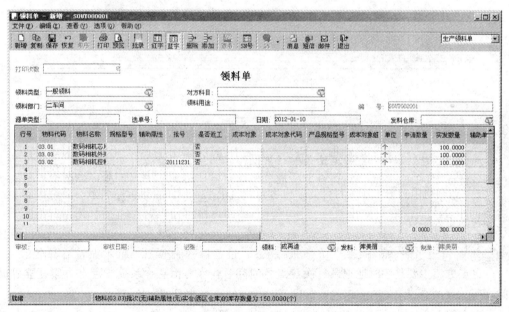

图 8.51　生产领料—新增

### 8.4.4 仓库调拨单处理

调拨单，是确认货物在仓库之间流动的书面证明，是财务人员据以记账、核算成本的重要原始凭证。在金蝶 K/3 供应链系统中，调拨单确认后，需要手工填入调拨成本。

调拨单可以手工新增，也可关联发货通知单、生产任务单、退货通知单、外购入库单生成。

在金蝶 K/3 主控台中，选择"供应链—仓存管理—仓库调拨—调拨单—新增"，进入"调拨单—新增"界面，如图 8.52 所示。填制单据内容、保存、审核。

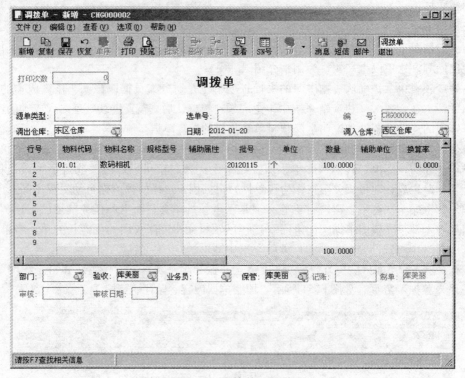

图 8.52　调拨单—新增

### 8.4.5　盘点处理

库存盘点是处理与库存数据相关的日常操作和信息管理的综合功能模块，主要包括备份盘点数据、打印盘点表、输入盘点数据、编制盘点报告表、生成盘盈盘亏单据、账面数据调整等处理功能，它是对账存数据和实际库存数据进行核对的重要工具，是保证企业账实相符的重要手段。

#### 8.4.5.1　盘点方案

盘点方案主要是序时地记录每次盘点的时间、仓库等信息，系统按盘点方案建立的时间及所选取的仓库、物料确定盘点范围，对相应的库存数据进行备份。

在金蝶 K/3 主控台中，选择"供应链—仓存管理—盘点作业—盘点方案—新建"，进入"盘点进程"界面，如图 8.53 所示。单击"新建"按钮，打开"备份仓库数据"对话框，如图 8.54 所示，选择仓库后"确定"，即可完成备份，并建好盘点方案。对于历史已经建立的盘点方案进行查看、删除等处理。

盘点方案就是盘点的历史记录。每一次盘点都会新增一个记录，通过这个记录，可以查看历次的盘点报告单。

在建立盘点方案时，首先要确定盘点方式：系统提供不启用周期盘点、启用周期盘点

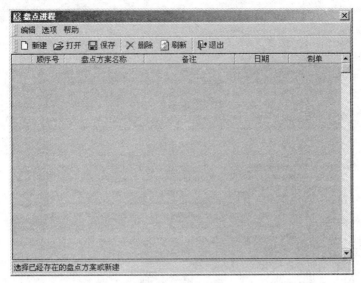

图 8.53　盘点进程

图 8.54　备份仓库数据

（分为分仓库周期盘点、不分分仓库周期盘点）。具体说明如下：

（1）启用周期盘点。启用周期盘点的物料，要在"系统设置—基础资料—公共资料—物料"中，对盘点周期单位、盘点周期、每周/月第（　）天等进行设置，如图 8.55 所示。

系统对于周期盘点的物料，预警平台周期盘点到期预警。在预警平台启用周期盘点到期预警，则系统在物料盘点日期到期时，会提供预警信息。

①在"盘点进程"界面，选择菜单"选项—启用周期盘点—分仓库创建"，表示需要启用周期盘点，单击"新建"按钮，在对需要周期盘点的到期盘点的物料盘点备份之后，自动在盘点方案界面按仓库创建盘点方案，如有两个仓库有物料需要周期盘点，在进行账存备份之后返回盘点方案时则在盘点方案上同时按仓库新建两个盘点方案。

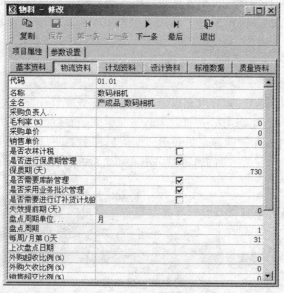

图 8.55　物料—修改

②在"盘点进程"界面，选择菜单"选项—启用周期盘点—不分仓库创建"，表示启用周期盘点，单击"新建"按钮，在对需要周期盘点的到期盘点的物料盘点备份之后返回盘点方案自动在盘点方案界面创建盘点方案，如有三个仓库有物料需要周期盘点，则在盘点方案上只新建一个盘点方案。

启用周期盘点时，可以对已设定周期盘点并且已到期或过期的物料进行账存备份。如果没有需要周期盘点物料到期，在账存备份时，提示"没有需要备份的物料"，按"确定"按钮返回盘点方案新增失败。

（2）不启用周期盘点。在"盘点进程"界面，菜单"选项—启用周期盘点"的两个选项都不选，表明不启用周期盘点。单击"新建"按钮进入账存数据备份界面。

### 8.4.5.2　打印盘点表

在金蝶 K/3 主控台中，选择"供应链—仓存管理—盘点作业—盘点表打印"，仓存系统选项如果选中"打印及录入盘点数据先调用过滤界面"，显示"过滤"界面供用户选择过滤条件，单击"确定"按钮进入"打印物料盘点表"界面；如果不此选项，直接进入"打印物料盘点表"界面，如图 8.56 所示。

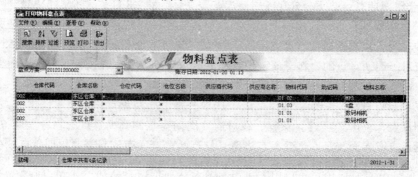

图 8.56　打印物料盘点表

（1）在“物料盘点报告单”界面，单击“打印”按钮打印物料盘点数据。

（2）在“物料盘点报告单”界面，可以选择盘点方案打印空白盘点表；在打印同一仓库的盘点表时，可以打印该仓库的全部物料，也可以通过“搜索”按钮查找符合条件的部分物料进行打印。

（3）在“物料盘点报告单”界面，选择菜单“查看—显示数据—全部数据”，显示默认仓库为该仓库以及在该仓库曾经有过发生额的物料；选择菜单“查看—显示数据—全部数据—账存数据”，显示账面有结存数量的物料。

### 8.4.5.3 录入盘点数据

库存盘点完成后，用户可以据盘点人提供的盘点资料按仓库录入或者引入盘点数据。

在金蝶K/3主控台中，选择“供应链—仓存管理—盘点作业—盘点数据录入”，在不选中仓存系统选项“打印及录入盘点数据先调用过滤界面”时，弹出“录入盘点数据”界面；选中系统则先弹出过滤条件窗口，在该窗口录入查询条件，单击“确定”按钮，再弹出“录入盘点数据”界面，如图8.57所示。可直接手工录入或者引入盘点表数据。

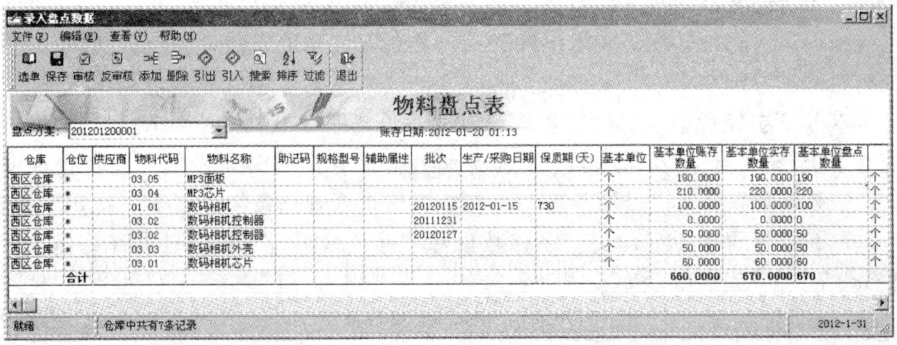


| 仓库 | 仓位 | 供应商 | 物料代码 | 物料名称 | 助记码 | 规格型号 | 辅助属性 | 批次 | 生产/采购日期 | 保质期(天) | 基本单位 | 基本单位账存数量 | 基本单位实存数量 | 基本单位盘点数量 | |
|---|---|---|---|---|---|---|---|---|---|---|---|---|---|---|---|
| 西区仓库 | * | | 03.05 | MP3面板 | | | | | | | 个 | 190.0000 | 190.0000 | 190 | 个 |
| 西区仓库 | * | | 03.04 | MP3芯片 | | | | | | | 个 | 210.0000 | 220.0000 | 220 | 个 |
| 西区仓库 | * | | 01.01 | 数码相机 | | | | 20120115 | 2012-01-15 | 730 | 个 | 100.0000 | 100.0000 | 100 | 个 |
| 西区仓库 | * | | 03.02 | 数码相机控制器 | | | | 20111231 | | | 个 | 0.0000 | 0.0000 | 0 | 个 |
| 西区仓库 | * | | 03.02 | 数码相机控制器 | | | | 20120127 | | | 个 | 50.0000 | 50.0000 | 50 | 个 |
| 西区仓库 | * | | 03.03 | 数码相机外壳 | | | | | | | 个 | 50.0000 | 50.0000 | 50 | 个 |
| 西区仓库 | * | | 03.01 | 数码相机芯片 | | | | | | | 个 | 60.0000 | 60.0000 | 60 | 个 |
| | 合计 | | | | | | | | | | | 660.0000 | 670.0000 | 670 | |

图8.57 录入盘点数据

（1）数据项

①账存数量：盘点日最近的账面截止日（即盘点备份日）的仓存计量单位库存余额，不允许修改，可以通过权限设置控制是否显示该列。

②实存数量：固定等于盘点数量加上选单数量（执行选单操作时选择单据的数量），不允许修改。

③盘点数量：由用户手工录入实际盘点时库存的仓存计量单位实存余额。

④调整数量：调整账存数量，即对账存数量进行调整。调整数量录入后会影响盘点报告单的中的账存数量（在录入盘点数量界面账存数量不会有变化），从而会影响盘盈盘亏数量。盘点报告单界面账存数量 = 录入盘点界面账存数量 + 调整数量。在录入数据时，此栏数据慎重录入。

（2）操作

①保存。物料盘点数据表引入、修改后，选择菜单“文件—保存”或者工具栏“保存”按钮，保存对物料盘点表所做的修改。

②引入。系统可以将规范格式的Excel文本信息引入到系统当前的盘点信息中。

选择菜单“文件—引入数据”或者工具栏“引入”按钮，系统即弹出“选择引入Excel文件”界面，按提示进行操作完成引入。

③引出。将盘点数据导出形成 EXCEL、TXT、XML 等文件，以形成其他文件格式的业务资料。

选择菜单“文件—引出数据”或者工具栏“引出”按钮，系统即弹出“引出物料盘点表”界面，选择数据文件格式，单击“确定”按钮后，系统再次提供文件名称确定界面，由用户确定引出文件以何种文字标识，然后引出成功。

④选择单据。选择盘点期间的单据。由于账存日和实际盘点日不可能完全一致，这样自备份账存日到实际盘点日可能有物料的出入库事务发生，所以系统设置选择盘点期间的单据进行自动加减，计算实际应有的库存余额。

菜单“查看—选择单据”或者工具栏“选单”按钮，系统会自动查找相关的单据并计算实存数。

⑤审核与反审核。选择菜单“编辑—审核”或者工具栏“审核”按钮，对物料盘点表，执行审核操作，可锁定盘点表中盘点数量、调整数量两列，不允许再修改盘点表。

对已经审核的盘点表，选择菜单“编辑—反审核”或者工具栏“反审核”按钮，取消审核。

#### 8.4.5.4 编制盘点报告单

系统根据录入的盘点数据和账存数对比，分仓库自动生成物料盘点报告单，并可以自动生成物料的盘盈盘亏单。

在金蝶 K/3 主控台中，选择“供应链—仓存管理—盘点作业—编制盘点报告”，在不选中仓存系统选项“打印及录入盘点数据先调用过滤界面”时，弹出“物料盘点报告单”界面；选中系统则先弹出“过滤”窗口，在该窗口录入查询条件，单击“确定”按钮，再弹出“物料盘点报告单”界面，对账存数量和实存数量进行对比，自动计算出盈亏数量。如图 8.58 所示。

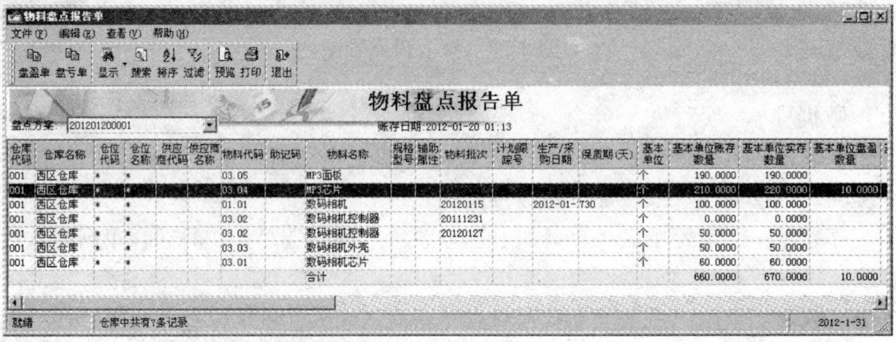


| 仓库代码 | 仓库名称 | 仓位代码 | 仓位名称 | 供应商代码 | 供应商名称 | 物料代码 | 助记码 | 物料名称 | 规格型号 | 辅助属性 | 物料批次 | 计划跟踪号 | 生产/采购日期 | 保质期(天) | 基本单位 | 基本单位账存数量 | 基本单位实存数量 | 基本单位盘盈数量 |
|---|---|---|---|---|---|---|---|---|---|---|---|---|---|---|---|---|---|---|
| 001 | 西区仓库 | * | * | | | 03.05 | | MP3面板 | | | | | | | 个 | 190.0000 | 190.0000 | |
| 001 | 西区仓库 | * | * | | | 03.04 | | MP3芯片 | | | | | | | 个 | 210.0000 | 220.0000 | 10.0000 |
| 001 | 西区仓库 | * | * | | | 01.01 | | 数码相机 | | | 20120115 | | 2012-01- | 730 | 个 | 100.0000 | 100.0000 | |
| 001 | 西区仓库 | * | * | | | 03.02 | | 数码相机控制器 | | | 20111231 | | | | 个 | 0.0000 | 0.0000 | |
| 001 | 西区仓库 | * | * | | | 03.02 | | 数码相机控制器 | | | 20120127 | | | | 个 | 50.0000 | 50.0000 | |
| 001 | 西区仓库 | * | * | | | 03.03 | | 数码相机外壳 | | | | | | | 个 | 50.0000 | 50.0000 | |
| 001 | 西区仓库 | * | * | | | 03.01 | | 数码相机芯片 | | | | | | | 个 | 60.0000 | 60.0000 | |
| | | | | | | | | 合计 | | | | | | | | 660.0000 | 670.0000 | 10.0000 |

图 8.58　物料盘点报告单

#### 8.4.5.5 生成盘盈单或盘亏单

在“物料盘点报告单”界面，单击工具栏的“盘盈单”（或“盘亏单”）按钮或选择菜单“文件—输出盘盈单据”（或“输出盘亏单据”），自动生成物料的盘盈盘亏单，对盘点报告单保存、审核，即可使账存数与实存数一致，如图 8.59 所示。

生成盘盈单盘亏单把仓库、仓位、物料代码、名称，批号、生产采购日期、保质期，账存、实存数量，盘盈、盘亏数量，备注、出单人带到单据上，但还并不是完整的单据，剩下的必录项还需用户打开单据手工补充。

出单生成的单据不会自动更新库存，必须重新保存或审核后才能更新库存。

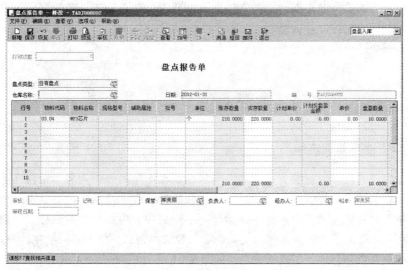

图 8.59　盘点报告单—盘盈单

如果某个仓库已经出过盘盈单盘亏单，需重新生成的话，需将该仓库已生成过的单据删除才可重新出单。

盘盈单盘亏单按基本计量单位生成。

## 8.4.6　查询与报表

包括库存台账、出入库流水账、物料收发汇总表、物料收发明细表、收发业务汇总表、物料收发日报表、生产任务执行情况明细表、安全库存预警分析表、超储/短缺库存分析表、库存账龄分析表、保质期清单、库存 ABC 分析、库存呆滞料分析表、库存配套分析表、保质期预警分析表、生产批次跟踪表、物料批次跟踪表、序列号跟踪分析表。

下面以库存台账为例说明操作，库存台账统计查询各仓库、各物料、各月份的收发存情况的报表，是最常用的报表之一。

在金蝶 K/3 主控台中，选择"供应链—仓存管理—报表分析—库存台账"，进入"过滤"界面，单击"确定"按钮，进入"库存台账"界面，如图 8.60 所示。

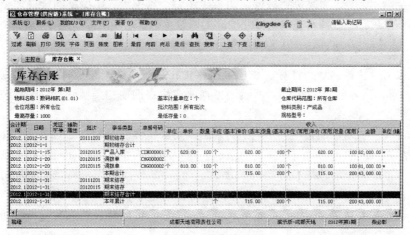

图 8.60　库存台账

用户可以查询到当前根据过滤条件筛选出的数据，即各仓库，各物料，各月份的收发存情况，就此可以反映库存情况。

此外，报表还可以执行连查、精度确定等功能。

# 8.5 金蝶 K/3 存货核算处理

## 8.5.1 存货核算处理流程

存货核算是对企业原材料、产成品、半成品、在产品的外购业务、销售业务、企业内部的制造过程、调拨业务等进行记录、核算和分析企业经济活动中的资金变动的过程。对于企业存货及存货相关的现金进行事前预计、事中监控、事后分析的过程，从而最大化企业现金的利用、提高客户服务水平，提高企业的投资收益，促使企业持续良性经营。

存货核算系统与其他子系统的关系，如图 8.61 所示。

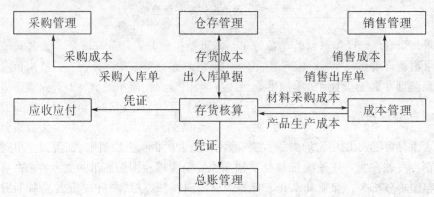

图 8.61 存货核算系统与其他子系统的关系

## 8.5.2 期初调整

由于种种原因，企业存货在数量账存、实存一致的情况下，金额仍会账实不符，如数量为零，金额不为零，需要单独进行期初余额调整。对于出入库单据的金额调整，则可通过成本调整单进行，金额调整模块可处理成本调整单的录入和维护。

### 8.5.2.1 期初余额调整

在金蝶 K/3 主控台中，选择"供应链—存货核算—期初调整—期初余额调整"，进入"初始数据录入"界面，如图 8.62 所示。可在该模块查询期初余额，与总账系统对账或调整期初余额。

单击工具栏"对账"按钮，出现期初余额"对账"界面，如图 8.63 所示。核对存货核算系统与总账系统的当前期间存货期初余额，同一科目的仓存结存金额与总账结存金额存在差异时，系统会提示对账不平。

在科目下拉列表或树型结构中选择全部科目，系统显示所有明细科目的仓存结存金额、总账结存金额和差异额。选择某一具体科目时，会显示按该科目汇总的物料的明细，可供用户分析对账不平的原因。

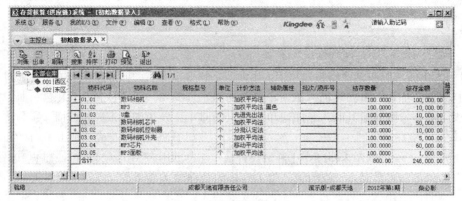

图 8.62　期初余额调整

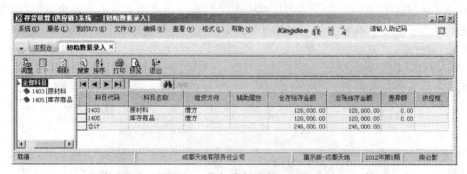

图 8.63　期初余额调整—对账

单击工具栏"调整"按钮，可从"对账"界面切换到"调整（查询）"界面，对于加权平均法和移动平均法的物料可通过直接修改结存金额的方式来调整期初金额。

需要调整的结存金额修改完毕后，单击工具栏"出单"按钮，系统将调整差额自动生成成本调整单，日期为本期间的第一天，并自动审核。可通过"供应链—存货核算—期初调整—成本调整单"查看。调整后的期初余额行在下次进入期初余额调整功能时，金额会回复到调整前，再次调整出单时，会删除上一次生成的同仓库同物料的成本调整单。

### 8.5.2.2　期初仓存异常余额汇报表

期初仓存异常余额汇报表反映本期期初仓存余额中存在的物料数量结存为 0 但金额不为 0 的异常余额信息，这部分数据是期初仓存余额中的异常数据，一般需要进行期初余额调整。

在金蝶 K/3 主控台中，选择"供应链—存货核算—期初调整—期初仓存异常余额汇报表"，如图 8.64 所示。

用户可以选中需要生成成本调整单的明细行单击工具栏"出单"按钮或者菜单"查看—生成成本调整单"，系统将指定生成对应的成本调整单，并将成本调整单单据号显示在汇报表中。

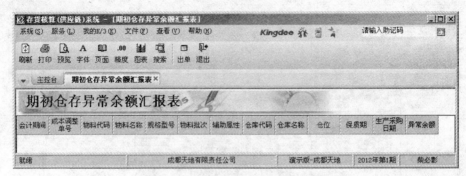

图 8.64　期初仓存异常余额汇报表

### 8.5.2.3　成本调整单

在金蝶 K/3 主控台中，选择"供应链—存货核算—期初调整—成本调整单"，输入条件过滤后单击"确定"按钮，进入如图 8.65 所示的成本调整序时簿。可新增、查询、修改、审核、删除成本调整单。

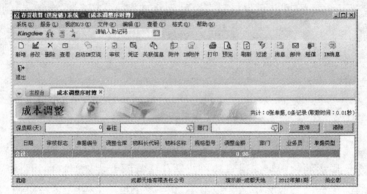

图 8.65　成本调整序时簿

单击工具栏"新增"按钮或者菜单"编辑—新增"，显示"成本调整单录入"界面，如图 8.66 所示，录入方法及技巧与出入库单类似，只能录入本期及以后期间的成本调整单，在审核单据的时候进行日期的判断，如果小于当前会计期间，系统会给予"不能审核以前会计期间的单据！"的提示。仓库、物料为必录项，若物料实行批号管理，则批号为必录项。若调整成本涉及 MTO（面向订单生产）库存，则需输入系统中存在的计划跟踪号，否则系统不允许保存。成本调整单可录入负数，负数反向调整库存金额。

系统提供了成本调整单单据类型的维护，有出库成本调整单和入库成本调整单两类，同时对于出库成本调整单，有可以根据调整类型分为销售出库、委外加工出库、生产领料和其他出库，它们将显示在不同的报表的发出方；当单据类型为出库成本调整单的时候，出库调整类型为必录项。

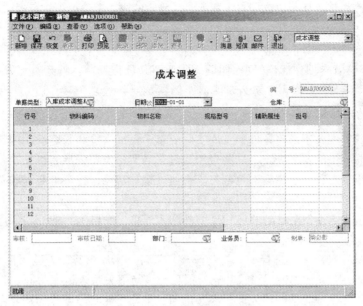

图 8.66　成本调整单—新增

### 8.5.2.4　出库核算异常余额汇报表

出库核算异常余额汇报表反映本期出库核算（材料出库核算、产品出库核算）后存在的物料数量结存为 0 但金额不为 0 的、出现负单价等异常余额信息，这部分数据是核算过程中无法进行差额调整的异常数据，一般需要进行成本调整。

在金蝶 K/3 主控台中，选择"供应链—存货核算—期初调整—出库核算异常余额汇报表"，进入"出库核算异常余额汇报表"界面，如图 8.67 所示。

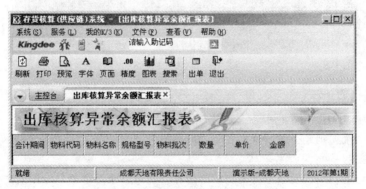

图 8.67　出库核算异常余额汇报表

用户可以选中需要生成成本调整单的明细行单击工具栏"出单"按钮或者菜单"查看—生成成本调整单"，系统将自动生成对应的入库成本调整单，生成成本调整单之后，系统刷新，对应明细行也将不再显示。

在每次出库核算前系统都会自动删除核算到的物料对应的异常余额汇报数据，以保证该数据不会重复记录。

如果用户在对出库核算后出现的异常余额已经生成成本调整单，此时又新发生业务需要重新进行出库核算，那么建议用户先删除对应物料的成本调整单再进行对应的出库核算。

### 8.5.3 入库核算

主要用来核算各种类型的存货入库的实际成本，包括外购入库核算、存货估价入账、自制入库核算、其他入库核算、委外加工入库核算等。

#### 8.5.3.1 外购入库核算

外购入库核算主要用来核算外购入库实际成本，包括买价和采购费用两部分。买价由与外购入库单相勾稽的发票决定，采购费用通过采购费用发票完成，可按数量、按金额或手工先分配到发票上每一条物料的金额栏，再通过核算功能，将买价与采购费用之和根据勾稽关系分配到对应的入库单上，作为外购入库的实际成本。

本模块只处理本期发票已到并已勾稽的外购入库单，发票未到的外购入库单须在估价入账模块处理。

在金蝶 K/3 主控台中，选择"供应链—核算管理—入库核算—外购入库核算"，录入采购发票过滤条件，其中本期勾稽或补充勾稽且对该勾稽关系未记账为固定条件（在没有选择"外购入库单生成暂估冲回凭证"参数的条件下，记账状态不作为固定条件，用户可以选择把已记账的采购发票也可以过滤出来），单击"确定"，进入"外购入库核算"界面，显示满足条件的采购发票，如图 8.68 所示。

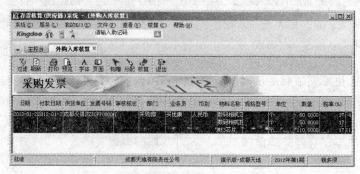

图 8.68　外购入库核算

##### 8.5.3.1.1 费用分配

（1）选择费用分配方式，单击菜单"核算—费用分配方式"。

①按数量分配：则选择按发票上各行物料的基本计量单位数量作为权重对采购费用进行分配。

②按金额分配：则以发票上各行物料的金额（普通发票按金额，专用发票按价税合计）为权重进行分配。

（2）单击工具栏"分配"按钮或菜单"核算—分配费用"，系统会自动将分配后的采购费用，及相应的运费税金填入采购发票中。

系统在执行分配时，将采购费用总额和税金，分别先除以分配标准之和（选定发票上所有物料的数量或金额和），然后分别乘各自的分配标准（数量或金额），得到各行物料的采购费用和运费税金。

##### 8.5.3.1.2 入库成本核算

（1）采购系统不支持部分勾稽。如果不选择系统参数"采购系统支持部分勾稽"，则对于采购发票只能有两种状态，即勾稽状态和未勾稽状态，不存在部分勾稽状态，发票与入库单数量不一致时通过拆单功能拆分成数量一致来实现。

完成费用录入和费用分配后，单击"核算"按钮，系统开始核算外购入库实际成本，若无采购费用，可直接进行核算处理。

核算时严格依据勾稽关系，先将勾稽发票上相同物料的全部金额和分配的采购费用合计，除以入库单上该物料的数量，计算出单位成本，进而计算出成本。由于发票和入库单可多对多勾稽，同一组勾稽单据中一种物料可有多条入库记录，但核算出的单位实际成本相同，为了避免异常余额的出现，最后一笔入库成本采用倒扣的方式计算，所以有可能某一笔的入库成本与其他有少量的差异存在。

对应的入库单可能分为两种可能：本期单据，没有暂估，系统根据采购发票和费用发票的金额反填外购入库单成本；入库单已经暂估，上期的单据或虽为本期的单据，但已生成凭证，单据上的金额不允许刷新。

在使用差额调整模式的时候，系统会自动生成外购入库暂估补差单（只有金额而无数量的外购入库单），可以通过核算单据查询功能查询出来；使用单到冲回的方式，系统会自动生成冲回红字单据，并生成新的蓝字单据，该红、蓝字外购入库单自动置为已经审核和已经勾稽标志。

在选中系统参数"外购入库生成暂估冲回凭证"的情况下，若存在补充勾稽的费用发票，系统对补充勾稽的费用自动按照分配至各物料上的金额生成相应的入库成本调整单；对这类成本调整单用户可以直接在"费用发票补充勾稽"凭证生成事务中进行财务处理，以保证仓存与总账平衡。

核算成功是正确生成外购入库凭证的前提，因为只有经过核算才能保证采购发票与外购入库单金额平衡。

（2）采购系统支持部分勾稽。选择系统参数"采购系统支持部分勾稽"的时候，说明系统中存在采购发票和外购入库单都处于部分勾稽状态，则对于不同的情况，系统会根据勾稽数量进行反填成本。

对于本期单据，即非暂估的情况下，不管是发票部分勾稽还是外购入库单部分勾稽，按照单价＝（勾稽金额＋分配到相应勾稽分录中的费用金额）/勾稽数量，反填外购入库单的单位成本，并计算相应的成本，完全勾稽的处理则与前面的逻辑保持一致。

对于单到冲回的模式，存在前期的暂估单据，如果本期进行了部分勾稽，不管是发票部分勾稽还是外购入库单部分勾稽，冲回生成的蓝字单据和红字单据数据源来源于勾稽数量和发票勾稽金额、相关的费用金额。

对于差额调整的模式，存在前期的暂估入库单，本期来到发票，与暂估单据进行部分勾稽，对于勾稽部分的差异，生成暂估补差单，比如按照上面的例子，外购入库核算之后生成补差单。

### 8.5.3.2 存货估价入账

主要用来对本期发票未到的入库单进行估价。暂估方式有两种，一种是手工在单据上录入，另一种方式是在"无单价单据维护"模块中进行单价更新。

（1）手工录入。在金蝶 K/3 主控台中，选择"供应链—存货核算—入库核算—存货估价入账"，录入过滤条件，选择需估价的单据（本期、已审核、本期未勾稽为固定条件），单击"确定"按钮，显示"暂估入库单序时簿"界面，如图 8.69 所示。

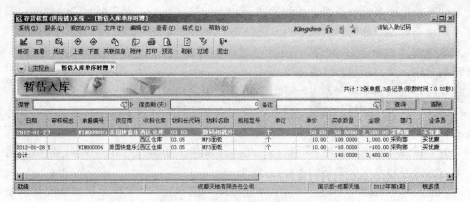

图 8.69　暂估入库单序时簿

选中某一行，单击工具栏"修改"按钮或菜单"编辑—修改"，弹出该行所对应的单据，用户可录入单价，系统计算出金额，或录入金额，由系统倒算出单价，如图 8.70 所示。

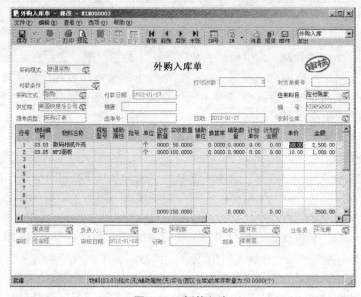

图 8.70　暂估入库

存货系统中与一般系统控制不同，进入存货系统中的单据一般都是已经审核确认的单据，但是如果需要进行存货估价入账，审核后的单据依然可以进行单价、金额的修改，以达到入账的目的。

（2）无单价单据更新。在金蝶 K/3 主控台中，选择"供应链—存货核算—入库核算—无单价单据维护—更新无单价单据"，打开"更新无单价单据"界面，选择"单价来源和本期核算单据"，单击"更新"按钮，进行单价更新操作，对于更新成功的单据系统会给予数量上的提示。

### 8.5.3.3　自制入库核算

主要用来录入或引入产品入库成本、盘盈入库成本。

在未使用成本系统的情况下，需手工录入自制入库成本，当物料采用计划成本和实际成本时，录入方式不同。若成本系统已启用，则可自动引入成本系统的产品成本计算结果，用户不需进行该核算工作；另外用户还可以通过"无单价单据维护"模块直接进行单价更新。

（1）产品入库。在金蝶 K/3 主控台中，选择"供应链—存货核算—入库核算—自制入库核算"，进入"过滤"界面，如图 8.71 所示。

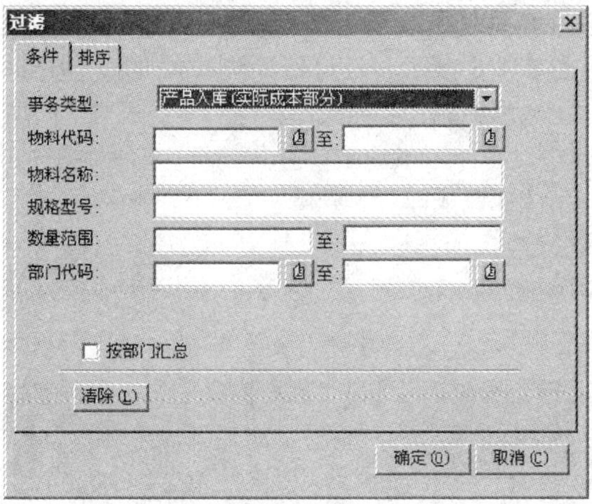

图 8.71　自制入库核算—过滤

选择事务类型，根据产品所采用的计价方法，选择"产品入库（实际成本部分）"或"产品入库（计划成本部分）"，确定后进入"自制入库核算"界面，如图 8.72 所示。

图 8.72　自制入库核算—实际成本部分

按产品或按部门、产品汇总显示数量，若产品采用分批认定法，批号也是汇总依据。选择计划成本部分比实际成本部分多计划成本单价、金额、材料成本差异等几列内容，均只有常用计量单位和实际成本中的单价、金额列可编辑。

单击"核算"按钮，系统会将汇总计算出的单价、金额回填到单据，同一部门、同一种产品的单位成本相同。

（2）盘盈入库。在"过滤"界面，选择"盘盈入库（实际成本部分）"或"盘盈入库（计划成本部分）"事务类型，可进行盘盈入库核算，系统按物料（分批认定法的物料还需按批号）汇总显示，具体操作与产品入库的处理相同。

### 8.5.3.4 出库核算

主要用来核算存货的出库成本，分为材料出库核算和产品出库核算，可选择总仓、分仓或分仓库组核算，提供核算向导，提供计算报告和出错报告，反映出库核算过程。还为负库存出库、红字出库、调拨出库等特殊出库提供多种核算方案供用户选择。

#### 8.5.3.4.1 材料出库核算

主要用来核算材料（物料属性为外购类的物料）出库成本，一般在成本计算、委外加工入库核算、其他入库核算前必须进行材料出库核算，如未先进行材料出库核算，而直接进行成本计算、委外加工入库核算、其他入库核算可能造成对应产品成本不准确。

在金蝶 K/3 主控台中，选择"供应链—存货核算—出库核算—材料出库核算"，按照结转存货成本提示向导，依次完成即可。

（1）过滤物料范围。

①在出现的"介绍（材料出库核算）"界面中，介绍出库核算可选用的所有计价方法，如图 8.73 所示。

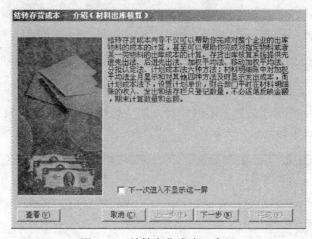

图 8.73 结转存货成本—介绍

②单击"下一步"按钮，出现"第一步（材料出库核算）"界面，如图 8.74 所示。

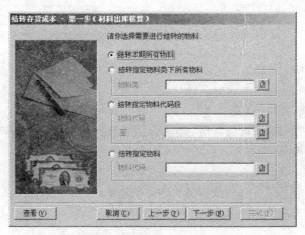

图 8.74 结转存货成本—第一步

选择"结转本期所有物料"时，会对所有非自制物料核算出库成本。

选择"结转指定物料类下所有物料"时，需指定非明细的物料类。

选择"结转指定物料代码段"时，需指定物料代码段。

选择"结转指定物料"时，可只核算某一个物料的出库成本。

（2）过滤仓库或仓库组范围。若采用总台核算，则不会出现此过滤界面；若选择分仓库组核算方式，则显示在界面供选择的是仓库组，其排列顺序也是出库核算的顺序。可使用"全选"，选择所有仓库，也可使用"全清"，取消选择。

（3）核算选项设置。在"结转存货成本—第一步（材料出库核算）"界面中，单击"下一步"按钮，出现"结转存货成本—第二步（材料出库核算）"界面，如图 8.75 所示。

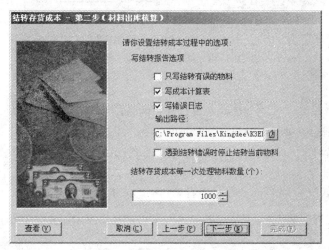

图 8.75  结转存货成本—第二步

①写结转报告选项。

只写结转有误的物料：只结转出现错误的物料写结转报告；

写成本计算表：记录物料出库核算的详细计算过程，费时较多；

写错误日志：结转出错时记录错误日志；

输出路径：选择结转报告的输出路径，默认客户端安装目录下，建议用户修改。

遇结转错误时停止结转当前物料：选中此选择时，一旦出现核算错误，会中断核算过程。

②结转存货成本每一次处理物料数量（个），此数值会影响结转速度，可根据经验调节。

（4）一般出库核算。选项设置完后，单击"下一步"按钮，开始出库核算，如图 8.76 所示。

系统会按照物料代码和仓库（组）顺序，逐个物料、仓库（组）计算，计算时需用到的资料有期初余额，本期入库数量及入库成本，物料的计价方法，出库数量。同一条出库记录，由于物料采用的计价方法不同，可能计算出不同的单位出库成本。各种计价方法可在系统中并行使用，用户应深入理解各种计价的定义和差别。

若核算到的物料入库核算未完成（有入库单的单价为零，包括红字），系统会提示出错。根据选项决定是否停止继续核算其他物料。用户应到入库核算模块，完成相关的入库

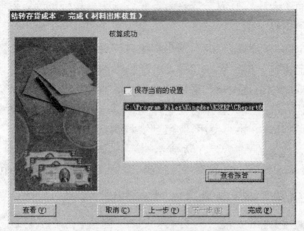

图 8.76　结转存货成本—完成

核算。

　　若出现负结存出库，系统会根据系统设置中的负结存出库选项，来决定出库成本，若选择手工录入，则会收集到不能确定单价的单据中。

　　对于红字出库单据和调拨单，系统也会根据系统选项设置来决定出库成本。

　　单击"查看报告"，打开"结转存货成本报告"，如图 8.77 所示。单击某一物料后面的"成本计算表"，如图 8.78 所示，可以查看该物料的成本计算情况。

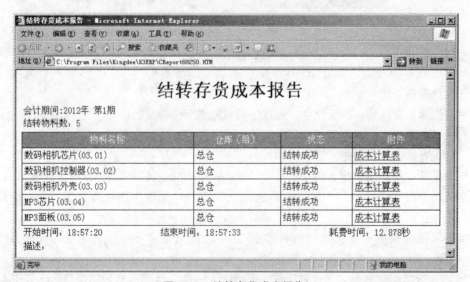

图 8.77　结转存货成本报告

　　（5）红字出入库单的出库核算。由于红字单据一直都作为一种特殊的单据存在，系统默认规则为：

　　①无原单红字出库单作为入库单序列；

　　②原单期间为以前期间红字出库单作为入库单序列；

　　③原单期间为本期或以后期间红字出库单作为出库单序列；

　　④对于红字入库单是作为负的收入进行存货核算；如果红字出库单已经生成凭证，其

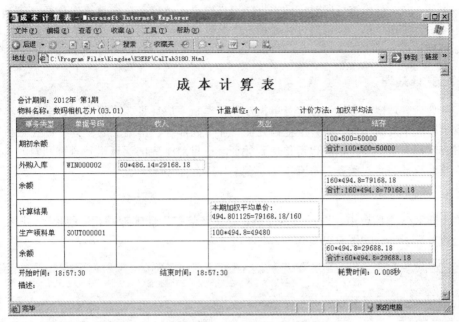

图 8.78　成本计算表

金额和单价则一律不会更改，直接用该数量和金额参与入库序列的合计或者参与出库序列的扣减并反映在出库核算报告中。

8.5.3.4.2　产品出库核算

在金蝶 K/3 主控台中，选择"供应链—存货核算—出库核算—产品出库核算"，按照结转存货成本提示向导，依次完成即可。与材料出库核算操作相同。

8.5.3.4.3　特殊出库单据核算

（1）核算不确定单价单据。在金蝶 K/3 主控台中，选择"供应链—存货核算—出库核算—不确定单价单据维护"，弹出"过滤"界面（本期已审核为默认条件），若选全部，则可直接单击"确定"按钮，显示所有的不确定单价的单据，不确定单价的单据在出库核算过程中产生。不确定单价单据的类型：

①本期未核算的入库单，表现为入库单上单价、金额为零，包括红字入库单。

②出库时，出现负结存，根据负结存出库核算选项，仍核算不出单价的蓝字出库单。

③核算时当前出库单价为负数，导致无法更新单价的蓝字出库单。

④分仓（组）核算调拨单时，调入仓库先核算，而调出仓库后核算。

双击某一行，弹出该行所对应的单据，用户可录入单价，系统计算出金额，或录入金额，由系统倒算出单价；也可通过"无单价单据更新"模块的相关功能实现单据上的单价的更新处理。

一般情况下，不确定单价单据是对应于出库核算的，比如进行了材料出库核算后，会产生不确定单价单据，可以在此进行维护；如果又进行产成品出库核算，也会产生不确定单价单据，则也在此进行维护。

（2）核算无原单的红字出库单。在金蝶 K/3 主控台中，选择"供应链—存货核算—出库核算—红字出库核算"，出现"过滤"界面（本期、已审核、无原单为默认条件），录入过滤条件，单击"确定"按钮，显示无原单的红字出库单序时簿。

双击某一行，弹出该行所对应的单据，用户可录入单价，系统计算出金额，或录入金额，由系统倒算出单价；也可通过"无单价单据更新"模块的相关功能实现单据上的单价的更新处理。

### 8.5.4 凭证处理

记账凭证管理模块可将各种业务单据按凭证模板生成凭证，可根据凭证模板上选定的科目属性生成不同的凭证，如数量金额凭证、外币凭证等，单据上的核算项目（包括自定义的核算项目类型字段）信息也可传递到凭证。还可对生成的凭证进行查询和修改，并实现了单据和凭证之间的联查，物流和资金流在本模块实现同步。

#### 8.5.4.1 凭证模板

在金蝶 K/3 主控台中，选择"供应链—存货核算—凭证管理—凭证模板"，进入"凭证模板设置"界面，如图 8.79 所示。

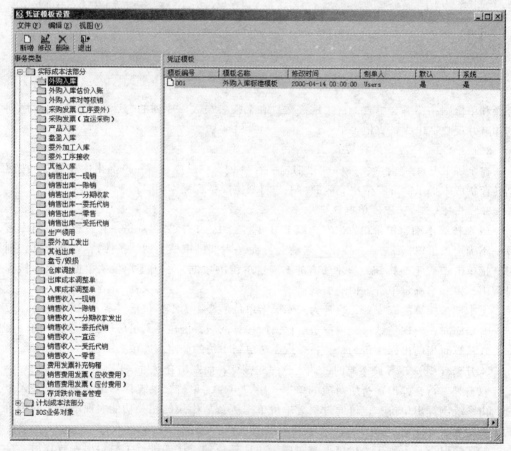

图 8.79　凭证模板设置

选择某一事务类型的单据，单击工具条上的"新增"，弹出"凭证模板"界面，如图 8.80 所示。

在该界面进行借贷方科目、金额的定义，核算项目对应设置，以及凭证字、摘要的设置等，设置完成后单击"保存"按钮保存该凭证模板，用户也可以对凭证模板进行修改、

图 8.80  凭证模板—新增

删除等操作。

（1）模板编号具有唯一性。

（2）各种科目来源及其用法，如表 8.3 所示。

表 8.3                            科目来源

| 科目来源 | 说明 |
| --- | --- |
| 单据上物料的存货科目 | 用于所有的出入库单据，反映对应存货科目的增加和减少 |
| 凭证模板 | 选择此来源时，需录入固定科目 |
| 单据上部门的核算科目 | 主要用于生产领料、其他出库等凭证模板 |
| 单据上物料的销售收入科目 | 主要用于销售收入凭证模板的贷方 |
| 单据上物料的销售成本科目 | 主要用于现销、赊销等销售出库凭证模板的借方 |
| 单据上物料的材料成本差异科目 | 用于计划成本法凭证模板的设置 |
| 生产领料单上的核算科目 | 可用于生产领料凭证模板的借方 |

若选择来源于"凭证模板"，须在科目栏录入固定科目，可按 F7 查找。若选择其他的科目来源，则不需要在模板录入具体科目（科目栏自动变灰），系统会在生成凭证时根据单据上的内容和科目来源自动查找相应的科目。

（3）金额来源。在"凭证模板设置"界面，单击"金额来源"栏，出现金额来源下拉列表，列出对应单据上所有的金额型字段，由用户选择。如销售收入凭证模板列出相应单据—销售发票上的不含税销售金额、税额和价税合计。部分事务类型涉及两种单据，如外购入库、销售收入—分期收款发出等，则会列出两种单据上所有的金额类型字段。

通过自定义的单据功能定义的金额类型的字段，也会自动追加到金额来源中供用户选择。

在选择金额来源时，应注意配合相应的科目及借贷方向，并保证借贷方金额相等，否则不能保存。

（4）摘要信息。针对每一行分录进行设计的，故用户应当根据需要确定凭证模板中所有分录行摘要设计的合理性和充分性。如果用户经常使用"汇总"方式生成凭证时，建议摘要单元不要取用单据体上的信息，此举可能造成由于需取对象较多而影响凭证生成性能并大大增加凭证存储空间的现象。

（5）设置核算项目与单据字段的对应关系。根据核算项目与单据字段的对应关系，将对应字段值填入科目的核算项目栏中。

当科目来源选择来自"凭证模板"时，须指定具体科目，在这种情况下，单击"核算项目"栏，会列出该科目的下设核算项目（核算项目类别代码、类别名称），单击对应单据上项目下拉框，系统列出该种单据可能的对应字段，若没有，则显示'单据上无此资料'。若指定的科目没有下设核算项目，则不需要设置核算项目与单据字段的对应关系。

当科目来源选择凭证模板之外的其他来源时，因科目不固定，因此科目可能下挂的核算项目也不固定，单击"核算项目"栏后，系统会将所有的核算项目列入，由用户与单据上的字段预对应；同样，若单据上无对应字段，则选择"单据上无此资料"。

通过自定义单据新增的来源于核算项目的字段，也会自动追加到单据"对应单据项目中"，供用户选择。

（6）检查模板平衡性。单击"保存"按钮时，系统先检查所有的项目是否完整，若不完整，系统会给出相应的提示，不允许保存。

完整性检查完毕后，系统还会进行借贷方金额平衡检查，对于多金额字段的单据，系统按单据特定的平衡关系检查（即使个别金额字段暂不使用，如外购入库凭证模板中的采购费用，也应预定义，保证金额始终平衡）。若不平衡，系统会给出提示，用户应查找原因，调整模板。

在"凭证模板设置"界面中，菜单"文件—检查模板平衡性"选项，当在自定义单据上增加了金额型字段后，在凭证模板设置的金额来源中也会自动增加单据上的自定义字段作为金额来源，此时在"保存"时系统无法判断含有自定义金额的模板是否平衡，在这种情况下，可不选择"检查模板平衡性"，而在生成凭证时判断生成的凭证是否借贷平衡。

（7）调整默认凭证模板。在"凭证模板设置"界面中，选中一个凭证模板，单击菜单"编辑—设为默认模板"，即把选中的凭证模板设为这类单据的默认模板。

### 8.5.4.2　生成凭证

在金蝶 K/3 主控台中，选择"供应链—存货核算—凭证管理—生成凭证"，进入"生成凭证"界面，如图 8.81 所示，可以将各种核算单据生成凭证。

（1）选择一种单据类型，单击"重设"或"重新设置"按钮，弹出"条件过滤"界面，单击"确定"按钮，系统列示出所有符合条件的单据，如图 8.82 所示。

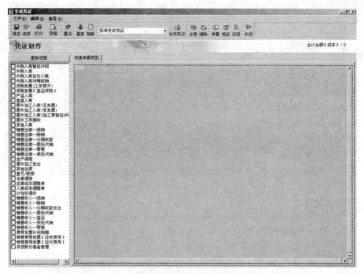

图 8.81　生成凭证

图 8.82　待生成凭证的单据

（2）选择菜单"编辑—选项"或者"选项"按钮，显示生成凭证的一些选项，包括异常处理、科目合并选项、计量单位设置、选择默认凭证模板和凭证查询等，如图 8.83 所示。

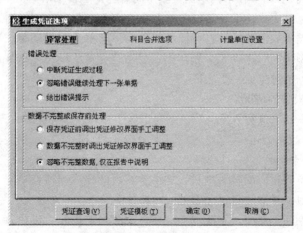

图 8.83　生成凭证选项

（3）生成凭证。可以同时选择一张或多张单据，"外购入库"和"销售收入—分期收款"等类型为一组或多组单据，选择生成凭证的方式，按单（单据组）生成多张或汇总生成一张凭证，最后生成的凭证报告，如图8.84所示。

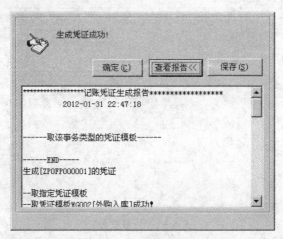

图8.84　生成凭证报告

用户可以在过滤出来的单据前面选择当前单据对应的凭证模板，如果不选择，系统使用默认模板生成凭证；每张单据前面使用多选选项，对于需要生成凭证的单据确认选择状态，则凭证的时候，被选择的单据作为数据源生成凭证。

系统提供了三种方式可以生成凭证：

①按单生成凭证：则对于选择的单据以一对一方式生成凭证，即一张单据就生成一张凭证，存在两种可能的情况说明：如果在一个单据类型里面选择了多张单据，使用这种模式生成凭证时，系统为每一张单生成对应的一张凭证，在单据上记录各自不同的凭证号；如果在不同的单据类型中选择了单据（一张或多张），则只是对于当前过滤界面中的单据按单生成凭证，其他单据类型中的单据不能同时生成凭证。

②按单据类型汇总生成凭证：则可以实现对于同一个单据类型中的单据汇总生成一张凭证，注意对于选项中科目合并的支持定义，凭证借贷方存在相同科目则合并反映（核算项目和单位必须相同）。如果在不同单据类型中同时选择了多张单据，生成方式是对于当前过滤界面中的单据汇总生成凭证，其他单据类型中已经选择了的单据不能同时生成凭证。

③所有选择单据生成汇总凭证：可以实现使得不同单据类型的单据同时选择有效，即如果在不同单据类型中同时选择了多张单据，使用这种模式汇总生成凭证，则可以同时将一种单据类型的单据汇总生成一张凭证。

（4）生成凭证失败的情况。

①凭证借贷不平：未进行入库核算，主要出现于外购入库等类型，先进行入库核算。

②取不到科目：系统不能从指定的科目来源中取到科目，补录相关科目数据或调整科目取数来源。

③从单据上取不到相应的核算项目：凭证上科目的核算项目在单据上无对应字段，调整凭证模板上的科目，或通过自定义单据增加相关字段。

④与总账当前期间不对应，不能保存凭证：总账当前期间大于核算系统当前期间，反结账调整总账系统当前期间。

### 8.5.5 期末关账与结账

#### 8.5.5.1 期末关账

物流系统在期末结账前,往往需要对本期的出入库单据进行后续处理,如出入库核算,生成凭证,与财务系统对账等,但此时本期的核算单据录入尚未截止,可能会造成对账结果的不确定,而通过关账功能可截至本期的出入库单据的录入和其他处理,有利于为期末结账前的核算处理创造稳定的数据环境。

用户可根据企业实际情况选用此功能,是否关账并不影响期末结账。

(1)关账前的检查。系统在关账前会按用户在"系统设置—系统设置—系统参数配置—系统参数配置平台—核算系统选项"中有关关账的选项进行检查,若用户不选中"本期还有未审核的出入库单据时允许关账",则当系统搜索到本期有未审核的出入库单时,会显示相应提示,不允许关账。若用户不选中"本期还有单据未生成凭证时允许关账",则当系统搜索到本期还有核算单据未生成凭证时,给出相应提示,不允许关账。

若以上两项参数用户均选择允许,则系统在关账前不做检查。

(2)期末关账。在金蝶 K/3 主控台中,选择"供应链—核算管理—期末处理—期末关账",进入"期末关账"界面,如图 8.85 所示,单击"关账"按钮,系统进行关账处理。关账成功后,"关账"按钮变灰,单击"退出"按钮,退出"关账"界面。

图 8.85 期末关账

(3)反关账。关账成功后,"关账"按钮变灰,"反关账"按钮激活,若用户需补充录入当前期间的单据,可单击"反关账"按钮,恢复关账前状态。

期末结账时,并不判断是否已关账,若已关账,系统会在结账成功,期间下置后,自动反关账。

#### 8.5.5.2 对账

在金蝶 K/3 主控台中,选择"供应链—核算管理—期末处理—期末关账",进入"期末关账"界面,单击"对账"按钮,设置对账过滤条件后,可进行核算系统的存货余额及发生额,与总账系统存货科目余额及发生额进行核对,如图 8.86 所示。

在"系统设置—系统设置—系统参数配置—系统参数配置平台—核算系统选项"中,当选中"调拨单生成凭证"的选项时,则在对账时业务数据会包括调拨单的数据;当不选

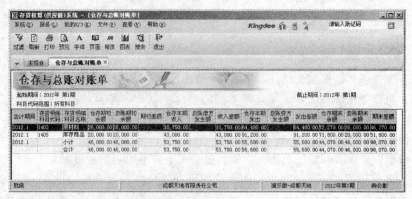

图 8.86　仓存与总账对账单

择该选项时，则对账的业务数据不包括调拨单的数据在内。

若对账不平，用户可从以下几个方面查找原因：

（1）还有仓存单据未生成凭证。

（2）凭证模板设置不正确，存货收发未与存货科目借贷相对应。

（3）总账中有直接录入的涉及存货科目的凭证。

（4）暂估冲回后未继续暂估或生成外购入库凭证。

#### 8.5.5.3　期末结账

期末结账截至本期核算单据的处理，计算本期的存货余额，并将其转入下一期，同时系统当前期间下置。期末结账前，会对本期的核算单据进行检查，从而判断物流业务是否已处理完整，若不完整，会给出相应的提示，并可在该模块联查相关的序时簿和报表。

##### 8.5.5.3.1　结账处理

（1）结账前检查。

①检查未审核的仓存单据。检查本期是否有未审核的仓存单据（包括调拨单、成本调整单），若有，系统会给出相应提示，结账过程不能进行。用户应查看相关的序时簿，进行相应处理。

②检查金额为零的出入库单据。检查本期是否有金额为零的仓存单据，若有，系统会给出相应提示，结账过程不能进行。用户应进行相应的出入库核算再结账。

③检查是否还有未生成凭证的核算单据。此检查根据核算选项进行，若选择期末结账时检查未记账的单据，则系统会检查所有的核算单据是否已生成了凭证，包括成本调整单和计划价调价单，若同时选择了"调拨单生成凭证"的选项，在期末结账时对调拨单是否生成凭证进行检查，若未选择"调拨单生成凭证"的选项，则不需检查调拨单是否生成凭证。

④序列号检测。结账时检查序列号的在库数量与相应物料的基本计量单位库存数量是否一致，如不一致给出相关提示，结账过程不能进行，提示时明细到相应物料代码、名称、辅助属性、批次等信息及不一致的差异数。

（2）计算发生额，结转余额。

①计算本期收发数量、金额合计。根据本期所有的出入库单据，计算本期各个仓库（位）中各种物料（批次）的本期收入数量、金额合计，发出数量、金额合计，并写入存

货余额表中。

②计算本年累计收发数量、金额合计。根据上期的本年累计收入数量、金额、发出数量、金额，以及本期收发数量、金额合计，计算截止到本期的本年累计收发数量、金额。

③计算本期期末余额，结转到下一期。根据本期期初余额和本期收发数量、金额合计，计算各个仓库（位）中各种物料（批次）的本期期末余额，并将它结转为下一期的期初余额。

④更新即时库存数据。若在期末结账界面，选中"核对即时库存"，则系统会重算即时库存数量（F12），包括各种虚仓（待检仓、待管仓、赠品仓）的即时库存数量。该选项并非必选，只有在出现即时库存由于某种异常情况与报表数据不一致时，才需要使用。

（3）修改系统参数，完成结转。存货余额处理成功后，系统会将当期期间参数值下置一期，并提示期末结账成功。如果先关账再结账，还会在期末结账成功时，将关账状态置为未关账，让用户在新的会计期间中可进行关账操作。

在金蝶 K/3 主控台中，选择"供应链—存货核算—期末处理—期末结账"，进入"期末结账"界面，如图 8.87 所示，设置后单击"下一步"按钮，系统询问"是否确定结账?"，单击"确定"，系统便开始结账处理。

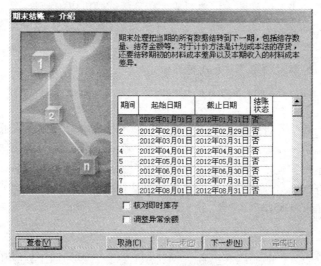

图 8.87　期末结账

（4）结账成功后，单击"完成"按钮，退出"期末结账"。结账未成功，单击"取消"按钮，也可退出期末结账。

8.5.5.3.2　查看相关序时簿

在"期末结账"界面，单击"查看"按钮，出现相关的序时簿和报表的列表，可查看相关单据和报表。包括：

（1）本期末审核的库存单据；

（2）本期已审核未生成凭证的出入库单据；

（3）本期单价或金额不正确的出入库单据；

（4）本期未审核凭证对应的出入库单据；

（5）不能确定单价序时簿；

（6）本期末审核的委外工序接收单；

（7）本期已审核未生成凭证的委外工序接收单；

（8）本期单价或金额不正确的委外工序接收单；

（9）本期未审核凭证对应的委外工序接收单；

（10）本期末审核的 VMI 入库单；

（11）本期末审核的 VMI 物料消耗结算单；

（12）本期对待核销但金额不等的出入库单据；

（13）核算报表；

（14）仓存报表。

### 8.5.5.3.3　反结账

反结账功能可以在非启用期间进行，将业务期间返回到上一期，从而可以进行重新必要的业务处理。

在金蝶 K/3 主控台中，选择"供应链—存货核算—期末处理—反结账处理—反结账"，进入"反结账"界面，按向导提示进行处理即可。

注意：（1）反结账的前提是没有当期的计划价调价单。

（2）反结账时，以前期间的外购入库单在当期如果已经生成暂估凭证，则反结账前需要删除生成的凭证；当期的外购入库单生成的暂估凭证则可以不删除。

（3）反结账之前建议先对勾稽的单据进行反勾稽，相关的凭证也对应删除，系统虽然对此部分没有进行严格判断，但是如果用户想反结账之后修改单据，则会受到单据状态的控制，已经核销的单据反结账之后也不能修改。

## 8.5.6　查询与报表

报表查询模块提供各种报表、账簿的查询，系统根据每一种账簿和报表的特点提供了不同的过滤和汇总条件。汇总表可联查到明细（账）、明细表可关联到单据，单据还可上查、下查到关联单据和凭证。核算模块的账簿报表主要按会计期间查询。而仓存模块报表主要按单据日期查询。另外核算模块的账簿报表从单据的角度反映存货，而总账系统的账簿报表从科目的角度反映存货。

### 8.5.6.1　报表分析

包括材料明细表、产品明细表、存货收发存汇总表、委外加工核销汇总表、委外加工核销明细表、材料成本差异明细表、材料成本差异汇总表、销售毛利润汇总表、外购入库单与采购发票勾稽表。

下面以材料明细表为例说明报表操作方法。材料明细表反映一定期间，选定材料（非自制物料）的收发存明细情况。

在金蝶 K/3 主控台中，选择"供应链—存货核算—报表分析—材料明细表"，弹出"过滤"界面，单击"确定"，打开"材料明细账"界面，如图 8.88 所示。

每一物料显示为一页，表头显示期间范围和该物料的基本资料，可查询多个会计期间的数据，按期间合计收发数量和金额。以基本计量单位和常用计量单位同时反映数量和单价，对于先进先出、后进先出法的物料，期初余额按序列明细反映。对于分批认定法的物料自动显示批次。

双击某一明细行可查看单据。出现出库单价异常时，可利用该明细账分析原因。

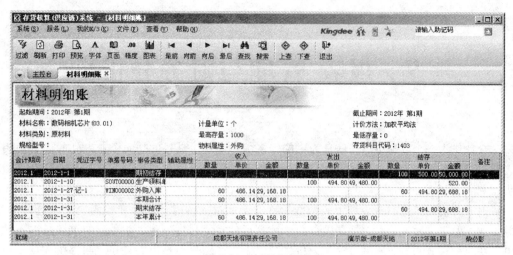

图 8.88　材料明细账

#### 8.5.6.2　图表分析工具

存货核算系统所有报表提供了图表分析的功能，通过定义行、列关键字、选择行或列作为系列，将报表数据用图形化的方式反映出来。

系统提供了饼图、三维饼图、柱形图、三维柱形图、折线图、堆积图、三维堆积图七种图表类型，用户可根据需要选择图表类型。

#### 8.5.6.3　查询分析工具

（1）查询分析工具，又叫查询分析器，是金蝶 K/3 供应链提供的、方便用户根据自身查询分析需要制作自定义性质的业务和分析报表的工具。

（2）查询分析报表，是一种自定义形式的报表，它不同于系统提供的固定报表，是用户根据自己业务和管理需要、利用系统提供的工具制作的报表。包括：

①直接查询语句，使用直接 SQL 方式进行多种单据取数，可制作较为复杂的关联报表，熟悉 SQL SERVER 的用户可以用它来制作本企业的特殊报表。

②交叉统计分析表，利用交叉分析方式制作交叉分析报表，可选择任意一种单据，从可选字段列表中选定行汇总字段和列汇总字段，进行交叉汇总，还可进行多级汇总。

系统提供查询分析报表的制作向导，在向导的指引下，用户可以轻松地制作自己所需要的各种报表。

# 9 报表①管理与财务分析

会计作为一个以提供财务信息为主的经济信息系统，其目的是向企业内外的信息使用者提供以财务报告为形式的相关财务信息，而财务报表是财务报告的主体，包括资产负债表、利润表和现金流量表等。

财务分析是运用财务会计报表的数据，对企业过去的财务状况和经营成果进行评价，并预测企业未来发展前景，是在进行会计核算后的重要处理过程。在激烈的市场经济条件下，快速、高效和专业地进行财务分析，可以为企业经营预测、决策和控制提供支持。财务分析系统的任务就是利用财务分析软件，通过提供多种分析方法、如对比分析、结构分析、绝对数分析、定基分析、环比分析和趋势分析，进行快速、直接的分析功能，为企业管理当局提供决策信息。

## 9.1 金蝶 K/3 报表系统

### 9.1.1 金蝶 K/3 报表系统概述

国内软件一般将报表处理作为一个单独的子系统，金蝶 K/3 报表是作为财务会计中的一个模块，主要涉及资产负债表、利润表以及内部管理报表的编制和管理功能。与通用制表系统（如 Microsoft Excel）相比，软件中的报表系统能实现与总账系统的对接，账表间的集成是无缝的。

金蝶 K/3 ERP 的各模块不仅提供了丰富的通用的报表，而且提供了 K/3 报表子系统帮助操作者快速、准确地编制各种个性化报表。K/3 报表子系统提供了各种取数公式，满足各层次操作者不同需要；而且其操作风格与 EXCEL 类似的，可以独立操作编制自己所需报表。

#### 9.1.1.1 金蝶 K/3 报表系统的功能

金蝶 K/3 报表子系统报表系统具有以下特色功能：

（1）灵活的取数设置。系统提供了丰富的取数公式，可从各系统中获取各类型的财务核算数据、预算数据、业务数据。

（2）丰富的预设报表模板。系统根据不同行业的会计制度要求，提供了二十多个行业，上百张固定报表的模板，便于操作者快捷编制企业的基本报表。

（3）多账套取数管理。在集中式的运用方式下，即集团所有的数据库账套放在总部的

---

① 本章内容涉及的报表与报表系统、现金流量表系统和财务分析系统报表相关，并不包含总账系统涉及的一系列财务报表，如科目余额表、试算平衡表、日报表和与核算项目相关的财务报表等。

一台或多台的中间层服务器来进行管理，运用多账套管理，可以实现从其他账套中取数（非当前的登录账套），制作相关的业务报表。

（4）多表页管理与表页汇总。提供多表页管理功能，在一张报表上可设置多张表页，同时利用系统的"表页汇总"功能可以自动把一个报表中不同表页的数据项进行汇总。

（5）批量填充。批量填充功能可成批指定取数科目、核算项目，系统自动批量生成取数公式。这样大大减少了单个公式定义的重复性工作量，可帮助操作者快速进行报表的编制。

（6）报表分析。将原来财务分析中的分析功能与报表系统集成在一起，在报表系统中同样可以进行相应的报表分析。在报表分析中，可以进行结构分析、比较分析、趋势分析等。

（7）报表联查。系统提供了数据"联查"功能，对于由 ACCT、ACCTEXT 公式取数得到的数据，可以联查到总账系统的总分类账、明细分类账、数量金额总账、数量金额明细账，帮助操作者有效的对数据进行分析。

（8）便捷的报表重算管理和自动定时重算。系统提供报表重算方案的功能，操作者可以根据报表数据特点，设置重算方案，批量进行报表的重算，而无需一张张打开报表来进行重算，节省企业系统应用成本。在报表重算方案的基础上，系统还提供了后台报表运算工具，操作者只需根据需要指定报表重算的时间、频次，系统就会按要求完成报表的重算。

（9）报表审核。操作者可设置若干审核条件对报表进行全方位的审核，确保报表数据的准确性。

（10）灵活的报表打印功能。系统提供了丰富的格式定义功能，可以帮助操作者编制并打印出美观的报表。同时系统还提供了区域打印和批量打印功能，操作者可以选择某一张报表中的部分区域进行打印，也可以设置批量打印方案，在不打开报表的情况下，批量打印多张报表。

（11）报表授权管理。系统提供针对具体报表的授权管理，报表的建立者可进行报表的授权，将自己建立的报表按需要授予不同的权限给指定的操作者，从而保证报表数据的安全性。

（12）可按组织机构进行取数。系统提供"设置默认组织机构"的功能，该功能针对集团数据仓库账套，可以根据选择的组织机构，取选定机构的数据，帮助集团操作者快速的编制出不同组织机构的报表。

（13）发布报表。在报表系统编制的报表可以发布到 K/3 管理驾驶舱中，便于管理者通过浏览器进行查询，还可以通过 K/3 管理驾驶舱将报表发送到管理者的邮箱中，免除管理者求索数据的繁杂操作。

### 9.1.1.2　金蝶 K/3 报表系统界面

在金蝶 K/3 主控台中，选择"财务会计—报表—新建报表—新建报表文件"，可以新建金蝶 K/3 报表文件。K/3 报表系统主界面和 K/3 报表系统—新建表界面如图9.1 和图9.2 所示。

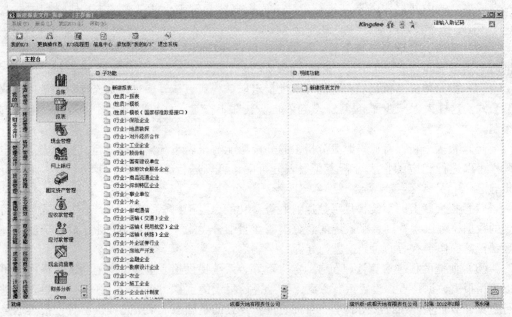

图 9.1　K/3 报表系统主界面

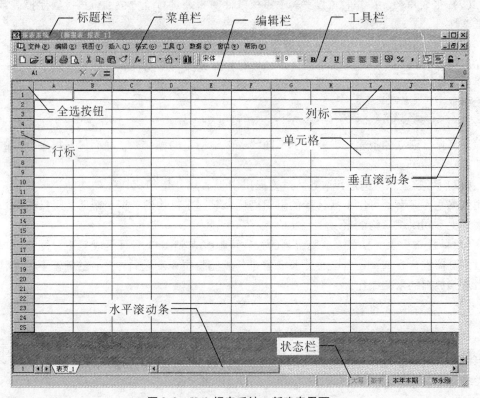

图 9.2　K/3 报表系统—新建表界面

从图 9.2 可以看出，金蝶 K/3 报表系统界面与通用制表系统（如 Microsoft Excel）基本相同，这在一定程度上为熟练使用报表系统编制报表提供了方便。

### 9.1.1.3 金蝶 K/3 报表系统基本操作流程

完成各种报表制作主要包括启动报表系统建立报表文件、设计报表格式、设置报表文字内容和设置取数公式、数据处理和退出报表系统。具体操作步骤如下：

第一步：启动报表系统建立报表文件。在金蝶 K/3 主控台中，选择"报表—新建报表—新建报表文件"，可以新建金蝶 K/3 报表文件。

第二步：设计报表的格式。

（1）选择"格式"菜单中的"表属性"功能，设置表行列、外观、页眉页脚和打印选项；

（2）选择"格式"菜单中的"行属性"和"列属性"功能进行相关属性设置；

（3）选择"格式"菜单中的"表页管理"进行关键字设置；

（4）选择"格式"菜单中的其他功能进行相关格式设置。

第三步：设置报表文字内容和设置取数公式。选择"视图"菜单下的"显示公式"状态，在此状态下设置报表中的文字内容和公式。

第四步：报表数据处理。在报表格式和报表公式定义好后，就可以进行数据录入并进行数据处理。选择"视图"菜单下的"显示数据"状态，完成报表制作。

第五步：保存报表文件，退出报表系统。

## 9.1.2 报表的编制

企业对外提供的主要报表包括资产负债表、利润表和现金流量表。目前现行各管理软件的报表系统提供的是一套制表工具。金蝶 K/3 为了减少报表编制的工作量，报表系统会根据不同行业的会计制度要求提供诸多行业固定报表的模板，以便快捷编制企业的基本报表。因此，企业可以根据自己行业特点选取不同的报表模板进行必要的修改编制其所需的各种财务报表。需要强调的是在利用报表模板编制财务报表时，应确认是否在进入报表系统时正确设置了本账套的行业性质。当然，也可以完全自行制作各类财务报表。下面主要介绍资产负债表和内部管理报表的编制过程和方法。

### 9.1.2.1 资产负债表

在完成日常和期末账务处理以后，企业就可以进行资产负债表的编制工作了，利用报表模板编制企业资产负债表的操作步骤如下：

#### 9.1.2.1.1 打开报表模板

（1）在报表系统，"新建表：报表 1"界面，打开"文件"菜单，单击"打开"，出现"打开"对话框。在"打开"对话框的左边会出现报表系统的树状结构。其中在"模板"下可以按照账套的行业性质选择报表模板，单击"行业—新企业会计准则"，在界面右边则会出现企业会计准则的所有报表模板，如图 9.3 所示。

需要说明的是在"模板"中不仅提供按行业等分类的报表模板，而且在"模板"文件夹中设置了基本的报表模板和样表。

（2）双击"新会计准则资产负债表"可以打开该资产负债表模板，并添加表头，如图 9.4 所示。

图 9.3 "打开"对话框

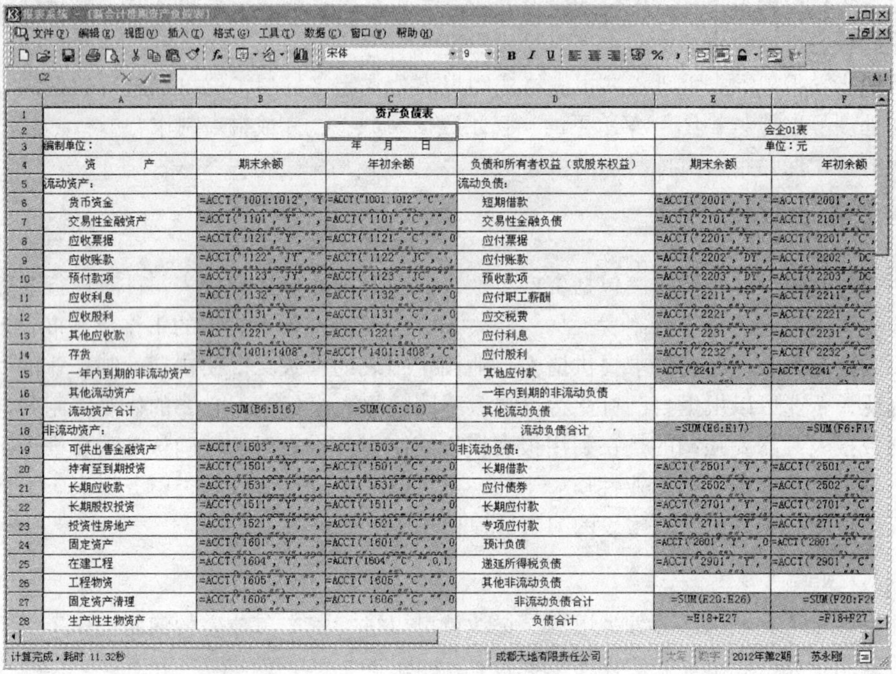

图 9.4 资产负债表模板

（3）单击"文件"菜单中的"另存为"，打开对话框，修改报表名称—成都天地有限责任公司资产负债表，进行保存，如图 9.5 所示。

对于系统中的模板资料一般保留，不作修改，目的是今后再次借鉴使用；对于符合企业报表要求的模板，应进行"另存为"集中保存到"报表系统—报表"中使用。

9.1.2.1.2　设置或修改报表公式

单击"工具栏—显示公式/数据"按钮中的"显示公式"或"显示数据"（或者单击右键通过快捷菜单），检查报表公式是否有问题，是否存在类似于"公式设置有问题"或"科目代码错误"等系统提示，或者所取得数据不满足取数的要求等问题，此时用户都需要重新设置或修改取数公式。

（1）单击"文件—打开—报表"，在如图 9.3 所示的"打开"对话框的右边列表中双

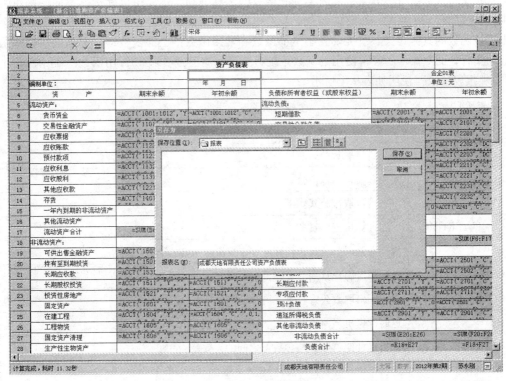

图 9.5　报表另存为

击成都天地有限责任公司资产负债表，进入如图 9.4 所示的资产负债表窗口。

（1）在公式编辑栏或单元格中清除原公式，再选择菜单"插入—函数"或单击工具栏，使用"ACCT"函数重新设置公式，如图 9.6 所示。

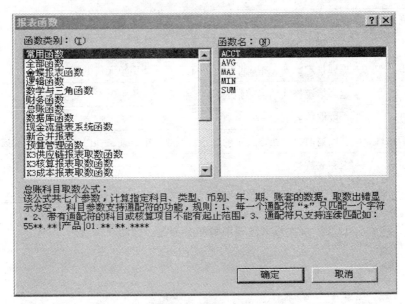

图 9.6　取数函数

　　系统将函数进行了分类，函数类别和函数的名称分别显示，用鼠标选择不同的函数类别，系统列出该函数类别所有的函数名称。单击具体函数名时，在报表函数界面的下方会出现该函数的具体含义。系统设置了全部函数和常用函数：全部函数即全部列出的全部函数的集合；而对操作者经常使用的函数系统将会自动将其放置在"常用函数"类中。其中"金蝶报表函数"说明如表 9.1 所示。

表 9.1　　　　　　　　　　　　　　　　金蝶报表函数及说明

| 函数 | 说明 |
| --- | --- |
| ACCT | 总账科目取数公式。 |
| ACCTGROUP | 集团账套科目取数公式。 |
| AVG | 求平均数取数公式。 |
| COMPUTERTIME | 返回计算机当前日期。 |
| COUNT | 统计数量取数公式，计算所有非空格单元格的个数。 |
| CS_ REF_ F | 返回指定制作日期的合并报表，指定表页、指定单元的值。 |
| CURRENCYRATE | 集团汇率取数公式。 |
| DATE | 返回计算机当前日期。 |
| DATEDIFF | 求指定日期参数 2 与参数 1 之间的天数差。 |
| ITEMINFO | 返回指定核算项目的属性值。 |
| KEYWORD | 取表页的关键字的取数公式。 |
| MAX | 求最大值取数公式。 |
| MIN | 求最小值取数公式。 |
| PAGENAME | 取表页名称取数公式。 |
| PAGENO | 返回当前表页的值。 |
| REF | 返回指定表页、指定单元格的值。 |
| REF_ F | 返回指定账套、指定报表、指定表页、指定单元格的值。 |
| RPRDATA | 返回指定格式的当前报表日期。 |
| RPTQUARTER | 季度取数公式。 |
| RPTSHEETDATE | 获取当前报表指定表页的开始日期或结束日期，并以指定日期格式返回。 |
| SUM | 求和取数公式。 |
| SYSINFO | 返回指定关键字的系统信息。 |

　　（2）在函数"ACCT"中，根据需要填写相关参数，如图 9.7 所示。

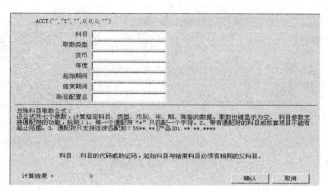

图9.7 ACCT 表达式

参数说明如表9.2所示。

表9.2 ACCT 参数说明

| 参数 | 说明 | 是否必填 |
|---|---|---|
| 科目 | 可以直接输入科目代码，也可采用向导自动生成科目与核算项目参数，在科目录入框内单击"F7"显示"取数科目向导"（如图9.8所示），可以单选一个会计科目，也可以选择一系列会计科目；可以选择空间总科目，也可以选择明细会计科目，还可以取到核算项目值。"填入公式"后按"确定"。 | 是 |
| 取数类型 | 在取数类型录入框单击"F7"键，系统将弹出所有的类型的下拉框要求选择（如图9.9所示），定义科目取值为期初余额、本期发生额、累计发生额或是别的类型（如表9.3所示），系统将弹出所有的类型的下拉框，可以进行选择。在资产负债表中主要需要期初余额和期末余额两种类型数据。如不选择，系统默认为期末余额。 | 否 |
| 货币 | 币别代码，如RMB，若不选则系统默认为综合本位币。可直接录入币别代码或按"F7"选择。 | 否 |
| 年度 | 可直接指定年度，如2012，若不选则系统默认为当前年。若写入数值，表示的意义如下，0：本年，-1：前一年，-2：前两年，如此类推。 | 否 |
| 起始、结束期间 | 可直接指定期间数，分别录入＜起始期间＞和＜结束期间＞，若不选则系统默认为本期。若写入数值，表示的意义如下，0：本期，-1：上一期，-2：上两期，如此类推。 | 否 |
| 账套配置名 | 要取数的账套名称，所取的账套名称为多账套管理处所配置的账套名称。 | 否 |

图9.9生成的公式描述如下：科目公式＝"科目代码1：科目代码2｜项目类别｜项目代码1：项目代码2｜项目类别｜项目代码1：项目代码2"。

图9.8　科目取数向导

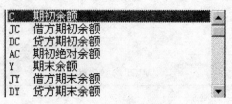

图9.9　取数类型下拉菜单

**表9.3**　　　　　　　　　　　　　　　取数类型代码说明

| 取数类型 | 说明 | 取数类型 | 说明 |
| --- | --- | --- | --- |
| C | 期初余额 | JC | 借方期初余额 |
| DC | 贷方期初余额 | AC | 期初绝对余额 |
| Y | 期末余额 | JY | 借方期末余额 |
| DY | 贷方期末余额 | AY | 期末绝对余额 |
| JF | 借方发生额 | DF | 贷方发生额 |
| JL | 借方本年累计发生额 | DL | 贷方本年累计发生额 |
| SY | 损益表本期实际发生额 | SL | 损益表本年实际发生额 |
| BG | 取科目本年最高预算余额 | BD | 取科目本年最低预算余额 |
| BJG | 本期最高预算借方发生额 | BDG | 本期最高预算贷方发生额 |
| TC | 折合本位币期初余额 | TJC | 折合本位币借方期初余额 |
| TDC | 折合本位币贷方期初余额 | TAC | 折合本位币期初绝对余额 |
| TY | 折合本位币期末余额 | TJY | 折合本位币借方期末余额 |
| TDY | 折合本位币贷方期末余额 | TAY | 折合本位币期初绝对余额 |
| TJF | 折合本位币借方发生额 | TDF | 折合本位币贷方发生额 |
| TJL | 折合本位币借方本年累计发生额 | TDL | 折合本位币贷方本年累计发生额 |
| TSY | 折合本位币损益表本期实际发生额 | TSL | 折合本位币损益表本年实际发生额 |

### 9.1.2.1.3　处理报表数据和保存报表文件

修改公式后，选择"数据"菜单下的"报表重算"，重新计算报表数据，检查平衡情况并保存即可，如图9.10所示。

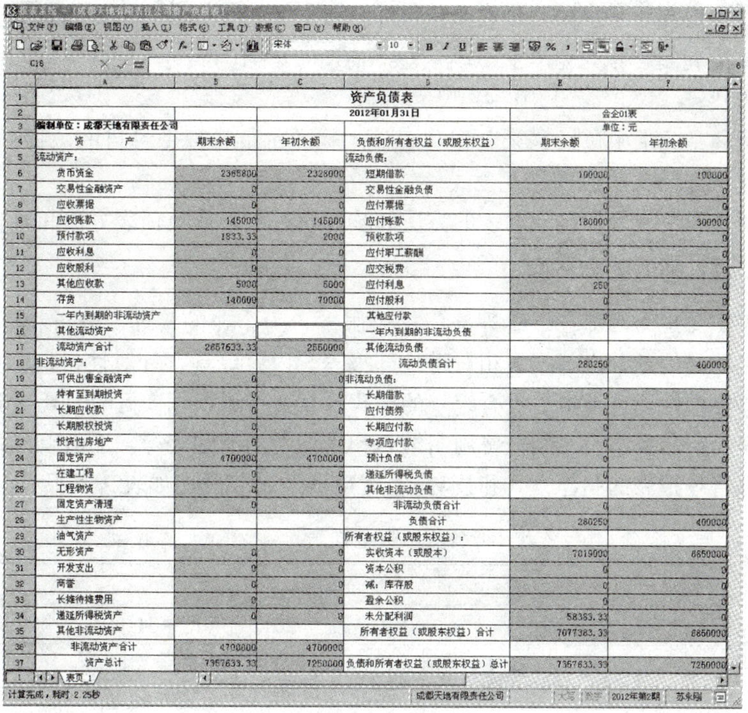

| | A | B | C | D | E | F |
|---|---|---|---|---|---|---|
| 1 | 资产负债表 | | | | | |
| 2 | | | 2012年01月31日 | | 会企01表 | |
| 3 | 编制单位：成都天地有限责任公司 | | | | 单位：元 | |
| 4 | 资　　产 | 期末余额 | 年初余额 | 负债和所有者权益（或股东权益） | 期末余额 | 年初余额 |
| 5 | 流动资产： | | | 流动负债： | | |
| 6 | 货币资金 | 2365800 | 2328000 | 短期借款 | 100000 | 100000 |
| 7 | 交易性金融资产 | 0 | 0 | 交易性金融负债 | 0 | 0 |
| 8 | 应收票据 | 0 | 0 | 应付票据 | 0 | 0 |
| 9 | 应收账款 | 145000 | 145000 | 应付账款 | 180000 | 300000 |
| 10 | 预付款项 | 1833.33 | 2000 | 预收款项 | 0 | 0 |
| 11 | 应收利息 | 0 | 0 | 应付职工薪酬 | 0 | 0 |
| 12 | 应收股利 | 0 | 0 | 应交税费 | 0 | 0 |
| 13 | 其他应收款 | 5000 | 5000 | 应付利息 | 250 | 0 |
| 14 | 存货 | 140000 | 70000 | 应付股利 | 0 | 0 |
| 15 | 一年内到期的非流动资产 | | | 其他应付款 | 0 | 0 |
| 16 | 其他流动资产 | | | 一年内到期的非流动负债 | | |
| 17 | 流动资产合计 | 2657633.33 | 2550000 | 其他流动负债 | | |
| 18 | 非流动资产： | | | 流动负债合计 | 280250 | 400000 |
| 19 | 可供出售金融资产 | 0 | 0 | 非流动负债： | | |
| 20 | 持有至到期投资 | 0 | 0 | 长期借款 | 0 | 0 |
| 21 | 长期应收款 | 0 | 0 | 应付债券 | 0 | 0 |
| 22 | 长期股权投资 | 0 | 0 | 长期应付款 | 0 | 0 |
| 23 | 投资性房地产 | 0 | 0 | 专项应付款 | 0 | 0 |
| 24 | 固定资产 | 4700000 | 4700000 | 预计负债 | 0 | 0 |
| 25 | 在建工程 | 0 | 0 | 递延所得税负债 | 0 | 0 |
| 26 | 工程物资 | 0 | 0 | 其他非流动负债 | | |
| 27 | 固定资产清理 | 0 | 0 | 非流动负债合计 | 0 | 0 |
| 28 | 生产性生物资产 | | | 负债合计 | 280250 | 400000 |
| 29 | 油气资产 | | | 所有者权益（或股东权益）： | | |
| 30 | 无形资产 | 0 | 0 | 实收资本（或股本） | 7019000 | 6850000 |
| 31 | 开发支出 | 0 | 0 | 资本公积 | 0 | 0 |
| 32 | 商誉 | 0 | 0 | 减：库存股 | 0 | 0 |
| 33 | 长摊待摊费用 | 0 | 0 | 盈余公积 | 0 | 0 |
| 34 | 递延所得税资产 | 0 | 0 | 未分配利润 | 58383.33 | 0 |
| 35 | 其他非流动资产 | | | 所有者权益（或股东权益）合计 | 7077383.33 | 6850000 |
| 36 | 非流动资产合计 | 4700000 | 4700000 | | | |
| 37 | 资产总计 | 7357633.33 | 7250000 | 负债和所有者权益（或股东权益）总计 | 7357633.33 | 7250000 |

图 9.10　资产负债表

下面对资产负债表公式设置举例说明。

①“货币资金”年初数：公式为：“ = ACCT（" 1001：1012"," C","", 0, 1, 1,"")”；

科目选择 1001 至 1012，取数类型为“期初余额”；货币默认为“综合本位币”；年度默认为本年；起始期间和结束期间为 1。

公式意义：1001 至 1012 会计科目 1 月份期初余额。

“货币资金”期末数：公式为：“ = ACCT（" 1001：1012"," Y","", 0, 0, 0,"")”；

在参数设置时只选择科目范围即可，其他为系统默认设置。

公式意义：1001 至 1012 会计科目当前期间期末余额。

②“应收账款”期初数：公式为：“ = ACCT（" 1122"," JC","", 0, 1, 1,"") + ACCT（" 2203"," JC","", 0, 1, 1,""）- ACCT（" 1231"," DC","", 0," 1"," 1","")”

“应收账款”期末数：公式为：“ = ACCT（" 1122"," JY","", 0, 0, 0,""）+ ACCT（" 2203"," JY","", 0, 0, 0,""）- ACCT（" 1231"," DY","", 0," 1"," 1","")；

取数类型为“借方余额”，先设置“ = ACCT（" 1122"," JY","", 0, 0, 0,"")”，然后再设置“ACCT（" 2203"," JY","", 0, 0, 0,"")”，再设置“ACCT（" 1231"," DY","", 0," 1"," 1","")”，三个公式间使用“ + ”和“ - ”连接即可；其他参数与“货币资金”年初数参数设置相同。

公式意义：一般财务要求资产负债表的“应收账款”要反映应付账款和预收账款的借

方余额。如果是贷方余额应在"预收账款"中反映。同时要扣除坏账准备期初贷方余额。

③ "未分配利润"期末数：公式为："= ACCT（"4104"，"Y"，""，0，0，0，""）+ ACCT（"4103"，"Y"，""，0，0，0，""）"；

需要注意的是此项中包括"未分配利润""本年利润"两个科目的数据，如果每期都结转损益即为"账结法"则使用此公式。

编制利润表和所有者权益变动表的方法和步骤与编制资产负债表方法和步骤基本相同。

### 9.1.2.2 内部管理报表的编制

内部报表主要是为内部各级管理部门提供服务，为企业的管理、分析和评价以及预测和决策提供必要的信息。内部报表相对于外部报表，内容更具有针对性，指标更具多样性，编制时间更具灵活性。这类报表没有统一的格式，企业可以根据实际管理需要设计和编制，如货币资金表、产品成本表、制造费用明细表和管理费用明细表等。下面以"货币资金表"为例讲述内部管理报表的制作方式和技巧。"货币资金表"样表如表 9.4 所示。

表 9.4　　　　　　　　　　货币资金样表

| 货币资金表 | | | | |
|---|---|---|---|---|
| 单位名称：成都天地有限责任公司 | | 2012 年 01 月 31 日 | | 单位：元 |
| 项目　＼　科目 | 期初余额 | 本期发生额 | | 期末余额 |
| | | 借方发生额 | 贷方发生额 | |
| 现金 | | | | |
| 银行存款—建行 | | | | |
| 银行存款—中行 | | | | |
| 银行存款—工行 | | | | |
| 其他货币资金 | | | | |
| 合计 | | | | |

单位负责人：　　　　　　　　会计主管：　　　　　　　　制表人：

#### 9.1.2.2.1 打开报表模板

在金蝶 K/3 主控台中，单击"报表—新建报表—新建报表文件"，新建报表文件，进入如图 9.2 所示的新建表界面。

#### 9.1.2.2.2 设计报表格式

（1）定义表属性：选择"格式"菜单中"表属性"功能。在"行列"标签中，输入列数"8"行、"5"列，如图 9.11 所示。

图 9.11　表属性—行列设置

在"页眉页脚"标签中，定义报表名称、表末文字和报表附注内容。选择第一行页眉"报表名称"，然后单击"编辑页眉页脚"，单击"报表名称"，输入报表名称—货币资金表，如图9.12所示。其他单位名称、页眉页脚设置方法相同。

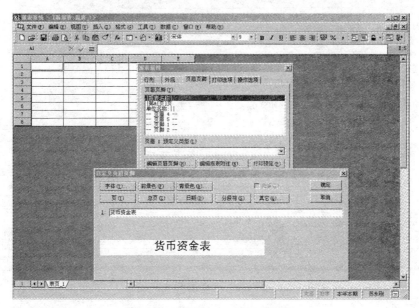

图9.12  表属性—页眉页脚设置

需要说明的是页眉页脚在"打印预览"中才会显示，报表名称、单位和报表下方的注解等设置，在报表主体处是无法直接看到的。

（2）单元融合设置：单击"格式"中的"单元融合"功能。选择需要合并的单元区域 A1：A2，单击"格式"中的"单元融合"将其合并。其他单元区域 B1：B2 、C1：D1、E1：E2 的合并相同。

（3）定义单元斜线：单击"格式"中的"定义斜线"功能。选择合并的单元区域 A1：A2，选择"格式"中的"定义斜线"，在"单元斜线"标签中设置斜线类型，并在斜线单元中输入文字内容，如图9.13所示。

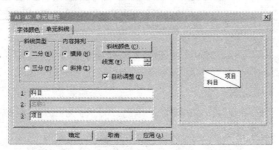

图9.13  定义斜线

### 9.1.2.2.3  设置报表文字内容和定义报表公式

选择"视图"菜单中的"显示公式"（或单击工具栏"显示公式"，或单击右键，选择"显示公式"），在此状态下设置报表中的文字和公式，如图9.14和如图9.15所示。

公式设置使用取数函数"ACCT"，在"取数类型"中，注意期初余额应使用"C"；借

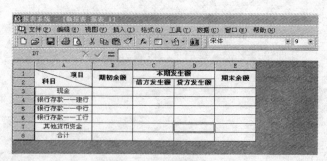

| | A | B | C | D | E |
|---|---|---|---|---|---|
| 1 | 项目 科目 | 期初余额 | 本期发生额 | | 期末余额 |
| 2 | | | 借方发生额 | 贷方发生额 | |
| 3 | 现金 | | | | |
| 4 | 银行存款——建行 | | | | |
| 5 | 银行存款——中行 | | | | |
| 6 | 银行存款——工行 | | | | |
| 7 | 其他货币资金 | | | | |
| 8 | 合计 | | | | |

图 9.14　设置报表文字

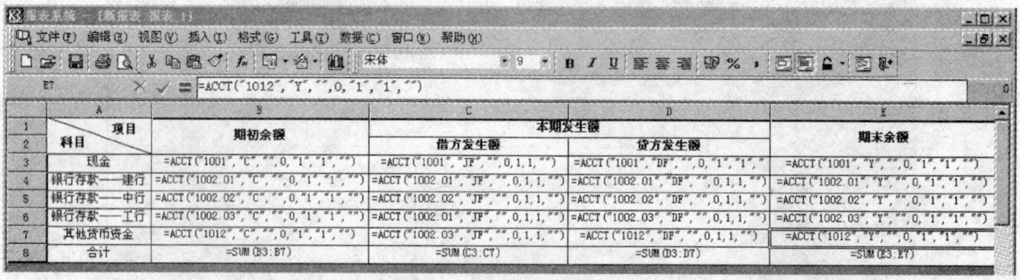

| | A | B | C | D | E |
|---|---|---|---|---|---|
| 1 | 项目 科目 | 期初余额 | 本期发生额 | | 期末余额 |
| 2 | | | 借方发生额 | 贷方发生额 | |
| 3 | 现金 | =ACCT("1001","C","",0,"1","1","") | =ACCT("1001","JF","",0,1,1,"") | =ACCT("1001","DF","",0,"1","1"," | =ACCT("1001","Y","",0,"1","1","") |
| 4 | 银行存款——建行 | =ACCT("1002.01","C","",0,"1","1","") | =ACCT("1002.01","JF","",0,1,1,"") | =ACCT("1002.01","DF","",0,1,1,"") | =ACCT("1002.01","Y","",0,"1","1","") |
| 5 | 银行存款——中行 | =ACCT("1002.02","C","",0,"1","1","") | =ACCT("1002.02","JF","",0,1,1,"") | =ACCT("1002.02","DF","",0,1,1,"") | =ACCT("1002.02","Y","",0,"1","1","") |
| 6 | 银行存款——工行 | =ACCT("1002.03","C","",0,"1","1","") | =ACCT("1002.01","JF","",0,1,1,"") | =ACCT("1002.03","DF","",0,1,1,"") | =ACCT("1002.03","Y","",0,"1","1","") |
| 7 | 其他货币资金 | =ACCT("1012","C","",0,"1","1","") | =ACCT("1002.03","JF","",0,1,1,"") | =ACCT("1012","DF","",0,1,1,"") | =ACCT("1012","Y","",0,"1","1","") |
| 8 | 合计 | =SUM(B3:B7) | =SUM(C3:C7) | =SUM(D3:D7) | =SUM(E3:E7) |

图 9.15　设置报表公式

方发生额应使用"JF"，贷方发生额应使用"DF"，期末余额应使用"Y"。

9.1.2.2.4　处理报表数据

选择"视图"菜单中的"显示数据"（或单击工具栏"显示数据"，或单击右键，选择"显示数据"），在此状态下完成报表制作，如图 9.16 所示。

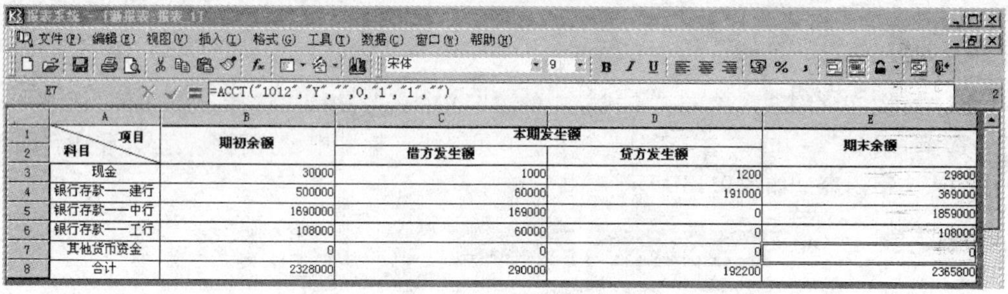

| | A | B | C | D | E |
|---|---|---|---|---|---|
| 1 | 项目 科目 | 期初余额 | 本期发生额 | | 期末余额 |
| 2 | | | 借方发生额 | 贷方发生额 | |
| 3 | 现金 | 30000 | 1000 | 1200 | 29800 |
| 4 | 银行存款——建行 | 500000 | 60000 | 191000 | 369000 |
| 5 | 银行存款——中行 | 1690000 | 169000 | 0 | 1859000 |
| 6 | 银行存款——工行 | 108000 | 60000 | 0 | 108000 |
| 7 | 其他货币资金 | 0 | 0 | 0 | 0 |
| 8 | 合计 | 2328000 | 290000 | 192200 | 2365800 |

图 9.16　报表显示数据状态

9.1.2.2.5　保存报表文件

完成报表制作后，在"文件"菜单下，执行"另存为"，输入报表名称，并"保存"报表即可。

## 9.1.3　报表系统的报表文件管理和报表业务处理

### 9.1.3.1　报表文件管理

在报表系统的"文件"菜单中提供了一些报表文件的处理功能。

在报表系统中，每一张报表都会保存为一个后缀名为 KDS 的文件，如果是报表的模板，则会保存为一个后缀名为 KDT 的文件，同时可以进行报表的分类处理等相关操作。下面就前述内容未涉及的主要报表文件管理的操作进行简要介绍。

#### 9.1.3.1.1　报表打开

打开报表的操作步骤如下：

第一步：选择在金蝶 K/3 主控台中，"财务会计—报表—（性质）—报表"；

第二步：单击"文件—打开"，或单击工具栏中的"打开"按钮，系统将列出系统中已有的报表文件，报表文件可以以图标的形式列示或是以详细资料的格式显示；

第三步：选择需要打开的报表的文件名，单击工具条"打开"系统，或者双击报表文件名，将打开该表，进入报表操作。

在打开报表的界面还可通过重命名来对报表更名，而不通过另存为来改名。在"打开报表"界面，选中需更名的报表，单击鼠标右键或工具栏上的"更名"可直接更改报表文件名称。

#### 9.1.3.1.2　引入文件

对于一些外部文件，金蝶报表系统还可对其他各类数据库取数制表，只需打开某种类型的数据库，金蝶报表系统就会自动将其转换为金蝶报表格式，而后可以通过金蝶报表系统提供的各种功能编辑报表。引入报表的操作步骤如下：

第一步：选择在金蝶 K/3 主控台中，"财务会计—报表—（性质）—报表"；

第二步：单击"文件—引入文件"，系统弹出"打开"界面；

第三步：选择需要引入的文件的类型；

第四步：选择需要引入的文件所在的路径；

第五步：选择所需引入的文件，单击"确定"，执行引入。

对外部文件的引入，支持的文件格式有以下一些：KDS、KDT、DBF、EXCEL、TXT、HTML。对于 KDS 和 KDT 文件，实际在使用时意义是可以由其他的账套中的报表文件引入到当前账套中进行相应的操作。

#### 9.1.3.1.3　引出报表

对于一些在报表系统中无法实现的功能，可以将其引出为其他格式的文件，通过其他系统的功能来实现。引出报表的操作步骤如下：

第一步：选择在金蝶 K/3 主控台中，"财务会计—报表—（性质）—报表"；

第二步 单击"文件—引出报表"，可实现对当前报表的引出，设置存储路径，单击"保存"即可执行引出。

系统提供的引出文件有格式有 KDS、KDT、DBF、EXCEL、TXT、HTML 格式的文件。通过引出功能可以实现报表格式的转换，进行相应报表的编辑。

上述引出报表功能引出的是整个报表的所有表页，若用户需要引出报表的某一表页到 Excel 文件，则需要选择要引出的表页，然后选择执行"文件—引出表页"，系统即可将指定表页引出为 Excel 文件。

### 9.1.3.2　报表业务处理

报表业务处理功能，可以协助用户快速、准确、全面地制作和管理报表。

#### 9.1.3.2.1　多账套管理

在目前的集团管理方式中，越来越多的操作者采用了一种集中式的管理方式，即各个分支机构分布在全国各地，但账套通过放在总部的一台或多台的中间层服务器来进行管理；

或是在同一个城市中，各个营业网点分布在城市的各个角落，每个营业点一个账套，均是存放在总部的一台或是多台的中间层服务器进行管理，服务器同各个客户端通过专用的网络进行连接。在这种集中式的运用方式下，运用多账套的管理，可以实现从其他账套中取数（非当前的登录账套），制作一些相关的业务报表。

如果需要从多个账套中进行取数，在取数前先须通过多账套管理对各种金蝶账套数据源进行配置，如果操作者只是单账套，则不需进行此项操作，系统默认当前账套为取数账套。

选择"工具—多账套管理"，系统弹出"设置多账套取数"界面，如图9.17所示。

图9.17　设置多账套取数

在这个界面中，列示出所有已配置好的账套信息，有配置名、账套名、类型（指数据库为 SQL 还是 ACCESS）、使用状态（显示该配置是否可正常使用或无法使用的状态信息）、创建人等信息。

在"设置多账套取数"中，可以进行账套的"新增"、"删除"、"配置"、"授权"等处理。

9.1.3.2.2　设置默认取数账套和默认组织机构

在金蝶报表里每一个单元格可根据需要采用不同的取数公式进行数据提取，同时金蝶报表提供了多账套处理功能，取数公式大多具有"账套"参数，如果在系统未进行默认账套的重新设置，则在账套参数为空时，默认"登录账套"为取数账套。选择"工具—设置默认取数账套"，系统将提示用户对账套进行默认设置。如果设置了其他的账套为默认的取数账套，则当账套参数为空时，以"设置的默认取数账套"中所作设置的账套作为取数账套，并在报表的状态栏中给予显示。在报表里，还可对报表各表页设置不同的取数账套。设置默认取数账套中，"当前登录账套"右边的下拉按钮所列示的账套信息来源于"多账套管理"中所配置的账套信息。设置默认的取数账套的功能，为集团集中式报表的编制提供了解决方案。

设置默认组织机构用于设置组织机构缺省状态下系统默认的组织机构，只限于登录集团账套时可用。这样该报表的所有取数将只针对选定的组织机构。如果原报表采用集团账套科目 ACCT Group 取数公式，取数参数中设置了组织机构，或者利用 ACCT 取数公式，科目选择的核算项目为组织机构，均以公式中定义的组织机构进行取数。选择"工具—设置默认组织机构"，系统弹出"选择组织机构"界面，选择组织机构，单击确定即可。系统提供"包含当前期间抵消调整数据"可选项，该选项只能在所选取的组织机构为一级组织机构即总集团时有效，选中该选项用于查看集团的合并报表。

### 9.1.3.2.3　批量填充

金蝶报表批量填充功能用于减少操作者单个公式定义的重复性工作量，对于有规律的公式的定义，如编制部门分析报表，采购日报等报表的快速向导定义。下面以客户设置应收账款明细表为例，简要说明批量填充的基本操作。

（1）新建一张空白报表，单击"工具"菜单下"批量填充"，进入"批量填充"界面，选择 ACCT 函数，在"科目"栏选择"应收账款"，再选择"核算类别"为"客户"后，点击"增加"添加到右边的"生成项目"栏，如图 9.18 所示。

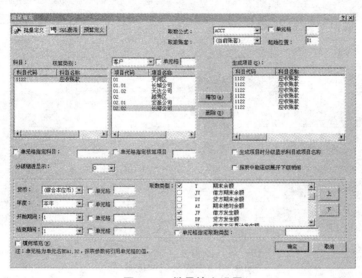

图 9.18　批量填充设置

（2）根据需要调整年度、期间。"开始期间"和"结束期间"选择"1"。取数类型提供了多种选择，选择"期初余额"、"借方发生额"、"贷方发生额"和"期末余额"，单击"确定"即可生成应收账款明细表，如有数据可执行"报表重算"，如图 9.19 所示。

| | A | B | C | D | E | F | G | H |
|---|---|---|---|---|---|---|---|---|
| 1 | 科目代码 | 科目名称 | 核算项目代码 | 核算项目名称 | 期初余额 | 期末余额 | 借方发生额 | 贷方发生额 |
| 2 | 1122 | 应收账款 | 01 | 天河区 | 80000 | 80000 | 0 | 0 |
| 3 | 1122 | 应收账款 | 01.01 | 长城公司 | 80000 | 80000 | 0 | 0 |
| 4 | 1122 | 应收账款 | 01.02 | 天达公司 | 0 | 0 | 0 | 0 |
| 5 | 1122 | 应收账款 | 02 | 越秀区 | 70000 | 70000 | 60000 | 60000 |
| 6 | 1122 | 应收账款 | 02.01 | 宏基公司 | 70000 | 70000 | 60000 | 60000 |
| 7 | 1122 | 应收账款 | 02.02 | 长海公司 | 0 | 0 | 0 | 0 |

图 9.19　批量填充生成应收账款明细表

#### 9.1.3.2.4　设置公式取数参数

可对每张表页设置报表期间以及其他的一些表页中对所有的取数公式均可共用的信息。下面以"货币资金表"为例，将其处理成万元为单位的报表，并保留 2 位小数。

（1）选择"工具—公式取数参数"，选择"数值转换"，"运算符"设置为"除"，"转换系统"设置为"10000"，"控制小数位数"为"2"，如图 9.20 所示。

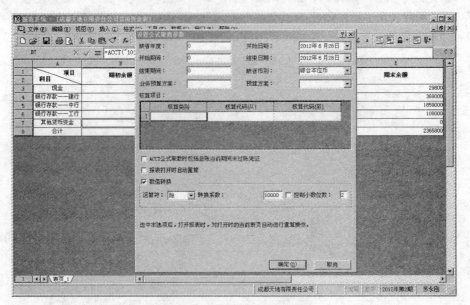

图 9.20　设置公式取数参数

（2）选择"数据"菜单中的"报表重算"，即可得到以万元为单位的报表，如图 9.21 所示。

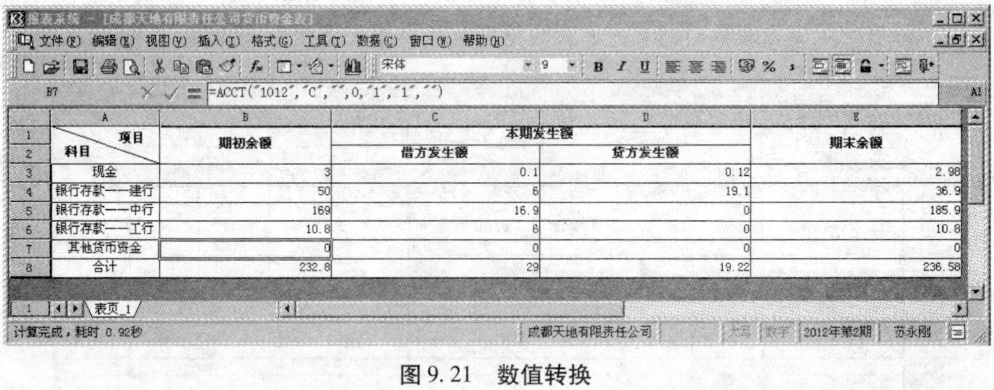

图 9.21　数值转换

#### 9.1.3.2.5　表页管理和表页汇总

系统多表页管理功能，在一张报表（相当于 EXCEL 软件中的"工作簿"）上可设置多张表页（相当于 EXCEL 软件中"工作簿"中"工作表"），如年度资产负债表中科设置 12 张表页。选择"格式"菜单下的"表页管理"进入"表页管理"界面，单击"添加"可以增加表页，表页的张数根据需要设置。表页完成后注意进行"表页锁定"，如图 9.22 所示。

在"表页标识"中，可以对表页设置表页的标识。表页管理可以同时结合利用系统的

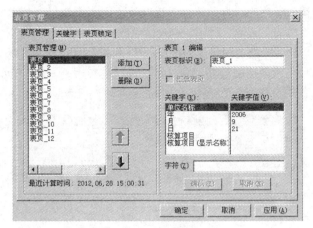

图 9.22  表页管理

"表页汇总"功能可以自动把一个报表中不同表页的数据项进行汇总。由于表页汇总是把数据相加,有些数字如序号,文字内容等是不需要汇总,对于这些区域,须先锁定单元格(选中区域后单击"格式—单元锁定"),再进行汇总。表页汇总生成的汇总报表可以选择追加到当前报表作为当前报表的最后一张表页,也可以生成新的报表。

9.1.3.2.6  报表审核

一张设置好的报表如果经过了审核,报表的准确程度就更加可以信赖。可以设置若干审核条件对报表进行全方位的审核。该功能可选择"工具—报表审核"和"设置审核条件"选项配合实现。

首先设置报表审核条件,由系统自动判断资产负债表平衡情况。例如在资产负债表中设置条件:D40 = H40;不满足条件系统提示内容:期末数借贷不平衡。选择"工具"菜单下的"报表审核"中的"设置审核条件",在"审核条件"标签中添加审核条,在"显示信息"中增加提示内容,如图 9.23 和图 9.24 所示。

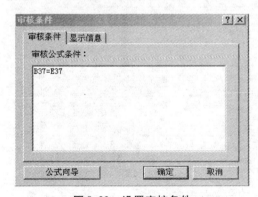

图 9.23  设置审核条件

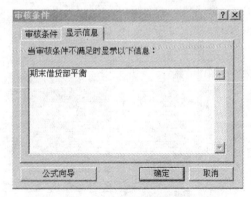

图 9.24  设置显示信息

选择"工具"菜单下的"报表审核"中的"审核报表",则系统提示报表是不通过审核。

9.1.3.2.7  报表授权控制

报表系统中提供了报表权限控制,这种权限管理是独立于系统的操作者管理的,可以针对每张报表设置读取、修改、打印等权限，有效地保障企业报表数据的安全性。报表的权限管理分为：拒绝访问、读取、打印、修改、更改权限、完全控制共六类，其中"读取"权限为默认权限。操作者只能被赋予这六类权限之一。报表授权的操作步骤如下：

选择"工具—报表权限控制"，分别选择"待授权操作者"和"访问类型"并"添加"到"已授权操作者"中，如图 9.25 所示。

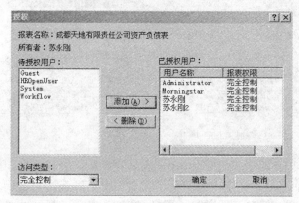

图 9.25　报表授权控制

### 9.1.3.2.8　报表审批

单击"工具—报表审批"，系统则执行报表审批。审批后，将在状态栏中增加一个审批人：×××的显示，此时"报表审批"将会变为"取消审批"，单击"取消审批"，则可以将审批人：×××的标志去掉，此时报表又变为可以进行修改的状态了。报表中有严格的控制，经过审批则不允许再进行重新计算或一旦上报或是报出以后的，数据则不允许再修改，所以应对报表进行审批的授权，如图 9.26 所示。

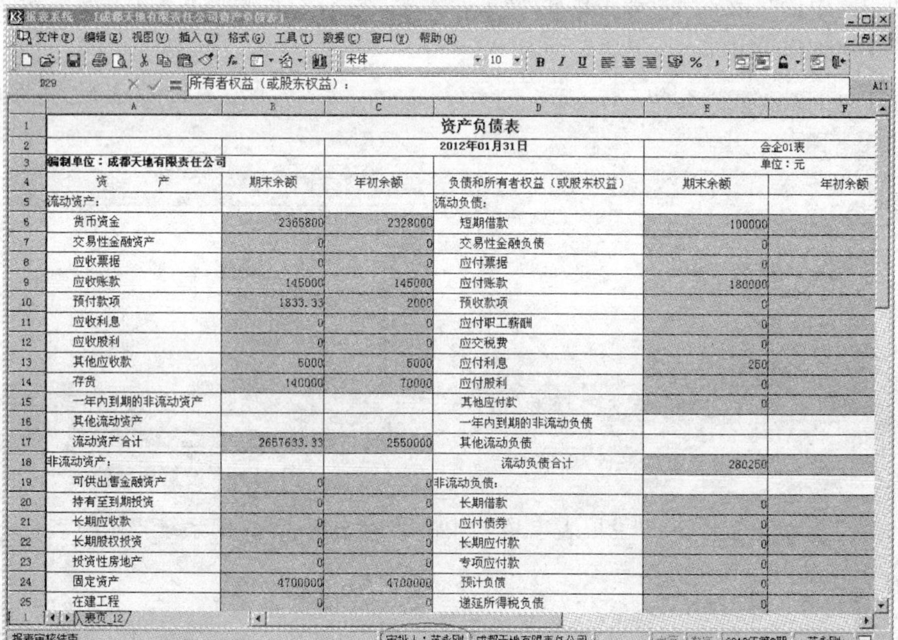

图 9.26　报表审批

### 9.1.3.2.9 舍位平衡

在将报表进行外报时，根据统计的需要，报出金额的单位通常是万元，而在日常的业务处理中，金额一般都是元，所以需要有一个换算的处理过程。舍位平衡可以解决此类需求。下面以"货币资金表"为例说明相关操作步骤：

（1）设置舍位平衡公式。单击"工具—舍位平衡—舍位平衡公式"，进入舍位平衡公式设置：录入具体的转换系数，如从金额单位从元变为万元，转换系数中应录入10000；指定运算符，从元转换为万，则运算符为除；确定舍位计算后的数据保留的小数位数为2位；确定舍位区域，可以通过鼠标拖动的一个区域，被选定的区域范围可以自动的显示在"舍位区域"中，或者也可以手工录入一个区域的范围，如 B3：E8；写入平衡等式，如图 9.27 所示。

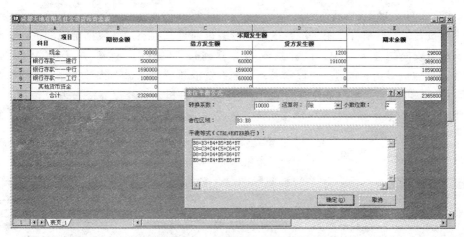

图 9.27 设置舍位平衡公式

对于一些只有数据的罗列而无计算关系的数据，可以直接进行舍位处理，不用写平衡等式（另在"工具—公式取数参数"中也可以设置数值的转换，功能同舍位平衡的公式类似，只是没有平衡等式的录入）。

因为四舍五入，会导致舍位以后计算得出来的数据不等于总计舍位后的数据，例如计算关系是，B3 + B4 + B5 + B5 + B7 = B8，则进行简单的舍位处理后，这个等式则可能不成立。在这种情况下，就需要进行平衡等式的设置，一般情况下是一个倒算的过程，如上例可以这样来设置舍位平衡公式，B3 = B8 - B7 - B6 - B5 - B4，这样，不平衡的差值将会倒挤到 B3 这个项目中去，这样可以保证数据的正确性。至于选取哪个项目来作为这个倒挤的项目（理论上任意一个项目都可以），则需要一个经验的判断，通常情况下应是选取一个产生误差较小项目来作为这个倒挤的项目。在写平衡等式时，如果一行无法完成这个公式，则可以通过 Ctrl + Enter 键来实现换行的功能。

（2）执行舍位平衡。舍位平衡公式设好后，单击"舍位平衡"，系统提示"舍位平衡前，请锁定无须进行计算的单元格是否继续？"这时可锁定无须进行计算的单元格（如科目代码、科目名称等），单击"确定"，将按照所设置的舍位平衡的条件和公式进行舍位平衡的处理，生成一张新的报表，这张舍位平衡所产生的报表可以通过"保存"功能进行报表文件的保存，如图 9.28 所示。

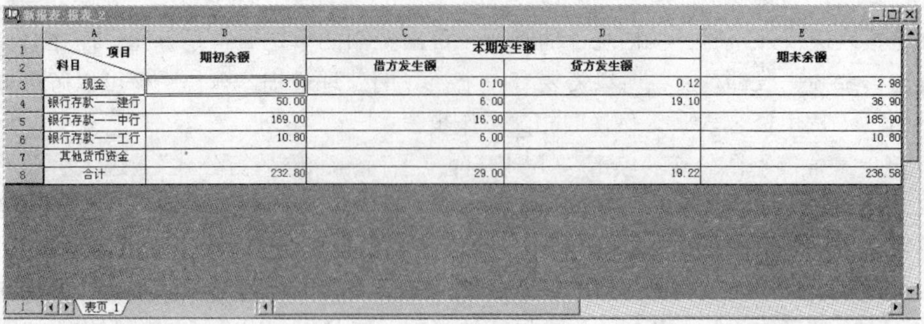

图 9.28　舍位平衡表

#### 9.1.3.2.10　报表账簿联查

很多报表的数据来自总账系统，在进行报表查询时，对于部分数据希望能进行追溯查询，追踪该数据的业务来源，因此系统提供了数据"联查"功能，对于由 ACCT、ACCTEXT 公式取数得到的数据，可以联查到总账系统的总分类账、明细分类账、数量金额总账、数量金额明细账，帮助操作者有效的对数据进行分析。选择已完成报表中含有 ACCT、ACCTEXT 公式取数得到的数据，单击右键，选择"联查"，或者在"工具"菜单中，单击"联查"中的总分类账、明细分类账、数量金额总账、数量金额明细账进入"总账"中的相关账户进行联查，如图 9.29 所示。

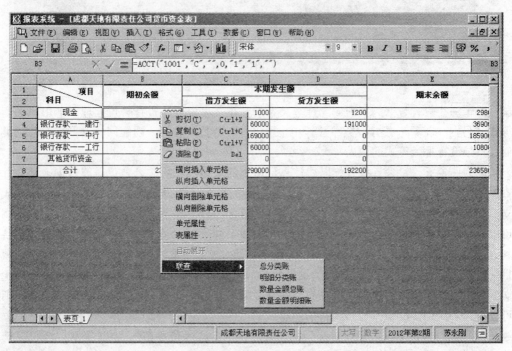

图 9.29　报表账簿联查

# 9.2　金蝶 K/3 现金流量表系统

现金流量表是反映一定期间内有关现金与现金等价物流入和流出情况的报表。通过现金流量表对企业一定会计期间的经营活动、投资活动和筹资活动的动态反映，表明企业获得的现金和现金等价物的能力。

## 9.2.1　金蝶 K/3 现金流量表系统概述

现金流量表的编制采用了拆分所有的有现金类科目的凭证的方法，将所有的有现金类科目的凭证拆分为一对一的关系，从现金类科目的 T 形账户中可按照核算项目、下级科目展开，可以查看所有的此类凭证，直接判断现金的流动所属的类别。在确定了现金流动所属的类别之后就可以产生报表。

现金流量表模块可以处理所有期间的数据，只要账套中有的凭证，不论凭证是否过账、是否审核，也不论会计期间是否结账，模块均可以对凭证进行拆分处理，编制报表。

### 9.2.1.2　现金流量表系统的界面

在金蝶 K/3 主控台中，"财务会计—现金流量表"，可以打开金蝶 K/3 的现金流表系统的主界面，如图 9.30 所示。

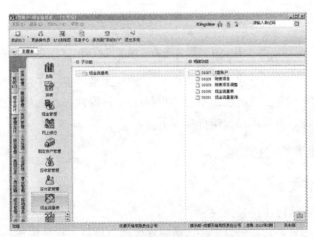

图 9.30　现金流量表系统界面

### 9.2.1.3　现金流量表编制流程图

按照《企业会计准则—现金流量表 》的要求，企业必须对外报送现金流量表（包括主表和附表），它集中反映了企业资金资源的流动和配置，是企业对外报送的三大报表之一。常用的方法是 T 型账户法和工作底稿法。用手工编制现金流量是一个烦琐和技术复杂的工程，系统针对此难题提供了解决方法，其编制流程如图 9.31 所示。

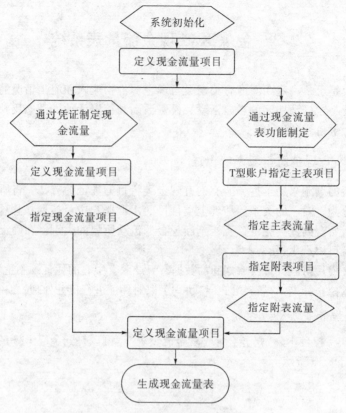

图 9.31　现金流量表编制流程图①

　　现金流量表适合所有用总账系统的用户。金蝶 K/3 系统提供了常用的现金流量编制方法：T 型账户法和附表项目指定法，系统还提供了一种特别方法：凭证指定法，通过指定每张凭证的现金流量，最后汇总得出现金流量表。

## 9.2.2　现金流量表系统初始化

### 9.2.2.1　基础资料设置

#### 9.2.2.1.1　会计科目的相关设置

　　进行现金流量的处理，在科目中必须指定现金流量科目，现金流量科目的类型有三种：现金、银行存款、现金等价物。在科目属性中，提供了这三种类型的设置（三个复选项）。在制作现金流量表时，如果是现金科目或现金等价物科目的，必须指定前面所提的科目类型中的某一种，否则将无法进行现金流量的处理。

　　如果某个会计科目对应的现金流量项目相对固定，还可以在会计科目中先预设其现金流量项目。这样无论在总账凭证中指定，还是在现金流量表的 T 型账户、附表项目、附表项目调整中都可以直接使用应用预设的方式来指定现金项目，从而减轻现金流量项目指定的工作量。

---

　　① 从金蝶 K3 V12.1 开始，现金流量模块被从总账中独立出来，逐步取代原现金流量表。

### 9.2.2.1.2 现金流量项目的相关设置

根据企业会计准则,在"基础资料—公共基础资料—现金流量项目"中,系统预设了现金流量项目。用户可以根据实际需要进行添加、修改和删除。

### 9.2.2.1.3 系统参数的设置

在总账"系统参数"中提供了现金流量相关的两个系统参数:①录入凭证时指定现金流量附表项目;②现金流量科目必须输入现金流量项目。

这两个参数均是控制在凭证录入保存时是否一定要输入现金流量的主表和附表项目。在选择了这两个选项的情况下,如果凭证中有现金流量科目而没有指定现金流量项目或附表项目,凭证无法保存。

但是在总账凭证的现金流量进行修改和删除的时候,这两个选项不会起严格的控制作用,主要是为了在凭证录入时给用户起到一种提醒作用,不要遗漏指定现金流量,而在修改和删除时给予灵活的控制方式。

## 9.2.2.2 现金流量初始数据录入

现金流量初始余额录入界面与现金流量表的格式相同,同时显示主表与附表。单击"系统设置—初始化—总账—现金流量初始数据录入",如图9.32所示。

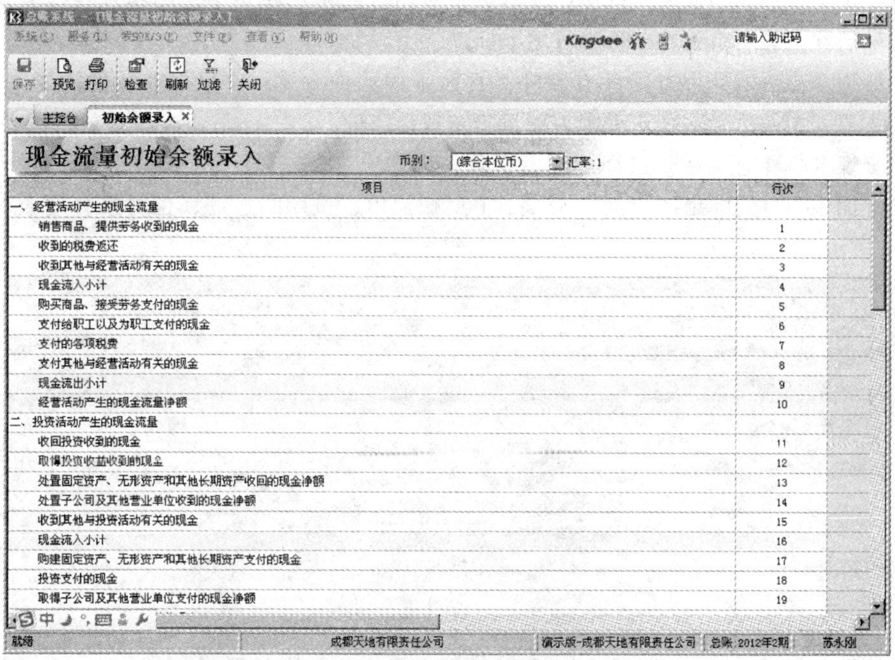

**图9.32 现金流量初始数据录入**

币别下拉框,列出基础资料中的所有币别,提供综合本位币的汇总、查询。

录入现金流量初始数据后需要进行勾稽关系的正确性的检查,即要保证主表"经营活动产生的现金流量净额"等于附表"经营活动产生的现金流量净额",主表"现金及现金等价物的净增加额"等于附表"现金及现金等价物的净增加额"。如正确,给出提示:"检查结果正确";如不正确给出提示:"检查结果不正确,请重新录入",同时不允许结束初始化。

### 9.2.3 现金流量表编制

对于现金流量表的编制，系统提供以下两种方式指定流量：通过凭证指定现金流量和通过 T 型账户和附表项目指定现金流量。

#### 9.2.3.1 通过凭证指定现金流量

通过凭证指定现金流量可以在凭证录入时指定具体的现金流量项目，然后系统会根据用户所指定的主表项目来判断是否还需要指定其附表项目。主表项目是指现金流量表中主表的基本项目，如三大类现金的流动；附表项目是指现金流量表中补充资料，即对从净利润调整为经营活动现金流量的各个调整项目的指定。如果在总账凭证录入中同时指定好现金流量的主表项目和附表项目，就可以随时在现金流量表中查询到主表和附表数据，同时 T 型账户和附表中也可以对总账凭证中指定的各项目内容进行查询。或者在总账录入凭证只指定现金流量表主表项目，不指定附表项目。附表项目可以在现金流量表系统的"附表项目"中进行集中指定，这样就不用对单张凭证都指定附表项目。

#### 9.2.3.2 通过 T 型账户和附表项目指定现金流量

在一个会计期间的期末，直接在现金流量表系统的 T 形账户中集中指定现金流量主表项目，然后在附表中对附表项目进行集中处理。

上述现金流量的处理方式各有利弊。具体采用哪种方式，应根据业务的需要来确定。下面将主要介绍通过 T 型账户和附表项目指定现金流量。

在金蝶 K/3 主控台中，选择"财务会计—现金流量表—T 型账户"，进入"T 形账户"的操作界面中，首先弹出"过滤"界面，T 型账户可以按期间过滤，也可按日期查询，如图 9.33 所示。

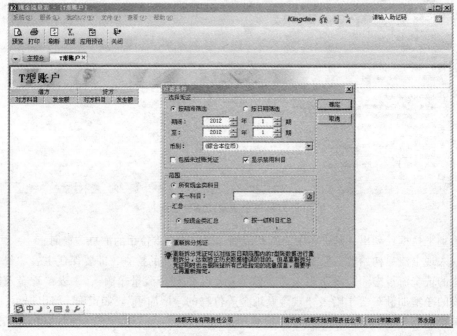

图 9.33　T 型账户过滤条件的设置

在"T形账户"中，可以指定现金流量项目，也可以对在总账凭证中已指定的现金流量进行查询。确定过滤条件后，进入"T型账户"界面，如图9.34所示。

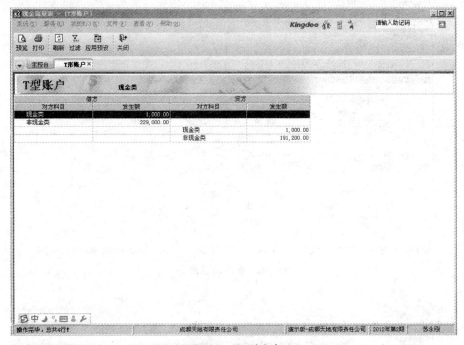

图9.34　T型账户

将鼠标指向现金类或非现金类（如指向非现金类科目），双击鼠标左键或单击右键，弹出菜单，如图9.35所示。

图9.35　T型账户会计科目右键展开菜单

（1）按下级科目展开。选择"按下级科目展开"，将该科目的下级有金额科目显示出来。也可以双击该科目，也可按该科目的下级科目展开，直至最末级科目，如图9.36所示。

（2）指定现金项目。选定某一个会计科目，单击鼠标右键，弹出如图9.35所示菜单，单击选择现金项目菜单，弹出指定现金项目的界面，单击"浏览"或者F4，如图9.37所示，根据业务选择对应的现金流量项目。

所有的现金类科目的对方科目为非现金类（只有对方科目为非现金的才涉及现金流量的变化，对方科目为现金类的将不会产生现金流量的变化）的现金流入和流出都可以通过这种方法来确定现金流量所属的现金项目，将所有的非现金类的发生额都指定了现金项目之后，就可以生成一张现金流量表了。

在指定了现金项目之后，如果想查看所指定的现金项目，单击鼠标右键，弹出图9.35

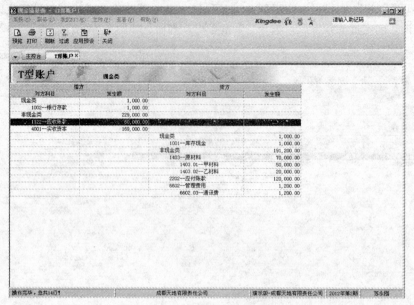

图 9.36　会计科目展开

图 9.37　选择现金流量项目

菜单，选择按现金项目展开选项，将显示该现金发生额所属的现金类项目，如图 9.38 所示。

（3）显示凭证。通过查看明细科目和核算项目还不能确定现金流入和流出的分类，此时可以查看此类凭证，直接看到最原始的会计凭证。此时的凭证是已经经过处理的凭证，模块将所有的凭证已经拆分为最简单的一对一的形式，对应关系非常简单，可以十分方便的确定现金流入和流出的各种分类。在 T 形账户中选定需要查看凭证的会计科目，单击鼠标右键，模块弹出菜单，选择"显示凭证"选项，选定某一个会计分录，双击鼠标左键，或者单击右键选择"显示凭证"，弹出凭证，模块弹出如图 9.39 所示的界面。

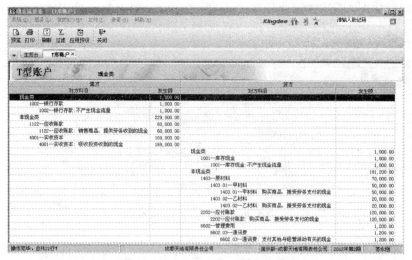

图 9.38　查看已确定的报表项目

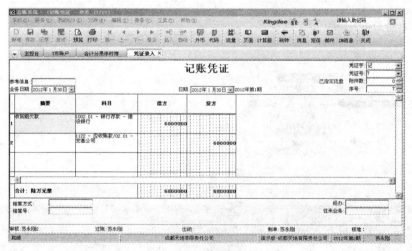

图 9.39　显示凭证

### 9.2.3.3　现金流量表附表项目

在金蝶 K/3 主控台中，选择"财务会计—现金流量表—附表项目"，进入附表项目的操作界面中，首先弹出"过滤"界面，如图 9.40 所示。

单击"确定"后，附表项目操作与上述主表的操作基本类似，分别进行会计科目的展开、附表项目的指定、查看所指定的附表项目、显示凭证等操作，如图 9.41、9.42、9.43、9.44 所示。

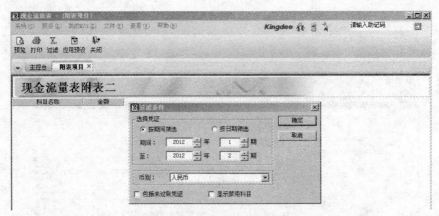

图 9.40　附表项目过滤条件

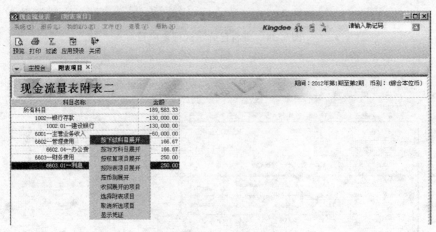

图 9.41　附表项目操作

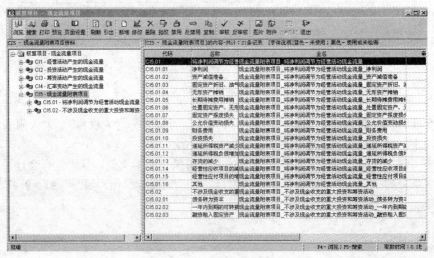

图 9.42　选择附表项目

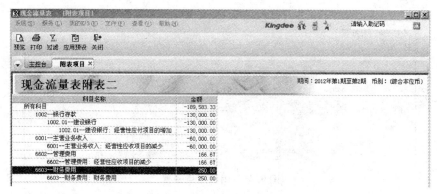

图 9.43 按附表项目展开

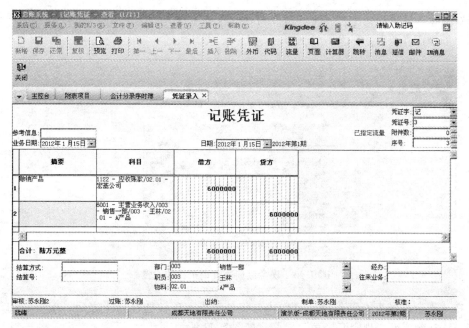

图 9.44 显示凭证

#### 9.2.3.4 现金流量表附表项目调整

附表项目调整是附表项目功能的补充和完善，主要是弥补了有些根据企业实际情况需要指定附表但是根据系统的处理逻辑却又无法反映在附表二中的数据。

（1）在金蝶 K/3 主控台中，选择"财务会计—现金流量表—附表项目调整"，设置"过滤条件"，"确定"后，进入"附表项目调整表"的操作界面中，如图 9.45 所示。

（2）单击工具栏上的"科目设置"，系统弹出科目设置界面，在各附表项目的关联科目栏里双击鼠标右键和 F7 调出科目选择界面，进行科目选择，完成科目设置。

（3）在"附表项调整"界面中，系统将会根据过滤条件的期间范围和科目设置的科目范围显示出需要进行附表项目调整的分录数据（已被系统拆分为一借一贷的形式）。在对应的"附表项目"栏中，按 F7 调整出现金流量项目基础资料，进行附表流量项目的选择。

图 9.45　附表项目调整

#### 9.2.3.5　现金流量表生成

在金蝶 K/3 主控台中，选择"财务会计—现金流量表—现金流量表"，进入"现金流量表"的操作界面中，如图 9.46 所示。

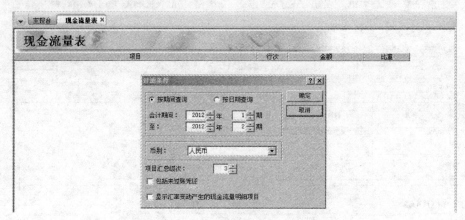

图 9.46　现金流量表查询条件的设置

在"现金流量表查询条件"界面中，将各项查询条件选择完毕之后，单击"确认"，总账系统立刻弹出"现金流量表"界面，如图 9.47 所示。

现金流量表编制完成后可以根据报表与系统之间的勾稽关系检查报表编制是否存在问题，衡量报表正确性的两个等式如下：

T 型账中的非现金类科目阶段方发生额之差 = 资产负债表当期货币资金期初期末数之差

所有科目金额 + 利润表中的净利润 = 经营活动产生的现金流量净额

#### 9.2.3.6　现金流量表查询

在金蝶 K/3 主控台中，选择"财务会计—现金流量表—现金流量查询"，进入现金流量查询中。可以查询每张凭证的现金流量情况。

图 9.47　现金流量表

# 9.3　金蝶 K/3 财务分析

　　财务分析是财务管理的重要组成部分，是企业对已有的财务状况和经营成果及其未来前景的一种评价。财务分析的主要内容是会计报表分析、财务比率分析、因素分析和预算分析等。

## 9.3.1　金蝶 K/3 财务分析系统概述

　　金蝶 K/3 财务分析系统采用多种数学模型和计算方法，对多种数据进行整合分析，从无序散乱的数据中提取数据，为企业的财务决策、计划、控制提供广泛的帮助。该系统包括报表分析、指标分析、因素分析和预算管理的内容，用户可以根据系统提供的各种分析工具，对企业的财务状况和经营收益等进行全面分析，为相关投资决策提供有力的依据。

### 9.3.1.1  财务分析系统的功能

金蝶 K/3 财务分析子系统报表系统具有以下特色功能：

（1）针对集团集中式管理，系统提供了多账套纵向和横向分析功能。

（2）提供多种数据源分析：金蝶账套，金蝶报表（如现金流量表，工资费用分析表）。

（3）提供多种分析方法：结构分析、对比分析、趋势分析、环比分析、定基分析，实现对报表的全方位分析。

（4）提供理想财务状况与实际财务状况的比较，判断企业的经营成果。

（5）多层次、多渠道成本、费用、项目预算，帮企业顺利完成各项计划。

（6）提供各项预算计划的动态完成情况，实现成本费用的跟踪控制，即时调整各项计划，确保企业目标实现。

（7）提供多种因素分析方法。

（8）多种图形显示，形象直观。

（9）方便的自定义报表，操作简单，容易使用。

（10）自如添加各种文字说明，提供动态帮助。

### 9.3.1.2  财务分析系统功能模块

财务分析系统主要分为五个功能模块，如图 9.48 所示。

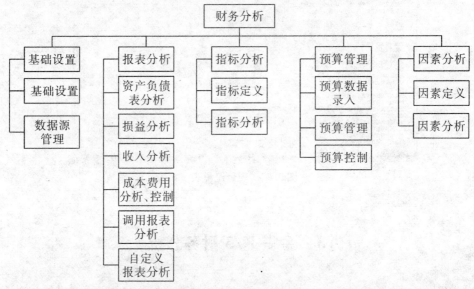

图 9.48  财务分析结构图

### 9.3.2  财务分析系统基础设置

使用财务分析系统前，必须对财务分析系统中的工作界面、多账套管理以及系统默认参数等进行设置。选择在金蝶 K/3 主控台中，"财务会计—报表分析"，可以打开财务分析系统。

### 9.3.2.1 显示工作区设置

金蝶财务分析默认的显示界面分为两大部分，左边为菜单操作部分，用于选择菜单，右边为工作区，如图9.49所示。在编制和分析报表时，为提供更多的操作空间，可以单击"操作"菜单下的"显示工作区"，则只显示工作区。

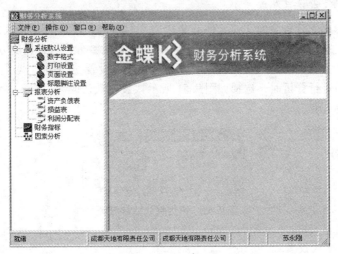

**图9.49 财务分析工作区**

### 9.3.2.2 多账套管理

财务分析可对多种数据进行财务分析，待分析的数据源是通过"多账套管理"来实现进行配置管理，单击"操作"菜单，选定多账套管理，系统弹出多账套管理设置的窗口，在此窗口可以对账套进行新增、删除和配置等操作。

要对新建账套进行配置，在数据源管理界面按新增按钮，系统弹出配置取数账套的窗口，如图9.50所示。依次进行相关设置，单击确定，系统提示"连接账套成功，你确认该用户和密码具有报表系统的操作权限吗?"单击"确定"，账套配置的设置工作就完成了。

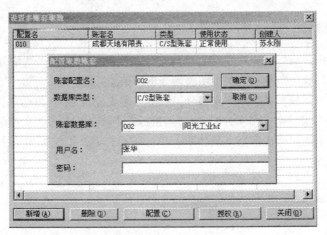

**图9.50 设置多账套管理**

配置名：为配置的名称，金蝶报表与财务分析取数公式提供了多账套取数功能，不同账套的区分就是以此配置名进行区分的。

账套名：配置所对应的账套名称。

类型：该配置所对应的数据库类型，目前支持 C/S 数据库和 Access 数据库两种类型。

使用状态：显示该配置是否可正常使用或无法使用的状态信息。

### 9.3.2.3  设置默认取数账套

金蝶报表与财务分析全面支持集团式集中管理时横向与纵向分析报表的编制，本功能常用于编制一套统一报表格式后对集团下属子公司进行取数分析。常用的方法是：

建立一分析报表，在公式设置时，账套名称参数不设置，即为"默认账套"。分析时，要对不同子公司进行分析时，选择如图 9.51 所示"设置默认取数账套"在弹出的界面中选择要进行分析的账套。

图 9.51  设置默认取数账套

### 9.3.2.4  系统默认设置

在使用中对新增加的新报表有效，对于系统中初始设置的基本报表和指标不会发生作用。用鼠标选定财务分析中的系统默认设置这一项，双击鼠标左键或是按该项目左边的加号，系统弹出默认设置的所有功能操作窗口，如图 9.52 所示，可以在此进行各种的系统设置。

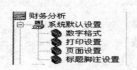

图 9.52  系统默认设置

## 9.3.3  报表分析

在报表分析中，可以对资产负债表、损益表和利润分配表进行结构分析、比较分析和趋势分析。下面以资产负债表为例说明报表分析的相关操作：

打开报表分析系统，在菜单操作部分，双击"报表分析"，弹出已定义好的三张财务报表（资产负债表、损益表、利润分配表），用鼠标单击要分析的报表资产负债表。

在财务分析下用鼠标选定资产负债表，单击鼠标右键，系统弹出资产负债表的操作选项，如图 9.53 所示。

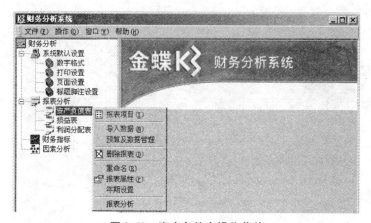

图 9.53   资产负债表操作菜单

### 9.3.3.1   设置报表数据源

单击资产负债表的操作选项"报表属性"对报表的数据源进行设置，操作方法与系统默认设置中的数据源选项的操作相同，即确定报表的数据来源。系统为用户提供了两种数据来源，一种是金蝶报表，另一种数据源是金蝶账套，如图 9.54 所示。

图 9.54   数据源设置

其中，数据来源为"金蝶报表"是金蝶报表系统做出的报表保存为 kds 文件或 kdt 文件，系统直接从该文件中取数，但只取报表中的数据；数据来源为"账套名称源"，指财务分析系统直接从所选的账套中取数，系统不但取数据，而且取公式，并可根据公式在财务分析系统中自动进行运算。

如果设置的数据源为"账套名称"，系统将自动从账套中导入数据。如果选择选项"金蝶报表"为数据源，要进行"导入数据"设置，执行从已确定的报表数据源中导入数据的功能，只要跟随界面向导就可以完成导入数据的过程。但要注意的是，选择"金蝶报表"数据源，还需要设置"报表年期"。

### 9.3.3.2   设置报表项目

单击资产负债表的操作选项"报表项目"，检查系统已定义好的报表公式是否正确，如图 9.55 所示。

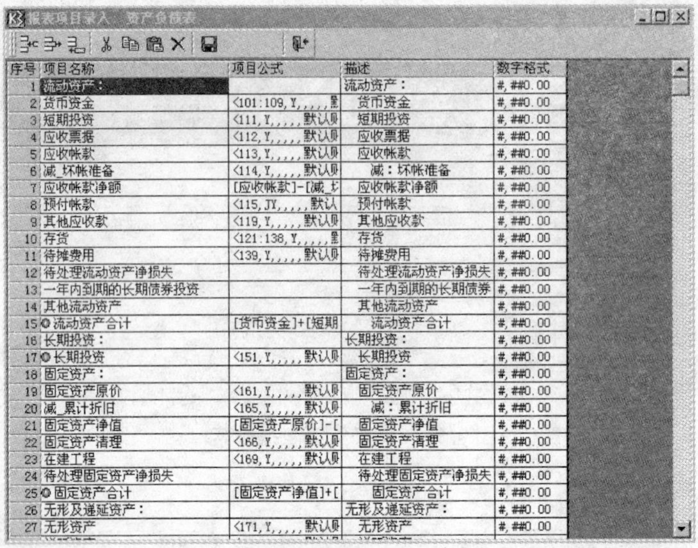

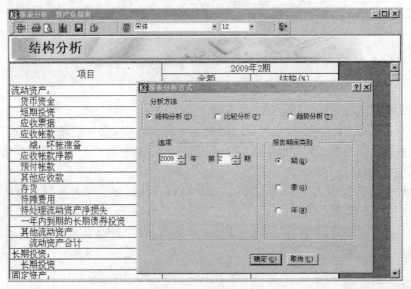

图 9.55　报表项目

在图 9.55 中，系统预设了流动资产合计、固定资产合计、资产总计、流动负债合计、负债及所有者权益合计等资产负债表的基本项目，可在这些项目之间或插入行次，也可以删除不需要的项目，对于系统预设的项目无法删除。将鼠标指向某一个栏目，双击鼠标左键，可调节该栏目的宽度。在其他涉及调节栏目宽度的地方，该操作均可执行。

### 9.3.3.3　设置报表分析

单击资产负债表的操作选项"报表分析"，系统显示设置好的资产负债表。单击工具栏中的"分析方式"按钮，设置报表分析的条件，如图 9.56 所示。

图 9.56　报表分析

选定报表的分析方法，有结构分析、比较分析、趋势分析等报表分析方法，可对该报表的数据结构进行分析，也可以将该表的各个期间的数据进行比较分析或是同指定的基期数据比较，如图 9.57 所示。

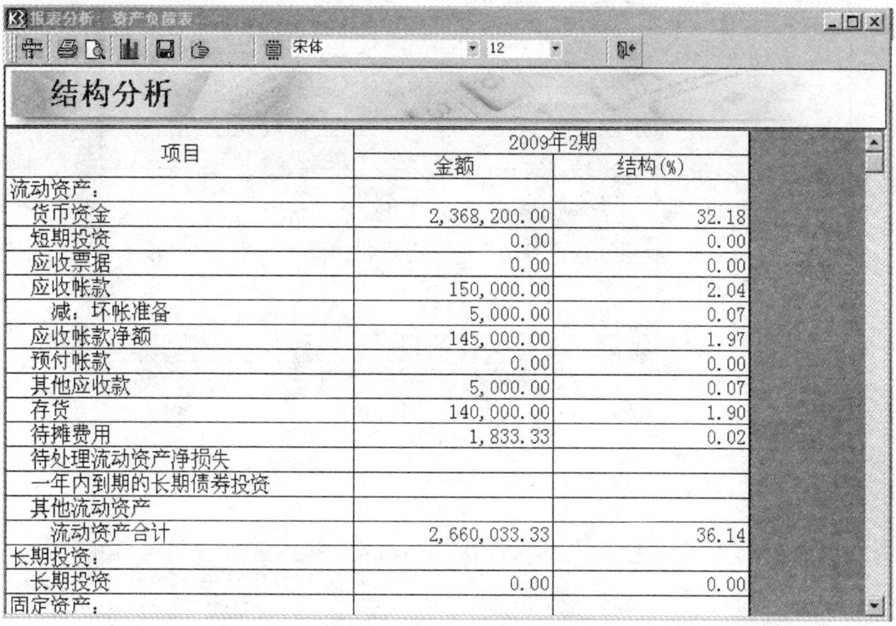


| 项目 | 2009年2期 | |
|---|---|---|
| | 金额 | 结构(%) |
| 流动资产： | | |
| 货币资金 | 2,368,200.00 | 32.18 |
| 短期投资 | 0.00 | 0.00 |
| 应收票据 | 0.00 | 0.00 |
| 应收帐款 | 150,000.00 | 2.04 |
| 减：坏帐准备 | 5,000.00 | 0.07 |
| 应收帐款净额 | 145,000.00 | 1.97 |
| 预付帐款 | 0.00 | 0.00 |
| 其他应收款 | 5,000.00 | 0.07 |
| 存货 | 140,000.00 | 1.90 |
| 待摊费用 | 1,833.33 | 0.02 |
| 待处理流动资产净损失 | | |
| 一年内到期的长期债券投资 | | |
| 其他流动资产 | | |
| 流动资产合计 | 2,660,033.33 | 36.14 |
| 长期投资： | | |
| 长期投资 | 0.00 | 0.00 |
| 固定资产： | | |

图 9.57 资产负债表结构分析

在“报表分析”中还可以进行图标显示。单击工具栏按钮“图表分析”，或者用鼠标双击资产负债表中的某个项目，系统将显示图标视图，可以形象直观地对报表进行分析。

除了对系统预定报表—资产负债表、利润表、利润分配表进行分析外，金蝶 K/3 还可以对各种自定义报表进行分析。

## 9.3.4 指标分析

指标分析在财务分析中占有重要的地位，财务指标可以反映企业的财务状况、资金运作能力、偿债能力以及盈利能力等，通过对财务指标的分析，结合企业生产经营和有关部门提供的其他资料，可以为企业提高经济效益提供有用的决策信息。

### 9.3.4.1 指标定义

打开报表分析系统，在菜单操作部分，选择“财务指标”，单击鼠标右键，系统显示“指标定义”和“指标分析”操作选项。

要进行财务指标的分析，首先得进行财务指标的定义，选择“指标定义”，单击鼠标左键，进入指标定义的操作。在指标定义中，系统已预设了一些基本的常用指标，指标的公式已经设置完成，这些基本的指标无法删除。除此之外，指标定义的设置和“报表分析”中的“报表项目”设置操作相同，可以插入、删除或追加指标项目并设置公式，如图 9.58 所示。

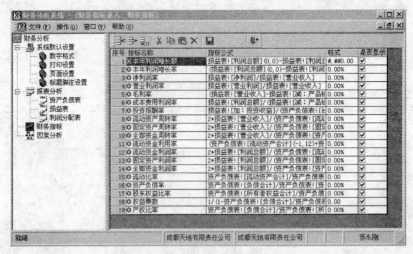

图 9.58　指标定义

### 9.3.4.2　指标分析

选择"财务指标"，单击鼠标右键，选择"指标分析"，可进行指标分析操作，如图 9.59 所示。

图 9.59　指标分析

### 9.3.5　因素分析

在财务分析中，系统为提供了因素分析，对于财务中的一些需要进行深入分析的对象如利润、税金等，可以在因素分析处对这些分析对象进行分析。选择确定与分析对象相关的各种的因素，确定影响分析对象变动的因素以及因素与因素之间的计算关系，进行深入的分析。

### 9.3.5.1 建立分析对象

在财务分析的主窗口中，选择因素分析，单击鼠标右键，系统弹出"新建分析对象"，点击鼠标左键，进入新建分析对象的操作，在输入分析对象名称处，输入分析对象的名称，如成本、利润等，此处输入的名称不能同已有的名称重复。输入完成后，单击"下一步"按钮，进入下一步的操作或是按取消按钮，取消新建分析对象的操作，如图9.60所示。

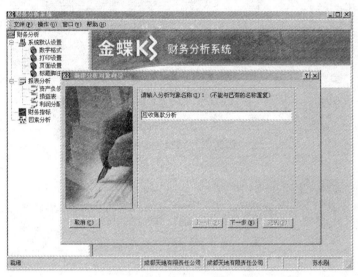

图9.60 新建分析对象向导

### 9.3.5.2 设置数据源

对于新建的分析对象，必须为其配置数据源才可以进行因素分析。系统为设置了两种数据源供用户选择，一种是金蝶报表，另一种是金蝶报表以外的数据源。数据源配置的操作可以参考前述"报表分析"中数据源的配置和增加过程，不再赘述。

### 9.3.5.3 生成因素

在数据源的配置工作完成之后，按下一步按钮，系统进入因素生成器。在因素生成器中，定义与该分析对象相关的因素，选择需要进行分析的组成该分析对象的因素，可以是一个会计科目，也可以是会计科目下设的核算项目，也可以是报表的某一个项目。因素生成器中，有四个因素项目的相关内容需要确定：核算类别、取数类型、核算科目、核算项目，如图9.61所示。

在因素生成器中对因素进行公式的定义，按完成按钮，完成新建分析对象的过程，系统会提示用户是否立即对该分析对象进行定义，如果需要立即定义分析对象的公式，选择是，进入公式的定义；如果不需要立即对新建的分析对象进行定义，选择否，返回到财务分析的主界面，如图9.62所示。

### 9.3.5.4 设置因素分析取数公式

单击图9.62中的"是"，或者在财务分析的主界面，选择"因素分析"中的要进行因素分析，单击鼠标右键，选择"分析对象定义"，双击需要设置公式的区域，根据需要在"公式定义向导"中设置"因素取数公式"，如图9.63所示。

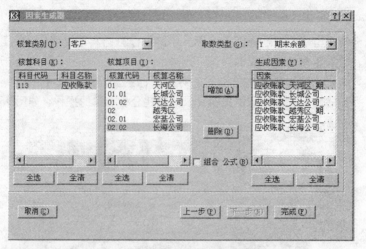

图 9.61　因素生成器

图 9.62　系统提示

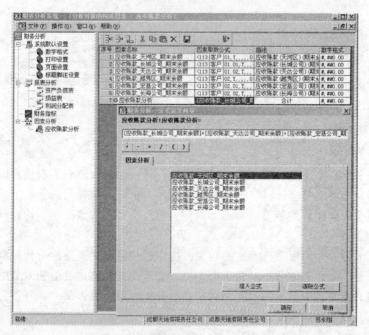

图 9.63　因素分析取数公式定义

#### 9.3.5.5　因素分析

增加了一个新的因素之后，可以对该分析对象进行各种分析的操作了。在因素分析中，选择已经建立的因素分析对象，即"应收账款分析"，双击或者单击右键，选择"因素分析"，即可以进入分析报表，如图9.64所示。

图 9.64　因素分析

在因素分析中，单击"分析方式"选择按钮，系统弹出各种分析的方法，分析方法同报表的分析相类似，同样可以进行结构分析、比较分析、趋势分析等。

# 10　集团财务应用

随着市场经济的发展和企业参与国际竞争程度的日益加深，集团企业成为一种重要的经济主体。集团企业是由若干企业通过资本结合而形成的企业集合体，是伴随着企业规模的扩大、竞争的加剧、生产经营方式的转变和股份公司制的发展而出现的。从财务的角度看，集团企业最本质的特征就是组成集团的单个企业之间必须是以资本为联结的纽带，特别是以某一企业为核心的单向控股关系。由此也决定了现代企业的管理，必须面向企业集团，并且这种管理不能仅限于集团管理总部自身，还必须关注对子公司、分部或分公司以及其他成员企业的管理与控制。集团财务涵盖集团财务管理、资金管理、资产管理、全面预算、绩效管理、集团供应链、集团分销等多种应用。为了帮助企业帮助集团企业降低运营成本、提高销售收入，集团财务管理软件应运而生。

## 10.1　集团财务应用概述

### 10.1.1　集团企业概述

随着市场竞争的加剧，企业间资产重组、兼并、联合等多种行为大量出现，集团企业成为一种重要的经济主体。集团企业是随着企业规模的扩大、竞争的加剧、生产经营方式的转变和股份公司制的发展，由若干企业通过字表的结合而形成的企业集合体。

集团企业由集团总部和各子公司构成。集团总部和子公司的关系在实质上是控制和被控制关系，子公司在行政上由集团总部领导，在经济上受集团总部的宏观控制。集团企业结构如图 10.1 所示。

集团企业内包括许多不同的经济实体和分支机构，这些分支机构分布广泛，组织结构复杂。由于企业战略存在一个或多个目标，所以各分支机构从事相同或不同的活动。根据集团企业的战略目标的多少，可以将其分为综合性集团和单一性集团。综合性集团是具有联营性质的集团企业，通常有研究子公司、生产子公司、销售子公司和服务子公司等，一般跨行业经营；单一性集团所有分支机构经营属于一个领域，其行业相同。

综上所述，与一般单个独立企业相比，大型集团企业具有以下特点：总部管理机构进行集团公司的统一管理，并制定集团公司内部统一的管理制度；具有多级、多数量的下属企业，各下属企业相对独立进行生产和经营，在集团内部具有紧密的联系，各个企业独立进行财务核算；集团公司需要综合考虑资金在企业内部的分配和运用，定期进行财务报表的收集汇总及合并，以形成最终的集团公司财务报告等。

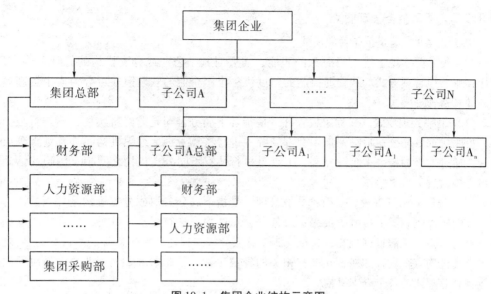

图 10.1 集团企业结构示意图

## 10.1.2 集团企业财务及其管理模式

### 10.1.2.1 集团财务

集团企业的本质特征是组成集团的单个企业之间必须是以资本为联结的纽带，特别是以某一企业为核心的单向控股关系决定了现代企业的管理，必须面向企业集团，并且这种管理不能仅限于集团管理总部自身，还必须关注对子公司、分部或分公司以及其他成员企业的管理与控制。财务管理在任何一个集团企业中都处于不可替代的重要位置。不管是集团企业的日常运营和管理，还是资本运作、公司上市、企业并购等重要项目的实施，都离不开财务部门的支持。

集团财务有两种类型：一是投资控股型集团公司，基本不插手下属单位的具体业务，只进行单纯的财务管理；另一是经营控制型的集团公司，较多为全资控股，集团总部对下属企业有业务管理权，在此种集团企业中，集团对于加强整体资源利用的需求更迫切。

具体来说，集团财务主要具有以下几个方面的基本职能：

（1）提供决策依据。财务部门要收集集团企业全部子公司的经营信息，通过财务报表和财务总监的分析，提供给决策者作为高层进行决策的重要依据。

（2）控制子公司。集团企业内部含有很多职能部门和子公司，集团企业一般通过财务报表和现金流两方面对子公司进行全局控制。财务报表是联结企业集团和子公司的极重要甚至是唯一手段。同时子公司在运营中会产生大量的现金流，企业集团可以对不同子公司的现金进行合理调动，比如进行合理的投资分配等。

（3）进行税务管理。税务管理关系着企业纯利润的高低。对于跨国集团企业来说，在不同的国家具有不同的税务体系，如何根据不同国家的税法进行合理、合法的税务管理是一个很重要的管理内容，这也是集团财务管理的难点之一。

### 10.1.2.2 集团财务管理模式

#### 10.1.2.2.1 集团企业管理模式

企业集团要实现上述集团财务的职能，需要对其子公司或分支机构的管理采取实用、灵活且有效地管理方式。从管理控制的角度讲，集团企业的管理模式可分为集中管理模式和分散经营管理模式。

（1）集中管理模式。又称集权管理，是指各下属分公司是非经济实体，不进行独立核算；集团要求各分公司报账到集团总部，统一进行核算管理。组织机构间具有垂直分层的管理，通过上级的指令来实现控制，下级是执行体；不同分支机构之间相互影响的活动由上级机构通过集合来协调。

（2）分散经营管理模式。简称分散管理，是指下属分公司或分支机构是独立的经济实体，定期向集团总部上报财务报表；对各分公司的报表进行汇总、分析，并且集团总部有其自身的经验业务信息进行统计分析，属于分层分权式管理；由于企业战略目标的多样性，且各分支机构有其复杂的外表环境和相关的经济目标，因此要求集团企业总部将决策权力下放到企业集团的各个分支机构。

#### 10.1.2.2.2 集团企业财务管理模式

无论是从集团企业管理模式来看，还是从应用的技术模式来看，集团企业财务管理都形成了集中式、分布式和混合式。

（1）集团财务集中管理。指集团内部的各个企业由财务分设变成财务集中。集团内各个单位虽也独立进行财务核算，但所有单位的财务数据不再单独设置和分离，而是集中在集团总部的账套中，以避免集团内部各个职能部门独立核算带来的管理效率的低下的弊病。通过财务集中管理，集团总部不再是以之前的报表合并模式来查看集团财务信息，而是通过数据合并的方式来掌握集团财务信息。集团总部可以随时了解下属企业每笔财务数据，其及时性、真实性、全面性和控制能力得到了极大加强，具备了对财务政策和执行和实时控制的现实手段，同时也为集团公司组织机构的扁平化、公司决策和战略的及时贯彻执行打下坚实的基础。因此，集中式财务管理的主要内容包括：以核算基础，为管理和控制提供实时数据；以预算管理为核心，建立全面预算管理和控制体系；通过对资金的集中管理，实现对资金有效控制；通过绩效测评，把握企业经营业绩，支持企业决策。

（2）集团财务分布管理。指集团总部对各个分公司或分支机构进行行政管理和宏观调控；各分公司或分支机构之间是相对独立经营、管理和核算的经济实体，集团总部也属于一个独立的经济实体。集团总部定期向各个分公司、子公司获取财务报表；集团总部对分公司、子公司的报表进行汇总、统计和分析。为优化企业资源配置，强化利润目标和成本控制，分布式的财务管理实行账务分立、责权独立、计量单位和报表格式统一、考核决策一致的财务管理原则，以方便集团财务信息的采集；同时适应集团内部不同行业的财务核算要求，为集团提供决策支持财务信息。

集中财务管理和分布式财务管理模式是财务管理理论的两种形态，随着经济的不断发展，集团企业经营的多元化，分布式的财务管理模式逐步成为集团企业财务管理的发展趋势。但就集权财务管理和分布式财务管理的选择而言，并非单一的财务管理模式能够完全解决集团企业的全部问题；两种模式各有其优缺点。因此适用的、较好的财务管理模式应该是两者的协调和结合才可能获得较好的财务管理效果。

（3）混合式则对集团各个分支机构的经营情况和财务状况，同时应用集中式或分布式相结合的方式进行数据的管理。至于企业到底应采用何种技术应用模式需要结合集团企业的目标、各个分支机构的分布情况和成本效益等来综合考虑，但不管采取哪种技术应用方案，在应用上都可以实现相同的业务目标。

另外，对于集团企业的一个明显事实就是，由于规模上的可能不断迅速扩大，导致企业管理的难度将以指数方式增长。这个特性要求企业必须能够高效及时地执行自己的管理方式和管理理念。这也是更好地做到集团企业成为"实时企业"的必备条件。这也从另一个角度说明了管理软件特别是集团财务管理软件对于集团企业的必要性和重要性。

### 10.1.3　集团财务管理软件

集团财务管理软件又称集团财务管理解决方案或集团财务管理系统，是以集团总部为核心，对所控制的下属单位，从财务层面进行统筹规划与管理的软件产品，可以帮助企业加大对预算、资金、成本管理以及对整个集团的监控力度。

根据应用的需求，集团财务管理软件既可以是一个相对独立的管理系统，围绕各个单位的财务管理部门进行统筹规划，形成统一的财务管理目标；同时又可以是一个开放的管理体系，对集团内部的经营活动进行基本的价值反映。

集团财务软件的关键价值在于对集团整体的发展提供数据分析和决策支持，让集团管理层准确地掌握集团所处的财务状态或地位，同时满足对市场反应迅速和降低运行成本的要求。

计世资讯（CCW RESEARCH）研究表明，从 1999 年开始，中国集团企业统一管理集团财务的需求就已经产生，市场规模达到了 1.7 亿人民币，随后随着中国企业集团发展的速度加快，对集团财务管理的需求快速递增，市场保持年增长 30% 左右的增长速度。截至2003 年，中国集团财务管理软件的市场规模已经达到 6 亿人民币。从 2002 年至 2003 年，集团财务管理软件的市场增长率接近 60%，是中国管理软件市场中增长最为迅速的一类管理软件产品。具体情况如图 10.2 所示。

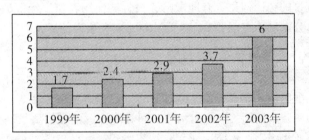

图 10.2　我国集团财务管理软件市场发展趋势①

集团财务管理软件在我国的发展是与信息技术的发展密切相联的，是财务管理软件纵深发展的成果。同时集团财务管理软件又不同于普通财务管理软件，因为集团财务管理是基于企业集团组织结构背景的，是以总部为主导的，它在财务管理对象、管理层次、管理方法以及对资产的调配和资金的筹措等方面都要更为复杂。

有调查表明，我国集团企业应用财务管理软件，始终存在两种形态。一种形态是从普

---

① 资料来源：计世资讯（CCW RESEARCH）《2003—2004 年中国集团财务管理软件市场研究年度报告》2004（1）.

通财务管理软件逐渐升级到集团财务管理体系；另一种是重新搭建新的集团财务管理体系。前者结构比较松散，系统功能纯粹是收集数据，适用于监控管理不是很严格的集团；而后者则对集团监控有更严格的意义，通过应用集团财务系统，集团要以整体的思路监控各个分子公司的运作，这种形态下的集团财务软件跟普通财务管理软件之间会出现很大的冲突。因此，集团财务与之前普通财务软件最大的区别并不是功能，而是管理的模式。

目前，除了 SAP、Oracle 等国际企业管理软件厂商外，国内知名的软件企业纷纷推出了其集团企业财务管理软件，例如用友 NC、金蝶 EAS、浪潮 GS 和东软 MPC 等。

金蝶 K/3 财务管理系统面向企业财务核算及管理人员，对企业的财务进行全面管理，在完全满足财务基础核算的基础上，实现集团层面的财务集中、全面预算、资金管理、财务报告的全面统一，帮助企业财务管理从会计核算型向经营决策型转变，最终实现企业价值最大化。财务管理系统各模块可独立使用，同时可与业务系统无缝集成，构成财务与业务集成化的企业应用解决方案。2003 年 11 月，金蝶发布以 BPM 为核心的 K/3 V9，其功能涵盖企业绩效管理（BPM）的全过程，是国内首创的战略企业管理解决方案。

# 10.2  金蝶 K/3 合并报表

## 10.2.1  金蝶 K/3 合并报表概述

合并财务报表是指反映母公司和其全部子公司形成的企业集团整体财务状况、经营成果和现金流量的财务报表。合并财务报表的编制者或编制主体是母公司。合并财务报表以纳入合并范围的企业个别财务报表为基础，根据其他有关资料，按照权益法调整对子公司的长期股权投资后，抵消母公司与子公司、子公司相互之间发生的内部交易对合并财务报表的影响编制的。合并财务报表能够向财务报告的使用者提供反映企业集团整体财务状况、经营成果和现金流量的会计信息，有助于财务报告的使用者作出经济决策。合并财务报表有利于避免一些母公司利用控制关系，人为地粉饰财务报表的情况的发生。

### 10.2.1.1  合并报表系统的功能

合并报表是集团企业财务非常重要，并且具有相当难度的一项工作。一方面集团企业要满足各种制度、准则的标准或要求，能够及时准确地提供财务报告；另一方面集团企业要适应对业务类型、资本结构、组织架构等不同分类标志的数据要求。金蝶 K/3 合并报表系统将帮助各类企业集团，在集团内建立起基于组织架构的财务报告体系，来实现集团内各级公司报表数据的采集，从而保证集团企业财务报告的及时性、真实性和准确性。同时通过对内部交易事项的调整和自动抵消，能够真实反映集团的整体运营状况，准确衡量各公司的业绩和绩效。在此基础上，完成集团合并报表、汇总报表的编制，实现集团报表的合并。在合并报表的基础上，系统提供了对报表的币别转换以及报表的分析功能。金蝶 K/3 合并报表系统的具体功能包括：

（1）报表数据集中存放，在线传递，统一管理。金蝶 K/3 合并报表系统采用集中式的网络化数据管理模式，报表数据集中在集团进行管理，子公司则通过合并报表平台，可直接通过 Internet 提交报表数据，极大降低数据分布带来的管理成本，确保数据在集团内传递的可靠性和稳定性。同时金蝶 K/3 合并报表系统既可与金蝶 K/3 ERP 系统紧密集成应用

（通过取数公式直接从系统取数，降低手工编织报表的工作量），又可独立于金蝶 K/3 ERP 系统应用（可直接从 Excel 表中引入报表数据）。

（2）强大的报表控件，丰富的表格操作。金蝶 K/3 合并报表系统采用金蝶自主研发的、功能强大的报表控件，完全支持多表页操作，除具备金蝶特有的报表功能外，也具备主要的 Excel 表格功能，同时界面及操作风格与 Excel 风格一致，符合大多数财务人员熟练使用 Excel 的操作习惯。

（3）合并报表工作流管理。金蝶 K/3 合并报表系统提供了对合并报表工作流的管理，包括合并报表导航图、报表编制进度监控等，并配合邮件短信的进度信息传递等功能，为集团合并报表管理人员提供了有效的管理平台。

（4）全自动化的快报编制。为了及时、准确地为集团管理层提供集团各级公司的运营数据，金蝶 K/3 合并报表系统提供全自动化的快表编制功能，集团只需设置好快报方案和报表模板，系统将自动从各公司的核算账套中获取数据，并自动汇总形成集团汇总报表数据，整个过程无需人工干预，用户在预定时间便可获得想要的报表数据。

（5）股权关系管理。在金蝶 K/3 合并报表系统中提供了对企业集团股权关系以及投资变动的管理，集团管理者可随时查询任意时间集团内公司的股东及被投资单位的股权状况，为投资、及报表合并提供参考。

（6）多角度、多方式合并。金蝶 K/3 合并报表系统巧妙的设计了"合并方案"功能，不仅解决了多角度合并的需求，还解决了多方式合并的问题，同时无论合并方案如何设置，设置多少种，子公司都不会因此增加报送报表的工作量。集团可从各种管理角度设置对应的合并方案，一种合并方案即对应用户的一种合并角度，来满足企业多角度合并的需要。同时，又可根据顺序法合并和同步法合并的需要，设置各种级次的合并方案。顺序法合并就根据集团组织架构的层级，设置对应层级架构的合并方案；同步法合并则对应设置"总集团—子公司"的两级合并方案。

（7）独创动态统计表功能。金蝶 K/3 合并报表系统提供独创的动态统计表功能，经过简单的报表定义，子公司即可根据自己的业务实际情况，填报各项数据；系统将对这些动态变化的报表数据进行汇总、排序，极大简化了集团合并报表人员编制管理报表的工作量。

（8）提供多种报前检查功能。合并报表数据的正确性，除了合并过程中对数据进行正确的处理，更大程度上依赖子公司上报数据的正确性。在进行数据采集的过程中，金蝶 K/3 合并报表系统提供了多种报前检查功能，包括表内、表间的数据正确性勾稽检查等。对数据的异常差异性检查，既保证上报数据的正确性和合理性，又可以对子公司上报数据中的关键指标的异常变动予以警示。

（9）支持多汇率体系的外币折算。金蝶 K/3 合并报表系统提供完善的币别汇率管理，可以针对不同的汇率体系维护不同币别的日汇率，并可根据实时汇率自动计算平均汇率。同时，严格按照外币报表折算的会计方法，通过折算方案的定义，实现不同的报表项目可按不同的汇率进行折算。

（10）高度自动化的合并抵消处理。金蝶 K/3 合并报表系统提供对内部往来和内部投资事项的数据核对，并进而进行自动抵消处理的功能，极大简化了合并报表的工作量，保证了合并报表数据的正确性。

## 10.2.2 合并报表的工作流程

合并报表系统的应用流程，如图 10.3 所示。

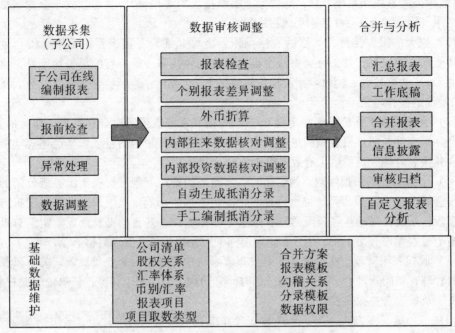

图 10.3　合并报表应用流程图

　　根据集团编制合并报表的业务处理流程，金蝶 K/3 合并报表系统主要包括四部分的处理内容。

### 10.2.2.1　基础资料维护

　　基础资料是保证报表顺利合并的基础，相比 K/3 其他系统的基础资料，合并报表系统的基础资料相对独立。主要包括：建立参与集团合并的公司清单、股权关系；建立汇率体系、录入用于报表合并的币别汇率、报表项目、项目取数类型，根据集团管理的需要设置多种合并方案，并设置报表格式和常用的调整分录和抵消分录的模板，以及设置用于检查报表数据正确性的勾稽关系。

　　这些数据将是集团报表正确合并的基础，在初始化的时候要结合集团企业的管理要求来进行设置；并在日常根据集团业务的变动进行相应调整。

### 10.2.2.2　数据采集

　　合并报表工作需要母公司与各子公司的协同运作，母公司财务人员在合并报表服务器端完成基础资料数据的建立。在每月合并报表工作开始后，即可通知子公司开始报表的编制工作。子公司通过合并报表平台，按照母公司制定好的报表模板，编制本公司的个别报表，个别报表与内部交易数据可以直接取自 K/3 ERP 系统，也可以手工输入。所有的报表通过报表检查后即可正式保存到母公司集中的服务器上。

### 10.2.2.3　报表审核调整

　　子公司完成个别报表后，母公司即可在"个别报表"中进行查看，并进行审核。然后进行报表数据的调整，例如按母公司会计准则对子公司的相关数据进行调整等，这些调整可以通过"调整分录"来处理。

同时，如果是跨国公司、或需要进行分账制核算的集团，还需要对子公司上报的外币报表进行折算。对集团内的内部关联事项进行抵消调整，也是完成报表合并极为重要的工作。系统将根据收集到的内部业务数据，进行数据的核对，然后由系统自动产生抵消分录。用户还可以根据需要，手工录入抵消分录。

#### 10.2.2.4 合并与分析

完成了报表的调整后，报表的汇总、合并工作基本上就已完成了，"汇总报表""工作底稿""合并报表"是为了给客户展示和查询报表数据用的。

"工作底稿"完全模拟手工状态下的工作底稿，可以将多个公司的数据同时展示出来，同时列示出集团内抵消调整的数据，最终得到母公司的合并报表数据。完成了工作底稿，合并报表就可以自动产生了，在"合并报表"中进行查询即可。

为了对历史报表数据进行保护功能，防止用户随意修改报表时间，重算或修改原有的报表，影响报表数据的准确性，合并报表系统提供了"报表归档"管理功能。

在按集团报表模板编制出各类汇总、合并报表外，用户还可以通过"自定义报表"灵活编制出集团所需的个性化报表，用于对数据的进一步分析。

### 10.2.3 合并报表应用部署方案

作为集团报告平台的合并报表系统，其目标就是要帮助集团快速、便捷的从子公司获取各类业务、财务数据，供集团管理者和职能部门及时掌握集团运营状况。同时帮助集团财务部门编制汇总、合并报表，及时对外部投资者、合作者、政府等披露企业经营情况。集团企业应结合集团管理目标、集团自身管理模式、分子公司地域分布情况、网络环境等来设计集团的信息系统部署模式。

#### 10.2.3.1 分布式应用部署

合并报表的分布式网络应用部署是集团各子公司的核算账套都位于各自服务器上，合并报表账套位于集团总部服务器上，各数据库账套之间只能通过 Internet 访问。如图 10.4 所示。

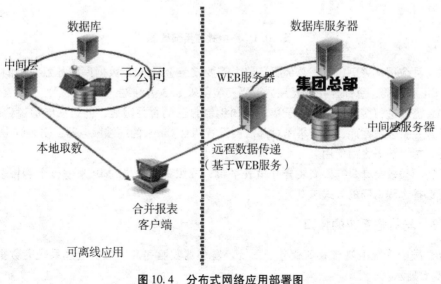

图 10.4 分布式网络应用部署图

在这种应用部署下，集团总部服务器上需要安装金蝶 K/3 数据库服务器、中间层服务器、WEB 服务器，总部合并报表人员需要安装金蝶 K/3 客户端。

如果需要进行多级合并，即子集团需要编制自己的合并报表，而又只能通过广域网访问集团合并报表数据库，那么集团总部需要设置两台 Citrix 的终端服务器，安装好金蝶 K/3 客户端，提供给子集团使用。

子公司报表会计只需要安装合并报表平台，按照集团提供的合并报表服务器 IP 地址来进行个别报表编制。

这种应用部署适合于子公司较多且地域分布广泛，但都具备网络环境，能够通过 Internet 与集团总部进行信息传递。

### 10.2.3.2 集中式应用部署

合并报表的集中式应用部署是指集团所有公司的核算账套都位于统一的服务器上，并且子公司只能通过 Internet，利用 Citrix 终端访问方式，进行日常账务的核算。如图 10.5 所示。

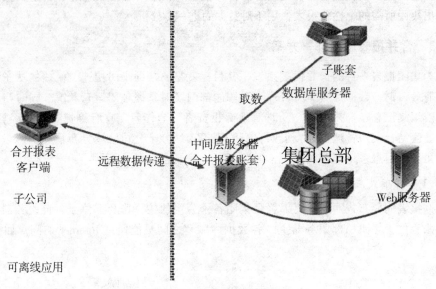

图 10.5 集中式应用部署图

在这种应用部署下，集团总部服务器上需要安装金蝶 K/3 数据库服务器、中间层服务器、WEB 服务器，总部合并报表人员需要安装金蝶 K/3 客户端。

如果需要进行多级合并，即子集团需要编制自己的合并报表，而又只能通过广域网访问集团合并报表数据库，那么集团总部需要设置两台 Citrix 的终端服务器，安装好金蝶 K/3 客户端，提供给子集团使用。

子公司报表会计只需要安装合并报表平台，按照集团提供的 IP 来进行个别报表编制，并且要选择远程访问的方式来进行。

### 10.2.3 与其他系统的接口

合并报表系统主要与 K/3 业务子系统、管理驾驶舱和 K/3 数据仓库系统有数据接口，如图 10.6 所示。

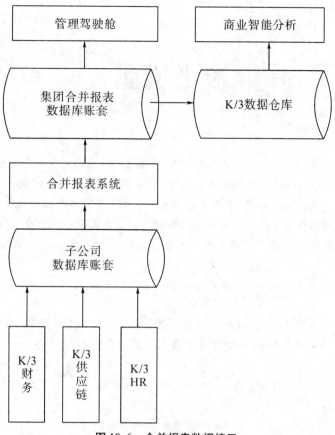

图 10.6　合并报表数据接口

（1）与 K/3 业务子系统的接口。金蝶 K/3 ERP 系统提供了丰富的取数公式，各子公司在 K/3 ERP 系统进行运营管理积累的数据，都可以在合并报表系统中通过取数公式，形成各类财务报告、管理统计报告上报到集团。

（2）与 K/3 管理驾驶舱的接口。合并报表系统中的报表，包括个别报表、汇总报表、工作底稿、合并报表，都可以发布到管理驾驶舱中，供企业管理者随时查阅。

（3）与 K/3 数据仓库的接口。K/3 数据仓库可以从集团合并报表数据库账套中，根据集团管理决策分析的需要，进行数据抽取，并利用 BI 分析工具，形成集团综合的分析平台。

# 参考文献

1. 李超，周定文，黄骁俭. 网络财务 [M]. 北京：中国财政经济出版社，2002.

2. 中国互联网络信息中心（CNNIC）. 中国互联网络发展状况统计报告，2012 (1).

3. 艾瑞咨询（iResearch）. 2011 年第四季度及全年电子商务核心数据发布，2012 (1).

4. 乌家培. 网络经济及其对经济理论的影响 [J]. 学术研究，2000 (1).

5. 水菁. 网络经济环境下的会计问题研究 [DB]. 中国博硕士学位论文全文数据库，2002 (5).

6. 鲁从明. 网络经济若干理论问题研究 [DB]. 中国博硕士学位论文全文数据库，2002 (6).

7. 吴君扬. 网络经济研究 [DB]. 中国博硕士学位论文全文数据库，2002 (5).

8. 何峰. 论新经济下的会计信息质量特征 [J]. 山西财政税务专科学校学报，2005 (4).

9. 马海军，冯冠，倪宝童，等. 计算机网络标准教程 [M]. 北京：清华大学出版社，2010.

10. 杨正洪，周发武. 云计算和物联网 [M]. 北京：清华大学出版社，2011.

11. 中国云计算网. 什么是云计算. http：//www. cloudcomputing - china. cn/Article/jh/200805/l. html，2010 - 7 - 6.

12. 中国教育和科研计算机网. IPv6 基本知识详细解答. http：//www. edu. cn/jczs_7953/20090401/t20090401_ 370012. shtml，2009 - 4 - 1.

13. 赛迪网. 云计算的特点. http：//tech. ccidnet. com/art/33963/20100608/2081533_1. html，2010 - 6 - 8.

14. 陈智. 网络财务报告模式的分析与评价研究 [J]. 财会研究，2007 (5).

15. 张秋静. 网络财务报告的诞生——一场会计信息披露的革命 [J]. 会计之友，2009 (1).

16. 财政部会计司. XBRL 基本知识 [N]. 中国会计报，2012 - 4 - 6.

17. 深圳证券交易所. 应用 XBRL 的意义. http：//www. xbh - cn. org/2012/0406/73444. shtml，2012 - 4 - 6

18. 沈颖玲. 网络财务报告研究 [M]. 上海：立信会计出版社，2005.

19. 财政部会计司. XBRL 在中国的发展. http：//www. xbrl - cn. org/2012/0627/78690. shtml，2012 - 6 - 27.

20. 李湘琳，傅仕伟. 供应链管理系统实验教程 [M]. 北京：清华大学出版社，2010.

21. 金蝶软件（中国）有限公司. 金蝶 K/3 V11.0 供应链培训教材 [M]. 北京：机械工业出版社，2009.

22. 陈翔鸥. 网络财务理论与技术 [M]. 上海：立信会计出版社，2005.

23. Ivar Jacobson，Grady Booch，James Rumbaugh. 统一软件开发过程 [M]. 周伯生，冯学民，樊东平译. 北京：机械工业出版社，2002.

24. 杨国有. 如何选择网络财务软件 [J]. 会计之友，2008 (10).

**图书在版编目(CIP)数据**

网络财务理论与实务/文兴斌,张育强,刘东主编.—成都:西南财经大学出版社,2012.10(2020.1重印)

ISBN 978-7-5504-0839-5

Ⅰ.①网… Ⅱ.①文…②张…③刘… Ⅲ.①计算机网络—应用—财务管理 Ⅳ.①F275-39

中国版本图书馆 CIP 数据核字(2012)第 208593 号

**网络财务理论与实务**

主 编:文兴斌 张育强 刘 东
副主编:兰庆莲 李绚丽 苏永刚

责任编辑:李 雪
封面设计:杨红鹰
责任印制:朱曼丽

| | |
|---|---|
| 出版发行 | 西南财经大学出版社(四川省成都市光华村街55号) |
| 网 址 | http://www.bookcj.com |
| 电子邮件 | bookcj@foxmail.com |
| 邮政编码 | 610074 |
| 电 话 | 028-87353785 |
| 照 排 | 四川胜翔数码印务设计有限公司 |
| 印 刷 | 郫县犀浦印刷厂 |
| 成品尺寸 | 185mm×260mm |
| 印 张 | 18.5 |
| 字 数 | 470 千字 |
| 版 次 | 2012 年 10 月第 1 版 |
| 印 次 | 2020 年 1 月第 3 次印刷 |
| 印 数 | 3001— 4000 册 |
| 书 号 | ISBN 9/8-7-5504-0839-5 |
| 定 价 | 36.00 元 |